無謀なものたちの共同体

コミューン主義の方へ

李珍景
Yi-Jinkyung

코뮨주의
공동성과 평등성의 존재론

이 진 경

今政肇 訳
Imamasa Hajime

インパクト出版会

This book was published under the support of Literature Translation Institute of Korea (LTI Korea).

プロローグ
再び到来する失敗を待ちながら

1

コミューン主義（commune-ism）は共産主義（communism）から生まれてきた。しかし、共産主義ではない。その失敗から生まれてきた。その失敗を通じてcommunismというすでに与えられていた名に何か別のものをはさみ込むことで作られた名前、commune-ism。一つの活字、あるいはそこに副えられた一つのハイフン、commune - ism。それは単に一つの記号表現であるとしても、記号以上のものをあらわしている。それは凝り固まっていた思考を解きひろげながら互いに異質なものたちが割り込んで来るようにする余白であり、ひとつの方向に帰着していた変革の実験をあらゆる方向に開放する交差点である。また同時に、アルファベットのcから始まりmで終わる概念全体を裏返し、ひねりを加えることで、全く違った現象を付与することが出来るようにするトポロジカルな穴でもある（位相幾何学《トポロジー》によれば、新たに開ける穴一つで多様体全体を全く違った形象に変形させることが出来るという)。それは一つの共産主義に取って代わる、多なるコミューン主義であるだけでなく、その反対に今まで存在してきた、そして今も存在しているあまたのコミューンを可視化させるだろう。私たちにとって進む道は一つではなく、数え切れないほど多くの道が縦横に拡がっているのだ。

したがって、ここで描こうとするコミューン主義の形象は、共産主義の代わりをする単一の代替物であるはずはなく、あまたあるコミューン主義の形象を代理する代表性も持っていない。ただ失敗を通して開示された、あまたの可能なる諸形象のなかのひとつに過ぎない。それでいて、わざわざ「コミューン主義」という一般名詞を使おうとするのは、失敗した共産主義の替わりになる一つの可能性を通じ、他のあまたの可能性への思考を触発できるだろうという信念のゆえに、また、失敗によって出来た穴に少なくとも何か別の思考の材料を挟み込むことで、その穴が見えなくなるほど小さくなってしまうことを防ごうという欲望のゆえにである。また、穴を通じて全体を変えるような変形をもたらすことが難しいのであれば、その穴に何か異質なものを互いに差し込むことで、そこから思いがけない何かが花開くことを望む、そんな希望のゆえにである。

しかし、マルクスは未だ来たらざる社会について、徒《いたず》らに絵を描く無謀さについて警告しなかっただろうか(1)。もちろん、彼自身もまた「朝は狩をし、午後は漁をし、夕方には家畜を追い、そして食後には批判をする」夢想的世界を夢見ていたのだが(2)。コミューン主義という抽象的な希望に、特定の社会・歴史的な規定を付け加えて、一つの形象を描くこと。それはデリダの言葉を借りて表現するならば、「絶対的な非限定状態にあるあのメシア的希望」を、あるいは「予測不可能なある他者性の到-来」としての「メシア的開かれ」を、もう一つのメシア主義によって置き換えてしまうのではないか[(3)]。しかし、「蝶番の外れた時間」(time out of joint)について語る時にも、デリダは単に漠然とした未来に対する開放と希望を語るのではなく、ある開放的な肯定、約束について語ろうとするのだ。

諸々の出来事を、新たな形態の行動や実践や組織などを産み出すことを約束しなければならない。「党形態」やしかじかの国家やインターナショナルの形態と縁を切ること、それはあらゆる形態の実践的あるいは実効的な組織を放棄してしまうことを意味するのではない。ここでわれわれにとって重要なのは、そのまったく逆のことなのである[(4)]。

(1) カール・マルクス、フリードリッヒ・エンゲルス『共産党宣言』、向坂逸郎、大内兵衛訳、岩波文庫、一九七一［五八］年、八〇頁以下。
(2) マルクス、エンゲルス、『ドイツ・イデオロギー』、廣松渉訳、小林昌人補訳、岩波書店、二〇〇二年、六七頁。
(3) ジャック・デリダ、『マルクスの亡霊たち』、増田一夫訳、藤原書店、一五〇―一五一頁。〔訳注：本文の文脈上、訳語の一部を変更した。〕
(4) 同書、一九四頁。

ここでコミューン主義について語ることが、到来する何かを「約束」しようとすることであるなどとは、思うべくもない。それはむしろ、失敗に向かって語ることなのかもしれない。巨大な失敗の後で、もう一度失敗するかもしれない実験に向かって「さあ、もう一度！」と取り組もうとする、そうした構成の試みの反復としてのコミューン主義について語りたいと思う。共産主義のみならず、コミューン主義もまた、絶えず失敗する運命を避けることは出来ないからであり、そのような絶え間ない失敗の中で、繰り返しやり直さなければならない、そんな生であるからだ。失敗のない完全性に安住する「怠惰な永遠性」（ブランショ）ではなく、永遠に回帰する、そのような失敗をも肯定するのだ。その失敗が回帰するたびに、また新たに始めることのできる、その永遠の実験の場を快く肯定するのだ。メシアの到来のような出来事を待ち望むのではなく、到来すべきもう一つの失敗を待つのだ。

私は立ちたい――到来すべき失敗を事前に最大限排除しようと語るべきことを最小限にする慎重さの側よりも、「結局は」また失敗に帰着するとしても作り出して行く過程そのものを肯定することのできる最大限を語る果敢さの側に。失敗を終止符にしてしまうことで、その前過程のすべてを無駄だったと規定するなら、「結局は死ぬというのに、なぜそんなに一生懸命生きるのか」という幼稚な虚無主義と何が違うというのだろうか。生がそうであるように、コミューンもまたある目的を達成するための手段ではなく、それ自体が目的であるかぎり、その存在そのものが歓びであり、それが存続する限り成功であるのだ。そう考えれば、例えば二〇年間の努力が「失敗に終わった」からといって、過ぎ去った二〇年間の楽しい成功の過程を無化することは出来ない。「失敗に終わった」百年とは、実のところ百年の成功のことであり、「失敗に終わった」二〇年とは、二〇年の成功を意味するのである。ましてコミューンが生そのものである限り、それは「失敗」に終ったとしても、いつかまたやり直すことができるものである。

2

だから、なお一層のこと、未来時制ではなく現在時制のコミューン主義を語りたいと思う。それは、現在のなかでの構成の試みであり、現在的な移行運動なのである。本書で述べるように、巨大な潜在性のなかで存在するコミューン的な欲望を信じようが、あるいは私たちの存在そのものの中にある存在論的共同性を信じようが、それが現勢的な実行を伴わなければ、それは漠然とした哲学の慰めを超えられるだろうか。困難である。潜在性は現勢的な実行によってのみ潜在的実存を獲得するのだ。そうすることで、そこに漬けられた共同性は実在性を得るのだ。

私は原因が結果の前にあらかじめ存在するという言葉を信じない。それはある結果によってのみ、原因として存在し得るのである。しかし、それは結果を可能にする条件であり、結果をすでに折り込んでいる条件なのである。その意味では、原因が結果によって存在し得るものだとしても、それは結果の結果であることを意味するのではなく、明らかに原因なのである。コミューン的共同性を存在論の層まで突き詰めようとするのは、このような理由からである。それは共同性と特異性を構成する現勢的な稼働の中で、そしてその稼働を通じて作用する実在的な原因である。いかに稼働させるかによって、非常に異なる結果を生む原因なのだ。したがって、どのように稼働させるのかという、現勢的な問いがなければ、コミューンについて充分に思考することは出来ないと、私は信じる。

コミューン主義についておそらく最もありがちな誤解は、コミューンなるものが、自らを取り巻く荒廃した世界、あるいは、きらびやかに光り輝く世界に目を閉じて、自分たちだけの孤立した場所を作ろうとしているのだろうという見方である。しかし、コミューンとは、資本主義や生産、労働の世界、あるいは政治に対して壁を築くものではない。また、かつて白人によって大地を奪われた「インディアン」が閉じ込められていた「保護区」のようなものでもない。脱近代的なコミューンであれ、前近代的な共同体であれ、類を問わず、共同性は資本との対決なしに存続できない。そもそも資本主義は、共同体を解体し、ひとびとを寄る辺のない無力なひとりの個人にしなければ、誕生し得なかった。また、それは共同性を搾取するのだが、あらゆる種類の共同性を解体し破壊するやり方で搾取する。したがって、いかなるコミューンも資本主義あるいは、その価値法則と対決することなしには存続できない。

資本主義との関係の中で、そして社会主義との対比の中で、そしてこんにち私たちが生きている世界の中で、コミューン主義について語ろうとすることはこのためである。しかし、何よりもまず今私たちが生きている、あるいは今まで私たちが生きてきたにもかかわらず、可視化されず看過してきたコミューン主義について私は語りたい。そうすることで、コミューン主義の現実性を明らかにしようと思う。資本主義以前の共同体について、あるいは「生産の最初の前提である生存ないし生命」について、またコミューンと資本との関係について語ろうとするのはこのためである。結局は、かつての「歴史理論」が扱った諸概念との関係の中で、コミューン主義の概念をどう再定義するのかを語ることになるだろう。そのなかで、以前のそうした諸概念自体についても別のやり方で再定義することになるだろう。

これは単に経済学的な生産と搾取だけの問題ではない。生産の経済学と生命の自然学を分離する障壁を越えることができない限り、細胞以下のレベルまで進んでいる巨大な搾取と破壊に、生産様式の理論は対応できない。生命の持つ共同体的性格を理解できなければ、生命の能力こそが生産能力であり、生命の生産と人間の生産がその出発点においては違いがないということを理解できなければ、すでに充分進行した資本主義的搾取と破壊は「政治経済学」の理論的無能力を嘲笑しながら加速化することだろう。逆に生命の自然学、例えば生態学もまた、生産についての資本の経済学的諸概念なしには、生命の搾取と破壊の実際の原因を探し得ないままに、そうした搾取や破壊を阻止しようとする連帯の試みを、すでに死んでしまった「神」の領域で探し求める道徳的かつ神学的な叫びに帰着してしまうだろう。

しかし、単に「存在論的」一般性を語るだけでは、生命の生産と人間の生産をひとつの理論的地帯において扱うには不十分である。そこで、生産の経済学と生命の自然学を自由に往来する、抽象機械が必要となる。抽象機械という概念を通じて、生産という概念が、生命の生産を扱うことができる「一般性」を獲得しなければならない。生命の生産を可能にする共同性は、このような問題全体がコミューン主義の問題であることを、コミューン主義的政治の問題であることを明確にする。それは単に人間の生に関する問題だけではなく、人間ではない全ての生命体の問題である。私たちが「人権」という概念に満足できず、「生命権」の政治学を提案するのは、このような理由からである。

ヒューマニズムや人間学的思惟の枠を超えなければ、存在論的コミューン主義も、コミューン的政治学や経済学も、そしてコミューン主義の実際的構成も、充分に進めることは出来ないと、私は信じる。しかし、人間にとっての、ヒューマニズムや人間学的思惟とは、魚にとって水のない世界を考えることが難しいように、脱することが困難なものであることも明らかなようだ。それはヒューマニズムが単に「理念」や概念ではなく、毎日の現実的な生の中で現勢的に稼働するものであるからだろう。したがって、私たちの日常的な生の中で、現勢的にそれを超える実行なくして、それを超えることは恐らく不可能なのかもしれない。いや、それを超えることは、私たちが人間である限り、「不可能なこと」なのかもしれない。しかし、不可能性とは、絶えず失敗の中で繰り返し乗り越えなおしていく、永遠の試みのことであると信じる。そう信じるがゆえに、逆に私たちは繰り返し転びながら、また転びつつ乗り越えて行こうとする。永劫回帰する失敗のなかで、また乗り越えようとするそのたびごとの試みのなかで、私たちはそれを乗り越えようとするのだ。ヒューマニズムを乗り越えることは、転びながらまた転がり乗り越えようとする、そのような、ひとたびごとの試みとしてのみ、存在するのであろう。

このように私たちは解放的な出来事に向けた絶対的な開かれのために、具体的形象を描こうと思う。それは、そのような形象なくして、共産主義の穴に暗に折り込まれている様々な新しい可能性を想像することは不可能だろうと信じるがためである。にもかかわらず、それはかつての目的論的「メシア主義」とは根本的に異なるものだろう。なぜなら、それはあまたの諸形象をひとつに収斂させるような、単一のものに帰着する論理をいかなる意味でも持たない。また、それは歴史を導く任務を自認するような、約束の内容をいかなる形でも具現しようとしない。逆に、それは新しい思考の実験の数々、新しい実践の実験の数々を刺激するひとつの触発となることを試みようとする。コミューン主義とは――マルクス自身が語ろうとしながらも徒らに語ることの出来なかった「共産主義」とは――そもそもそのようなものではなかっただろうか。

3

ここで「一般化された」コミューン主義について語ることは、ここで語るコミューン主義に、すでにあまたある道の一つであると明示したコミューン主義に、いかなる形であれ普遍性を付与しようということでは決してない。後で繰り返し言及するが、「一般性」とは普遍性の同義語ではない。反対に普遍性の名で与えられるあらゆる尺度を除去することで、あらゆるものがひとつに括られる、そしていかなる位階も深淵もなく、ひとつに出会うことが出来る平面化の結果であるに過ぎない。それはあらゆる存在者を、何らかの尺度で測ったり、そうした杓子定規に合わせようとするのでなく、あるがままに平等であることを表わす存在論的な平面化である。同時に、存在者たちを分割する境界や壁を横切り横断することで、その分割されたものを一つの共通した本質や形式に同一化せず、自由に往来し、出会う、ひとつの平面を指す名前であるに過ぎない。

したがって、一般化したコミューン主義とは、何よりもまず人間や生命はもちろん、塵のような物に至るまで、あらゆる宇宙的な規模の存在論的共同性の中で存在するのだという点で、いかなる差別もなく、「ひとつ」であることを、ひとつに括ることができることを見ようとする試みとして理解できる。そして、そのため一般化されたコミューン主義とは、ひとつに括られたものを自由に往来できる場の名前を意味する。例えば、生命の自然学と生産の経済学という別々に分離された領域はひとつの場になりうる。つまり「生産」という概念を「平面化」し、共同体的循環系の中で成立する「生命の生産」という一つの抽象機械を通じて横断し、その分割された諸問題を時には互いに浸透させ、時には衝突させるやり方で変形させるのだ。「一般化」とは、相異なるものを括るためにひとつの共通性を探そうとするような、謹厳かつ凡庸な判決などではなく、互いに異質なものをつなげる様々な微細な線を探し、互いに出会いつつ新しい共同性を形成することが出来る方法を探す、軽やかで細密な探索なのだ。

また、存在論的平面化と横断的抽象化は、人間たちに制限された視野を超えて、コミューンの構成と稼働という問題についての思考を可能にする。近代以前の共同体の中で、いかなるものも人間だけで成立したものは無かったにもかかわらず、家畜や作物はもちろんのこと、土地など全てのものが共同体を構成する要素であるにもかかわらず、それら大地の諸要素に比べれば、人間などはむしろ副次的だと言ってもよいにもかかわらず、人間の共同体として表象されたのではないか。「共同体」という言葉を、人間という「特別な」存在者に限って使用する「特殊な」コミューン主義ではなく、人間ではないあらゆる要素もやはり、人間と同様に共同体を構成する能動的な要素であることを見てとる「一般化された」コミューン主義。コミューンの構成とは、あるいはコミューン主義とは、人間と人間の新しい関係を構成するだけでなく、人間と「自然」、さらに人間と物の新しい関係を構成するものであり、それらとともに生きて行く別の生の方式である。

本書の文章は、それぞれ異なった時と場所において、異なる読者を対象に書かれたものであるため、各章の間の異質性が大きい。しかし、ここではそうした異質性を敢えて除去しようとはしなかった。もともとの文章を書くにあたっては根幹となる概念が通念とは異なるため、書くたびにある程度繰り返し書かなければならなかったのだが、本に纏めるにあたってはまさに頭を抱えてしまった。なるべく重複をなくすよう努めたのだが、結果的にそれらの部分を省くと文の流れが崩れる場合が殆どであったため、充分取り除くことが出来なかったのではないかと思う。その点については、反復もまた、この本の中に残された決して除去され得ない出来事の痕跡として、または「著者」の中に存在する他者性の痕跡なのだろうと(もちろんそれだけではないにしても)、受けとめていただければと思う。

二〇一〇年秋

李 珍景

無謀なるものたちの共同体　コミューン主義の方へ

目次

【凡例】

訳者による註は〔　〕で表記する。

参考文献のうち、日本語訳がある場合は日本語のものを記す。日本語訳のない場合、原典が韓国語のものは著者名と題名をハングルと日本語で併記する。その他の言語による文献で、日本語訳のないものは、韓国語版と原典の書誌情報を併記する。

Ⅰ部

存在論とコミューン主義

第一章

コミューン主義的存在論と存在論的コミューン主義

1．共同体の不可能性？

人類の歴史において、共同体あるいはコミューンというテーマほど永い時のなかで繰り返し回帰してきたものが他にあるだろうか。時には古風な倫理の形で、時には宗教的な道徳の形で、また時には経済的な生産形態として、あるいは政治的実践や、存在論的な思考の形で回帰してきたことは、私たちのよく知るところである。このテーマは、私たちの時代が過ぎ去っても、おそらく人間が生きている限り必ずや回帰してくるだろう。しかしこれほどまでに回帰してくるのはなぜだろうか。それはおそらく、共同体ないしコミューンが、我々が生きている限り決して捨て去ることのできない、少しでもより良い生への夢の名であるからだろう。それと同時に、にもかかわらず、決して完成されえず、完結されることのない不可能の夢であるからだろう。少しでもより良い生——それは相異なる人々が共生し、自他を生かしていく相生《そうじょう》の生である。その生への欲望、あるいは希望が存在する限り、また同時にそれを具現するような完成された形態が存在しえない限り、共同体ないしコミューンについての思考はさまざまな形象のもとに絶えず回帰してくるだろう。

二〇世紀末に回帰してきたコミューン主義的思考は多くの場合「不可能性」の形象をとっており、何よりも存在論的な思考の様相として展開されているようである。「無為の共同体」、「明かしえぬ共同体」、「到来する共同体」、「何も共有しない者たちの共同体」等々。アラン・バディウは、このような「触知することのできない共同体の現前」を共同体の不可能性として受けとめている。そして、その不可能性を、合理的な計算と資本、そしてテクノクラートによる支配と無関心が支配する私たちの世界に固有なものとして理解している。すなわち「世界の存在はまさにこの不可能性を受け入れること」であり、これは「現実政治においてすべての理念を排除」すること、「理念なしに行動すること」を意味するものであると彼は受けとめる(1)。そして、このことが「解放の政治」の不可能性へとつながることを遮断するために、彼は哲学と政治を分離し、真理と共同体の共立性を解体しようとする。「共同性の不可能性が、解放的な政治の命令──それをコミュニズムと名付けようが何と名付けようが──を否定するのでは決してないということだ」(2)。

私は存在論的な思考を通じて提示されるこの「不可能な共同体」が単に共同体の不可能性を意味するものだとは思わない(3)。もちろん、ジャン＝リュック・ナンシーが「共同体」という言葉は「充溢したもの、実体と内在性で膨らんだもの」であるために共同体主義的な衝動やファシスト的衝動を甦らせる危険があると述べるとき(4)、また彼が「明かしえぬ共同体」でのモーリス・ブランショを「たとえ『無為』の名においてといえども共同体を称揚する全てのものを信頼するな」と語っているのだと理解するとき(5)、したがって共同体を「共同体に反する共同体」であると述べるとき(6)、共同体の不可能性はバディウの言葉のように直接的な意味に解釈しなければならないのかもしれない。しかし、仮に「不可能性」を通じて、あるいは合一の代わりに分離／分有（partage）によって、また合致ではなく不一致をあらわにする疎通（communication）の概念を通じて、共同体について言わんとしたことは、スターリン主義とファシズムという二〇世紀最大の厄災の後で仮定された共同体の汚名のなかで(7)、共同体の問題を――ナンシーの表現を借りれば〈共にあること〉（être-en-commun）の問題を――思考するために、具体的で現実的な共同体ではなく、存在論的な次元で「共同性」の問題を思考するためのものであろう。「いかなる共産主義的あるいはコミュニタリアニズム的な計画によっても成しえなかった人間や存在の領域を再び究明すること」(8)。ナンシーが「共同体」という言葉よりも〈共にあること〉や〈共存在〉（être-avec）をより好んだというのは(9)、このような理由からであろう(10)。この点でアルフォンソ・リンギスやロベルト・エスポジトもまた同様である(11)。彼らのこのような思考の第一次的な源泉となっているのは何よりもバタイユとハイデガーの思想である。

このような観点から見れば共同体は不在なのではなく、〈つねにすでに〉存在しているものだと言わなければならないだろう。傍らで死にゆく他人を目の当たりにするとき、死という出来事を前にして人々が〈共に出現〉（出頭 comparution）することになるとき、死という共同の出来事を前にして存在の有限性を分有することになるとき、そして死を前にした受動性を通じて主体が喪失され、いかなる計画も「有為」も解体されるとき、共同体とはいつどこにでも存在するものである。それはあえて作らなければならない何かではなく、避けようとしても避けることのできない存在論的運命のようなものだと言わねばならないだろう。いや、合一や合致の理念によって共同体を作ろうと試みる場合を除外すれば、共同体とはどこにでもあるものだ。「いかなる共同体にも属さない者たちの共同体」、それは共同体なるものが共同体を作ろうとしない場にのみ存在するということを意味する。つまり、共同体を望むのなら、共同体を作らないようにしなければならないということである。

では、このような存在論的共同性の知は、共同体に対する関心や欲望のなかで何を意味するのだろうか。一方で、それは共同性に対する関心や欲望が存在論的に常に充たされているという哲学の慰めを与えてくれるようだ。現実的な共同体の失敗が個人主義の勝利を意味するのではないというわけだ。他方で、それはそのような関心や欲望があったとしても、どのような目的であれ、現実的な共同体を作ろうとしてはいけないという、もっぱら分離と亀裂、他者性に開かれた態度を持って生きていかなければならないという倫理的教訓を与えてくれる。これは国家や民族という名の共同体によって人民を統合しようという試み、あるいは米国流の共同体主義（コミュニタリアニズム）のような閉鎖的かつ同質的な共同体論に対する批判を目指しているものである限り、それなりに重要な意味を持つものだろう。

しかし、このような思惟の中に、現実的な共同体の構成を目指し、それを通じて新しい政治の可能性を探そうとする試みが入り込む余地はないようだ。それは無益であるばかりか有害で危険な試みだろう。このことは、「共同体を哲学的真理の名において稼動させるのは致命的な政治的災厄をひき起すだろう」として、共同体を解放の政治から分離しようとしたバディウにとっても同様である(12)。それは解放の政治を誤導するだろうというわけだ。このような点で見れば、これらの、いま再び回帰して来た共同体についての哲学的な立論の数々は、かつて回帰して来たような共同体の諸々の立論とは全く異なるようだ。それは共同体が現実の生の中に回帰してくるひとつの方式であるというよりも、それが回帰してくるのを阻止する否定の言説のように見える。存在論的共同性を究明する「否定の共同体」は、現実的な次元においては共同体の否定を意味するものなのだ。それは内在的批判の形式をとるがゆえに、一層困惑せざるをえない否定の方式なのだ。

そのような観点から見れば、「私たち」のように共同体を作ろうとする、いや既に共同体を作って作動させている者たちは、明らかに時代錯誤的であるか、不可能を試みているか、災厄を呼び寄せようと準備しているに過ぎないだろう。確かにそうかもしれない。しかし、やすやすと投げ捨ててしまうことはできない。なぜなら、失敗の経験から学ぶことが重要であるにしても、失敗するおそれがあるからと言って共同体の構成を諦めてしまうことは、受動的な形態をとった、もう一つのニヒリズムであると信じるがゆえにである。また、失敗とは、ある試みを放棄する地点ではなく、「さあ、もう一度！」と新たに始めなければならない地点だと信じるがゆえにである。このような「私たち」にとって「共同体」とは、バディウの言うようなある理念や当為の産物ではなく、避けることのできない「必要」あるいは「欲望」の産物である。共同体とは単に共同性の理念だけでは決して満足することのできない、現実的な要求であると信じているのである。もちろん、バディウならば、このように共同体を「現実的必要」によって作ろうとする試みは、共同体を作ろうとする意志を「詭弁」（ソフィズム）の領域に引き渡すものだと批判するだろう(13)。そのとおりだろう。それが現実的な必要と欲望によって始めるものである限り、共同体について今、語ることはバディウの言う通り「詭弁」であることは明らかである。ただ、「ソフィズム」という言葉を生の智慧についての教え、「ソフィア」(sophia)として理解する点で、そしてそのソフィズムにためらうことが全くないという点において、「私たち」はバディウと異なるのだ。

私はその「ソフィズム」を存在論的次元まで推し進めていくであろう。それは、生が要求する現実的必要と「存在」を扱う哲学的真理の領域が、バディウやプラトンの考えるように分かれているとは思わないからである。そして、付け加えるならば、敢えてソフィズムを志向するには、それなりのスケールがなければならないと思うからでもある。そうすることで「共同体に反する共同体」の存在論的思考と再び相見えようと思う。存在論的次元で共同体を思考するのは、共同体を現実的に阻止するのではなく、その構成を触発すべきであると信ずるがゆえである。しかし、それよりもより重要なのは、「共同体に反する共同体」の存在論的思考の下敷きになっている、合一的な統合体としての共同体への現実的かつ経験的な憂慮を乗り越え、共同体を構成する可能性を明らかにすることである。それなしには、存在論的な次元の立論がいかに美しく感動的であろうとも、現実的な共同体を構成しようとする政治的態度としてコミューン主義を有効に働かせることが出来ないのは明らかである。そうすることで、私は回帰してくる共同体への欲望、共同体についての思考を辿り、「政治」と呼ばれる現実の中へ共同体が再び回帰しうると信じるのだ。

2. 個体の自然学、あるいはコミューン的個体

(1) 個体と共同体

コミューンないし共同体についての思惟の前に立ち塞がる第一の障害は、何よりも個人と共同体、個人

と全体という対立概念と結びついている。個人主義と全体主義、自由主義と共同体主義などという諸々の政治的な対概念もやはり個人と共同体という二項的な対概念をそのまま受け継いでいる。したがって、まず個体と共同体の関係について、その両者を分かつ境界線について検討することから始めなければならない。個人を集合体である共同体と対比して対立させるのは、自由主義者であれ共同体主義者であれ、同様である。そこに横たわっているのは、共同体とは個人の自由を抑圧する存在であるという観念、あるいは個人とは共同体という全体の有機的一部分なのだという観念である。そして、その観念のなかで個人と共同体は対立的な位相を持つのだ。

個人主義（individualism）と全体主義（totalitarianism）はこのような対立概念の延長線上にある。これらは近代以降、こんにちに至る政治体制を分類する範疇としては最も通常的かつ支配的な位に就いている。たとえば、資本主義や自由主義は個人主義に分類され、共産主義やファシズムは全体主義に分類されるだろう。この二つの対立概念は両極的であるが、だからといってそれらの間に別の範疇があるわけでもない。私たちは個人主義的な社会でなければ、全体主義的な社会だというふうに二者択一を迫られるのである。そして、このような選択肢は実は〈つねにすでに〉、答えを内包している。「いくら個人主義が問題だといっても、全体主義よりはましだ」という具合に。

このような全体主義が生物学を根拠にしていることは、もはや常識に属している。逆に生物学的な観念に基づいた理論は通常、全体主義の危険を保持しているものとして見なされる。このような全体主義的観点を支えているのは有機体という「全体」の観念である。しかし、全体主義の基礎である有機体という観念の生物学的起源を探れば、個人と有機体、個人と全体は互いに対立するのではなく、実はひとつの、同一の対象に起源を持つものだということが分かるだろう。

生物学で通常「個体」と翻訳される言葉もまた「分割不可能な」(individual) ものを意味する同一の単語である(14)。分割不可能なもの＝個体とは、分割されれば、少なくともどちらか一方は死んでしまうものである。それはそれ自体で生命を持った最小単位を意味し、とりあえず有機体を意味するものであった。十九世紀の生物学者たちにとって、それ以上、分割できない最小単位とは、何よりもまず有機体であった。そして、部分的なある特徴の表象に還元できない「生命」なるもの。それは、ある対象化された実体であり、有機体という存在者に住まうものであった。生物学 (biology) という言葉が新しく作られ「博物学」(natural history) から独立することとなったのは、生命に対するこのような新しい観念——フーコーに従うならば十九世紀のこの新しいエピステーメーの出現と結びついていた(15)。

ここで有機体は生命と同等に特権的な概念であったことは明らかである。例えば、物質ですら生命体の身体をなすものを「有機物質」と命名し、生命のないものの身体を構成する「無機物質」と区別したのも、このことと無関係ではない。社会有機体論などの十九世紀に出現した社会学的な「全体主義」がこのような有機体の概念に依拠していることは、よく知られている事実である。この場合の有機体とは何を指すのか。それは、その全ての構成部分が生命を維持するために特定の機能を分担し遂行する「道具／器官」(organ: 元来、「手段」や「道具」を意味した言葉) として機能する全体を意味する。ここでそれぞれの器官は、有機的関係のなかで有機体を一つの全体として持続させる「手段」(道具) である。それぞれの部分が器官であるということは、それぞれが自分勝手に振る舞えば、全体としての有機体が死ぬばかりか、結局は自らも死に至るということである。全体は諸々の部分へと還元不可能であり、全体は常に部分の総和以上のものであるという言葉も、このような文脈から出てくるのである。したがって、自らのためにも、各者は全体の維持という目的のために担ったところの機能を遂行しなければならないということ。これが有機体論の基本論旨である。ヘーゲルであれスペンサーであれ、社会を一つの有機体として見る観点は、このような十九世紀の生物学に根拠を置いている。そして、このような考え方のために、通念的に社会学的な全体主義が非難に晒されてきたということは、多くの説明を要しないだろう。

要するに、十九世紀に誕生した生物学において生命の基本単位として見なされた「個体」とは、確かに有機体を意味するのであり、したがって、個体と有機体は同一の外延を持っていたのだ。よって、個人主義と全体主義はひとつの、同一の対象にその根拠を持っていた。つまり、個人主義と全体主義の間の差異ないし対立が根拠としているのは、別々の対象としての実在ではなく、同一の対象を把握する異なる思考方式であると言わねばならない。一方は、あるものをその最も単純な構成要素、すなわち元素的な単位へと「分析」し還元しようとする立場であり、もう一方は、あるものを要素に還元できない全体として「総合」し統合しようとする観点である。たとえるならば、個人主義と全体主義とは、ひとつの同一の対象から生まれた双生児のようなものである。双生児であるにもかかわらず、別の道を歩み、結局は対立し対決するに至った運命の双生児とでも言うべきか。

個人主義、あるいは非人間を含むという意味において、より一般性を帯びた方法論的観点としての個体主義は、西欧の歴史において長い伝統を持つものである。それは、事物や社会を「それ以上、分割することのできない最小単位」に還元する方法である。これはデモクリトスの時代にさかのぼる古代から伝承されてきた「原子論」という思考方式であり、哲学や社会科学はもちろん、自然科学でもよく見られる思考方式である。ホッブスの社会理論がこのような個人を基本単位としながら、彼らを出発点にして構成されたのは周知の事実である[16]。社会理論における原子論、それがまさに個人主義なのだ。社会的な次元で「それ以上、分割することのできない（in-dividual）」最小単位、それが個人であるからだ。あらゆる現象を本質的な最小単位に還元しようという、このような思考方式は不変の実体を探し出し、それを「根拠」にしようとするものであるという点で「形而上学」の古くからの伝統に属するものである。このような観念の難点については、カントが「純粋理性の二律背反」ですでに指摘している[17]。

他方で、「全体主義」の思考方式もまた長い歴史を持つものであるが、我々により親しみ深いものは、特に十九世紀の生命の概念と生物学に根拠したものである。生命は有機体の身体のある部分に還元できない実体であり、その部分の総和をしても形成されることのない特別な実体なのだ。しばしば「生気論」と呼ばれる観念と結びついた、このような観念から分割不可能なものは全体である。「全体は部分の総和以上のものである」という命題はこのような思考の一端を表している。十九世紀の哲学や社会思想、あるいは政治思想において、生物学的隠喩と有機体論的な思考方式が特別な重要性を持っていたのは、このような背景の中で理解することが出来るだろう。

しかし、生物学の歴史に垣間見えるのは、このような両極的な対概念を横断し、個体自体を集合体として思考するための資源の数々である。まず、十九世紀半ばに細胞が発見されたことで、細胞が生命体の「基本単位」の地位を得ることとなる。分割不可能な単位として、個体のモデルであった有機体は数えきれない細胞の集合体であることが明らかになったのだ。以降、細胞を元の有機体から分離し培養できることがあきらかになるや、有機体は分割不可能なもの（in-dividual）ではなく、分割可能なもの（dividual）の集合体であるということが明らかになる。ところが、細胞もまた、核とリボソーム、ミトコンドリアなどの細胞小器官らの集合体であるということが明らかになり、基本単位である細胞もまた分割可能なものの集合体であることが明らかになる。これはそれ以下の水準でも同じように続いていく。仮に、核は2n個の染色体の集合であり、染色体は数億の遺伝子の集合体であり、遺伝子はあまたのヌクレオチドの集合体である、などなど。

根本的な「個体」に到達しようとする数々の試みのこのような失敗の数々から私たちは個体論の不可能性を確認することができるということだけではない。それは逆に「個体」の本性に関する重要な事実を示している。すなわち個体とは、いかなる層位で設定されるかにかかわらず、それを構成する数々の〈下位-個体〉(sub-dividual)の集合体であるということだ。例えば、分子は数々の原子の集合体であり、原子は素粒子の集合体であり、有機体は器官や細胞の集合体であり、細胞とは細胞器官の集合体である。言い換えればいかなる層位のものであれ「個体」とは分割不可能な最小単位ではなく、分割可能なもの(dividuals)の集合体という点でmulti-dividualである。すなわち、個体はそれ自体で群れ(衆)をなし、生きる集合体であるという意味でみな〈衆-生〉である[18]。このような意味で分割不可能な個体はない。ただ分割可能なものによって構成される「共同体」があるだけだ。したがって、このように言わねばならない――「全ての個体は〈つねにすでに〉共同体的な存在である」。

このような集合体は有機体の概念に暗に含まれている「目的」概念を前提としない。言い換えれば、生命という「目的」を維持するために与えられた機能を遂行する全体の中の器官であるという地位を必然的に要求するものではない。例えば、染色体の中の遺伝子がそうである。有機体として分離・培養の可能な細胞もまたそうである。逆にDNAの逆転写が明らかにするように、もとは無かった遺伝子を挿入して新しい個体をつくったりもする。したがって有機体論や全体主義とは異なる集合体の概念が可能になる。それは複数の構成要素が加わったり抜けたりしつつ存続する集合的個体である。もちろん、加わったり抜けたりするものが特異性の変化をもたらすのなら、その度に変異する、そのような集合的個体なのだ(19)。

これは個体や有機体以上のレベルでも同じように言える。例えば、アリやハチはあまたの「個体」が集まって一つの群体（colony）を形成する。こうした群体としてでなければ彼らは生きていけない。この群体のなかで兵隊アリは一種の〝免疫体系〟を、女王アリは〝卵巣〟を、働きアリは〝消化器〟を担当するのだと言えるだろう。このような点で群体の全体がひとつの「有機体」を成しており、ひとつの個体として個体化している。アリだけではない。複数の個体が集まって、一つの個体の中の諸器官であるかのように、それぞれの役割に応じて狩りをしたり、子育てをしたり、畑を耕したりもする人間の諸集団もまた、ひとつの「個体」、ひとつの「有機体」だと言わなければならないだろう。逆に見れば、一つの個体であると見なされる個人の身体もまた、バクテリアに起源を持つ細胞が統合されて出来た巨大な群体である。「人間は、アメーバ状の生物のコロニーである。それは、アメーバ状の生物——原生生物——がバクテリアの統合されたコロニーなのと同じである」(20)。私たちの身体自体は、相異なる諸細菌のいくつもの共生体が膨大な規模で集まり構成された一つの集合体なのだ。これとは若干違った様相を持ってはいるが、サッカーチームもまた十一名の選手から成る個体の例だと言えるだろう。それは加わったり抜けたりする諸要素が変わってくることによって、その特異性や能力が変化する集合的な個体である。農村の共同体もまたそうである。それは、村を形成する複数の人々、そして農業に必須である牛や動物が結合し生存している一つの集合的個体である（実際、正確に言うならば、これには彼らが育てる作物と、土壌中の微生物などまでも含められる）。

スピノザは哲学的推論によってこうしたことを明確に認識していた。生物学や動物行動学の知識は無かったが、彼は複数の個体が共に作用し、ひとつの結果を生むならば、その複数の個体の全体をひとつの単一なものとして見なすと述べている（『エチカ』第二部定義七）。別の言い方をすれば、個体（単一のもの）は複数の要素が結合して、ひとつの、単一のものとして個体化した結果だということである。スピノザはこのような個体化が地球全体に、自然全体に拡張しうることを指摘する(21)。

しかし、このような個体は、全体という名で提示されるひとつの目的に、それぞれの部分が奉仕するというような全体主義的集合体ではない。それは、条件にしたがって既存の要素が抜けたり新しい要素が入り込んだりするだけでなく、ばらばらになったかと思えば、新しく作られたりもする可変的な集合体である。すなわち、相異なる個体化に対して開かれている個体である。さらに付け加えれば、有機体モデルから離れれば離れるほど、部分の独立性はだんだんと大きくなっていく傾向を持っている。例えば、有機体に比べて、生態学的な共同体／個体は、構成要素の離脱や加入がはるかに容易であり、生態学的共同体に比べて社会学的共同体では同様の変化がより一層はるかに容易なのである。有機体モデルからの距離が反対の方向に増大する場合でも同様である。有機体に比べて細胞のほうが、細胞よりは遺伝子よりはヌクレオチドのほうが、その要素の離脱および加入は容易である。

個体主義（個人主義）と全体主義の二項対立を横断する集合的個体としての〈衆－生〉の概念は、物理学的レベルから生物学的レベル、さらには生態学的レベルや社会学的レベルで一般化することができる。

これは別の言い方をすれば、「存在する全てのものは衆－生」であるという存在論的命題まで押し進めることが出来る。個体でもなく全体でもない、集合的個体としての〈衆－生〉は、存在論的一般性を持っており、これは全ての個体が実は〈つねにすでに〉、ひとつの共同体であることを意味するものである。したがって、これは次のように言い直してもよいだろう――「存在するものは全て共同体である」。私たちの生命も、私たちの活動の持続を可能にするものも全てこのような存在論的共同性によって可能なのであり、このような点で私たちは現在であれ過去であれ、意識するとせざるとにかかわらず、〈つねにすでに〉共同体のなかで生きているのだ。

(2) 自然主義と機械主義

ここで追加しておかなければならないのは、個体の単一性がその構成要素の同質性や均質性を前提としないという点である。むしろ互いに異質なものが集まって構成される場合が一般的である。たとえば、生態系という大規模な共同体は、生物だけではなく、水や無機物、土や岩のような非常に異質なものが一つになって個体化したものである。また、「鍛冶職人」という個体の場合についても同様に言えるだろう。鍛冶職人とは、かなづちと鉄床《かなとこ》、火と薪、また炉や服などの、異質な要素が人間と結合して構成される共同体なのだ。

こうした異質性（hétérogénéité＝非等質性）が常に存在しているということは特に強調する必要がある。なぜなら、私たちの認識には、ある個体の「特徴」を表象化することで、その構成要素を無意識のうちに同質化してしまうという傾向があるからである。たとえば、生物の細胞がタンパク質のみによって構成されると信じ込んでいたために、分子生物学の草分けであるオズワルド・エイブリー（Oswald Avery）は核酸を発見したにもかかわらず、自らの発見をすぐには信じることができなかったという。またコミューンは、まるで人だけで構成されているかのように、人々の間の関係としてのみ理解されることで、それを構成する事物や建物などの要素は簡単に忘却され消されてしまう場合が多い。そのため、コミューンを構成する活動をするなかで、人と人との関係には大変な関心を傾けるが、人と事物との関係、事物に対する態度がどのように変わらなければならないのかなどの点には、さほど関心を持たないのだ。

これは共同体という観念にともないがちな、いわゆる「自然主義」という観念とつながっている。周知のように、十九世紀以降、近代的な産業文明による自然あるいは共同体の破壊を力なく見守るほかなかった経験から、そのような破壊の主犯として科学と技術および機械に対する敵対感を理論化し、自然や生命、共同体の大切さを思い起こそうという数々の論理が立てられ、広まってきた(22)。ほとんどの場合、消えてしまったか消えゆく共同体的世界に対する郷愁を基底にしている、こうした立論は多くの場合、科学的思考方式と技術的支配方式に対する批判に帰着する自然主義的な性向に基づいていた。ハイデガーの思想が、このような性向と結びついているということは、よく知られていることだ。これは通常、自然と技術の対比や、生命と機械の対立を通じて表現されるが、目的と手段という関係と、それが逆転した状態（＝疎外）を批判することで、道具的な合理性に対する批判や科学技術に対する批判の形態をとりもする。しかし、目的と手段という観念が何よりもまず人間と自然を関係づけるために使われるものであることを知れば、ほとんどの「自然主義的」性向を帯びたこのような立場が、実は自然に対する人間中心主義的態度の延長であり、まさに自然を道具として見なす「反自然主義的」態度の変形であるということを理解するのは決して難しいことではない。
自然に対する尊重と技術や機械に対する批判、このような対立のなかでの「自然」なるものは、機械化されていないもの、人為的に変形されていないものを意味する。このような態度は、「自然に帰れ！」というルソー主義的なスローガンのなかに、最も素朴で明瞭な形で確認することが出来るだろう。しかし、森の中の散策路が、森の中に建てられた木造の家が、薪を燃やす火が、そしてこれらの郷愁に満ちた田舎の風景を思い浮かべる人間自身が、果たして手つかずの自然のままのものだと言えるだろうか。逆に、薪の代わりに工場の煙突から煙を立ち上らせる石炭や石油は、自然のものではなく人工物であると言えるだろうか。

人間が自然の中にあるのと同じように、機械もまた自然の中にあるのであって、その意味では自然の一部である。手つかずの自然と手をつけた非‐自然があるのではなく、スピノザが述べたように「能産的自然」(natura naturans) と「所産的自然」(natura naturata) があるのみである[23]。分子生物学者が言うように、私たちの細胞でさえ「化学的に作動する機械」であるとすれば[24]、逆に人間の手で作られた機械でさえも大いなる自然の一部なのだ。このような意味での自然主義とは、この全てのものを同等に自然として把握する一義的観点であり、したがってその全てのものを「機械」と呼ぶことが出来る限りにおいて、「機械主義」とまさに同一の外延を持つものである[25]。このような「一義性」を忘れるならば、「自然主義」は、自然と機械、生命と非生命、人間と事物、さらに根本的には、目的と手段というように出来上がっている通俗的な先験的位階から脱却することが出来ないだろう。

コミューン主義は、人間に対する人間の態度において、互いに生かし合う相生《そうじょう》的な関係を追求することと同等に、人間でない全てのものに対して、それが「自然物」であれ「機械」であれ、新しい「共同的」関係を追求しなければならない。自然とは真夏の暑さに喘ぐ犬や、絶滅の危機にあるトラ、あるいは森の小径や干潟だけでなく、人間が共に生きてゆく事物全体を含むものである。「自然物」に対する深い愛情が、機械や人工物、あるいは通常の事物に対して無関心かつ「無慈悲な」態度の対を成すことである限り、自然との相生的な関係をつくりだすことは、あるいは肯定的な自然をつくりだすことは、不可能であるはずだ。人工物の対比である自然の観念を脱し、全ての機械や人工物さえ含む巨大な一義的自然のなかで「自然との相生的な関係」を思惟すること、そうすることで自然物や事物の間に設定されている存在者の間の全ての先験的位階を脱し、自然との肯定的関係を構成すること。絶対的相生が不可能であるのと同様、絶対的に肯定的な関係もまた不可能なものである。しかし、そのような不可能性はそうしようとする反復的な試みのなかで回帰し、その度ごとの現在的な関係を越えて再び前へと進むように触発する不可能性であり、そのために絶えず、異なる形態の関係として回帰してくる不可能性であり、「さあ、もう一度」の無限の反復をもたらす不可能性であろう。

3. 存在論的共同性

(1) 存在者を存在させるもの

全ての個体は〈つねにすでに〉共同体である。衆生的共同体、それは全ての様態、全ての「存在者」たちを特徴づけるものである。それは、存在者が存在するという言葉の一つの核心的な意味であろう。なぜなら、ある存在者が存在するということは、その存在者を構成する諸要素の衆生としての個体化が維持され、持続していることを意味するからだ。このような意味で、あらゆる存在者の存在はそれ自体で共同性を持っていると言わねばならないだろう。しかし、存在者の存在はこれとは異なる次元で条件づけられている。それは存在者の存在という言葉を規定する、もう一つの軸であるだろう。それは存在論的共同性のもうひとつの側面である。

ある個体が存在するということは、その個体（＝共同体）だけでは不可能である。あらゆる個体は複数の他の個体に縁《よ》りかかり依存することで存在する。これはまず「生きている」個体を考えてみれば非常に容易に理解できる。たとえば、イネは微生物に満ちた土壌に依存しており、空の太陽に、夏の日の雨に、雑草を刈る農民の手に、大気の中の二酸化炭素に依存している。もちろんイネもまた分割可能なものの集合体であるが、それとは別の次元で太陽と二酸化炭素、水と微生物などに縁って存在する。「わたし」もまた百兆個の細胞からなる膨大な集合体であるが、それとは異なる次元でイネの産物である米に依存しており、大気中の酸素、水道管を通って流れてくる水に依存することで存在し、日々キーを打つコンピューター、共に生きる友人、講義を聴く学生に依存しつつ存在する。

イネが生きていくために縁りかかっている全てのものを漏れなく書き連ねることは、私が生きていくなかで縁りかかっている全てのものを漏れなく書き連ねることと同じように不可能なことだ。そうすることはおそらく、無限に多なる個体の系を、イネを除く全てのものをひとつにつなぐ巨大な系を作りだすことになるだろう。しかし、イネを支えている諸条件のうちのどれひとつたりとも、孤立していては存在できない。私が吸い込む大気に含まれる酸素は植物と微生物が作り出したものである。また、夏の日に降り注ぐ雨は、広大な海と熱い太陽が作り出したものだ。

こうしたことの全ては、私の身体の部分を織りなす器官や細胞といった、有機体より下位レベルの諸々の個体についても同様に言えることである。肺は血液の循環をつかさどる心臓に縁って存在し、脳は酸素を供給するその肺に縁って存在している。目はその脳に縁って事物を見て区別し、手はその目に縁って、掴むべきものと触れるべきでないものを知る。このような点で、それぞれの器官は別の器官を生存の条件、すなわち「環境」にすることで存在し、それぞれの細胞は隣接する他の細胞を生存の条件にして存在する。その依存の程度は、こうして複数の個体が集まってひとつの集合的身体を構成する場合において、より大きくなるのだ。

私たちはここでもう少し踏み込んでいかなければならない。これは生きている生命体たちだけに限られたことではないからだ。コンパクトディスク（CD）はCDプレーヤーによって存在し、CDプレーヤーを作動させる電気に、その電気を運ぶ電線に、電気を作る発電所に支えられ存在する。それはまた、そのCDに入っている音楽の演奏者に、彼らが演奏する音楽に支えられて存在し、彼らの音楽を録音するスタジオとプロデューサーに、CDを購入する消費者に支えられて存在する。そのどのひとつでも欠けたり変化したりすれば、CD音盤は存在することができないか、別のものに変換される。本棚の横にあるゴミ箱もまたこれと異なることはないだろう。全ての個体は、無限に連なる存在者たちの系――すなわちそれぞれの「宇宙」全体――によって存在する。この「宇宙」なるものは、ひとつの同一なものではなく、それぞれの個体ごと、そして、その個体のさまざまな様相ごとに異なった仕方で存在するものである。無限の事物のそれぞれに異なった系、それは相異なる宇宙と呼ぶにふさわしいからである。したがって、個体の数ほどにも多くの宇宙が同時に存在するのだ。また、そのように多なる個体に無数の過去と未来があるように、多なる宇宙が過去にも存在したし、未来にも存在することになるからだ。「私」が存在するということは、私が縁っているその全てのもの、すなわち「宇宙」全体が、共に存在するということを意味する。このような意味で個体は、それが単一の「個体」として把握される場合にすら、〈つねにすでに〉、コミューン的全体を含蓄している。それは、そのコミューン的全体に縁って存在し、そのコミューン的全体とともに存在する。個体の存続、それはある個体をとりまく無数の個体の連続体に、つまり、その個体の「外部」に依存しているのだ。逆に、ひとつの個体の存在には、その個体の存続を可能にする全ての隣接するものが——すなわちその外部の全てが——入りこんでいるのであり、その全ての隣接するものとの連関が表現されているのだ[26]。

それは、それぞれの個体がお互いに支えあっている「共同体的」存在全体に含まれているのみならず、それぞれの個体ごとに、その生存を産出し、その生存によって自らの連関を表現する、その全体が含まれているのだ。義湘〔新羅時代の華厳仏教の開祖（西暦六二五年—七〇二年）。大陸や列島の華厳思想にも影響を与えたと言われる〕が、塵ひとつに十方三世《じっぽうさんぜ》が含まれている（一微塵中含十方）と述べたのは、このような意味からであろう[27]。このような意味において、それぞれの個体は、〈つねにすでに〉ひとつの全体であり、それぞれの部分は、〈つねにすでに〉ひとつの全体である。正確にこのような意味で個体の存在者はすべて全体であり、スピノザ式に言えば、個々の様態は全て「神」である。もちろん、それぞれの個体は全体を異なる様相として表現するという点で、いずれもが異なった全体である。それがひとつの同一の全体に属するとしても、それぞれの個体は全体を異なった方式で表現する各々異なった複数の全体なのだ。それは、異なる様相、異なる様態として存在する神なのだ。無数の世界が互いに即しているが（九世十世互相即）、混ざって雑然とするのではなく、それぞれがそれぞれの宇宙を成している（仍不雑難隔別成）ということである(28)。

したがって、それぞれの存在者は、全体をまったく異なる方式で表現するほどにもそれぞれ異なる位相と「意味」を持つが、その意味や位相に根本的な差別はない。即ち、生きたものと死んだもの、機械と生命、人間と動物、動物と植物、原始的生物と高等生物のような個体の間には、いかなる位階もなく、越えることの出来ない、いかなる深淵もない。その全てはそれぞれ異なるが、その差異は世界を異なった様相として表現する。そのような差異とは、全体として存在する様相の差異にすぎず、優等なものと劣等なもの、高いものと低いもの、目的であるものと手段であるもの、などという位階づけされた差別ではない。それぞれの個体はいずれも複数の異なるものをつうじて存続するという点では目的なのであるが、また常にそれ自身が別のものの存続のための条件であるという点で手段でもある。露骨な人間中心主義に限らず、目的／手段という概念によって、常に自らが異なる存在者の目的であることを知らせようとする古くからの哲学的観念は、常に自らの隣にあるものを手段にしようとするだけで、異なるものの生存のために自らが「手段」となって活動することを拒否しようとしただけなのだという点で通俗的な自己中心主義の一つの形態であるに過ぎない。

その一方で、このような宇宙、すなわち諸々の個体の存在を成り立たせ、それぞれの個体ごとに配偶された宇宙において、全ての要素が調和的合一の状態で存在すると述べるのは、非常な誤りである。例えば、強制立ち退きの対象となった人々の宇宙には、奪われた彼らの家や、彼らの家を壊した人夫たちと強制撤去請負い業者が、そして再開発という名のもとに生きる資格のない者たちを追い出す資本が、はたまた彼らの家が壊された場所に建てられる高層マンションが、あるいは居住の権利なきままに彼らを居住させた社会が、すなわち彼らから安心の住まいを奪った敵対によって分裂した世界が入り込んでいるのだ。また、足を切断された兵士の「宇宙」には、凄惨な戦争が、降りそそぐ爆弾が、飛び交う銃弾や地面の下に埋設された地雷が、そのような戦争を食いものにする軍需産業が、そしてそのような戦争をしてでも何かを奪い取らなければならない集団などが入り込んでいる。こんにち私の宇宙には、たとえば今朝の朝食に腹の中に入った米や豆が、あるいは昨晩の夕食に食べた牛や豚の屍肉が、その牛や豚のために栽培したトウモロコシや草が、あるいは私の目を避け逃げ惑わなければならないアリやゴキブリの生などが、入り込んでいる。何かに縁って存在するということは、どのような形であれ、このような命がけの戦争のような出来事の数々を含んでいる。諸々の個体の存在を可能にする宇宙、そこには「合一」のみならず、同じように葛藤と対決、あるいは敵対と戦争が入り込んでいるのだ。

このことは個体化に巻き込まれた諸要素の間においても違いはない。バクテリアの共生は、食う食われるという敵対あるいは戦争によって始まったものであった。人間たちの共同体が、どれだけ多くの強制と抑圧を含んでいるのかは長々と述べる必要もないだろう。生態系という共同体は、食う食われるという食物連鎖ではないのか。しかし、そうして食い食われながらも、互いに縁りあって存在し、共生している。互いを生かす相生だけが存在する共同体はない。相克と相争のない共同体、そのような個体、あるいは宇宙などないのだ。相生と調和、合一だけが存在するそのような存在論的共同性はない。そのため逆に人々は時をこえて相生の世界に対する夢を繰り返し見てきたのであり、存在論的共同体やコミューン主義的存在論は、少しでもより相生的な、少しでもより良い生に対する夢に向かって進んでいかねばならないのだ。存在論的にコミューン的な存在であるにもかかわらず、私たちにコミューン主義が必要なのはまさにこのような理由のためである。

(2) 存在者の世界性、あるいは死の存在論

ひとつの様態、ひとつの存在者の存在を可能にする存在論的共同性に対するこのような考え方は、「物」を通じて存在を、存在者に宿っているその世界性を思考しようとした後期ハイデガーの考え方と似ているように見えるが、根本的に違うという点を強調しなければならない。ハイデガーもまた、ひとつの事物からそこに宿っている四方界を見る。彼は言う。水差しを水差したらしめる、空洞の内側には、水や葡萄酒を受けいれ、保つという、入れ止めるがあり、そこから注ぎおくるが出てくる。注ぎおくるというのは贈る(Geschenk)ということだ(29)。そのように、贈られた水の中には泉が、泉には岩石が、夏の日に降る雨……が宿っている。したがって、水差しの本質には大地と天空が宿っている。そして、「死すべき者」たちのための飲み物が、神に奉げる献奏がその中に宿っている。注ぎの贈り物には四方が同時に宿っている。このように四方界を同時に取り集める時、物はようやく物になる(30)。このような意味で、物は触感できるものを意味するラテン語の res でも、こちらに立てられたものを意味するラテン語 ens でも、近代的に表象された対象でもない。物はただ物になる限りで、すなわち四方を取り集めるものである限りにおいての み物であるのだ(31)。言い直せば、このように四方界を集めることの出来ないものは「物(Ding)」ではないのだ。これは人間の作為によって到来するのではない。死すべき者(死の意味を知る存在者である人間)

の目覚め、彼らの回想する思惟だけが物を絶滅から救い出す。このような点でこのように「物」とは対象や人間の数多さに比べて非常に希少なのだ(32)。

このような点で機械的に作動するレコードや、科学によって叙述されるバクテリアの共生体のようなものは、ハイデガーの言う「物」ではない。それらには四方界が宿っていない。それは只の平凡な物品であるか物体であるにすぎない。彼は物ひとつから、それに宿っている世界を見るが、それはその物に世界が宿っている限りにおいてだけなのだ。そこでは世界が宿っている物とそうでない物が区別される。死すべき者である人間に目を開かせ、彼らをして天空と大地とあれやこれやの神々を回想させるものだけが「物」として選別されるのだ。このような選別は彼が「死すべき者」たちのための飲み物である葡萄酒について語るときも同じようにあらわれる。水差しの贈り物から本来的な贈り物は献奏として注がれたものである。反面、酒場で注ぎ込まれる葡萄酒は本来的なものではなく頽落したものである(33)。即ち、酒場で注ぐ水差しの贈り物には四方が宿っていない。ただ、飲み物が注がれるだけだ。選別されたものの間に、本来的なものと頽落したものの強固な位階が存在するのだ。

しかし、天空と大地、神的なものたちを取り集めるものだけに世界が宿っているという言葉に私は同意しない。私たちの生の否定的なかたちでいっぱいになっているゴミ箱にも、都市にひしめく自動車の群れにも、干潟の無数の生き物を死へと追いやる巨大な防潮堤にも、全てそれぞれのかたちで世界が、宇宙が宿っている。それらもまた世界を取り集めている。それは「死すべき者」たちが何かを詩的に回想しようとしまいと、彼らなりの宇宙に支えられており、その限りでそうした宇宙を取り集めている。ならば一体、何が本来的な物と頽落した物を区別してくれるのか？　すべての物は、いやすべての物品、すべての存在者はその存在を可能にするそれ相応の宇宙を表現しているという点で、すべて「本来的」であり、そうした点ですべて平等である。存在論的平等性を持つのだ。

ここでもう一つ必ず指摘せねばならないのは、物や存在者が世界あるいは宇宙を呼びよせるということが、または「取りあつめる」ということが、何らかの調和のとれた「合致」や「合一」を意味すると想像してはだめだということだ。そのような合致と合一が存在する時にだけ、「物」には四方ないし宇宙が宿っていると、そのように宿っているものだけが物だと言ってはならない。すでに述べたように、ひとつの物に宿っている世界はその中に常に分裂と対立、敵対と戦争まで含んでいる。しかし、敵対と戦争の様相が支配的な場合にさえもそうしたものだけがあるのではない。物や存在者に宿るものが、いかなる世界、いかなる宇宙であろうとも、相生《そうじょう》と相剋《そうこく》、調和と対立、合致と分裂が共存するのだ。物や存在者のひとつひとつが存在論的共同性の中に存在するということは、ハイデガーが呼び寄せるような四方界の合致や合一が存在することを意味するものではない。

共同体としての個体もまた同様だ。ひとつに結合して個体化した要素の間には合致と同程度の対立と抑圧があることを忘れてはならない。共同体も存在論的共同性も常に、ある種の対立や対決、相争うことや分裂を抱えていることを想起しなければならない。分裂や対立、抑圧や紛争のないことを願う瞬間から、共同体なるものは、実在する分裂や抑圧を見えないようにするような、もうひとつの幻想的抑圧にとらわれてしまうか、それ自体が「頽落した物」であるかのように忌避し遠ざけなければならないニヒルな対象となってしまう。真に重要なことはそのような分裂や対立、抑圧や相剋があり得るのだということ、あるいは、ありがちだということを知ることである。そのような分裂や対立さえも肯定し、それを衝突させ乗り越えていくか、あるいは、それを最小化することの出来る道を探していくことだ。そのような紛争や抑圧の苦痛さえも新しい道を探すための師であり友であるとする肯定こそが、頽落した物や共同体に対する深奥なる批判や合一した世界に対する詩的空想によって、むしろ容易に遮断されてしまう共同的な世界ないし共同的な生への可能性を開いていく道につながることであろう。

その一方で、私たちが言う存在論的共同性の思考が、死を通じて存在論的共同性を思考することと根本的に違うという点もまた、簡単にだが述べておかなければならない。ある存在者の共同性を、その存在者が縁りかかっている条件、言い換えればそれが存続するために必要な条件、それが存在するように規定した条件を通じて思考するということは、死とは反対に生あるいは生存によって、いや文字通り存在によって思考することであるからだ。

死を通じて存在を思考することもまた、ハイデガーによって体系化された。『存在と時間』の実存論的思考で、死へと先駆的に臨む決断が「到来」の時間性を通じて可能存在を呼びよせ、頽落の中の自らを越える脱自的超越に進んでいくというのがそれである（これについては次の節で再び述べる）。実存的各自性を獲得させるこのような死の概念が、彼の思想的「転回」以降、あらわれなくなったといえども、死を「生が終わること」と区別して、人間を死の意味を理解する唯一の存在者だという点で「死する者」と呼んだ後期の立場でも死は彼の存在論的思考において決定的地点を占めている。乱暴に言えば、存在はいつでも死を通じて思考されるということだ。

生を賭けた決断を通じて「歴史的－運命」を知らせる良心の声に耳を傾ける初期ハイデガーの男性的で英雄的な死の観念とは反対に、絶対的受動性・絶対的他者性として死を思考するレヴィナス以降の存在論

的思惟においても、存在が死を通じて思考されているという点は変わりないだろう。死を通じて存在論的共同性を明示的に思考しようとしたのは、他ならぬジャン＝リュック・ナンシーである(34)。彼によれば他人の死、いや他人と私の間で発生する死という出来事、それは私と他人を分かつが、私と他人が共に分有する出来事である。私や他人の「単独性・特異性」(singularity)は、その出来事を通じてあらわれる。ナンシーはそのような分有を、「分けるもの」でありながら「共にするもの」を意味する「partage」という言葉で表現する。韓国語の「ナヌム」(나눔)もまた、そのような二重の事態を確かに含んでいる。共に分かつ、その死という出来事は、私と他人をその限界地点に出頭、すなわち〈共－出現〉(comparution)させる。それは存在するということの複数性を、〈共にあること〉(être-en-commun)を露わにする出来事だ。存在の共同性、複数で在ることは、私と他人が共に分かつ死という出来事を通じて明らかになることである。この死という出来事は計画や意思、一切の有為なことが消滅する地点、すなわち無為の地点で出現する。このような理由で、死という出来事を通じて思考される存在の共同体／共同性(communauté)は、無為の共同体／共同性なのだ。共同体／共同性とはこのような点でその成員たちに有限性を、彼らが死すべき者であることを知らせるものであり有限性の〈共－出現〉である。

　私の死ではなく他人の死を通じて、能動性ではなく受動性を通じて、そして実存的各自性ではなく死の分有を通じて思惟されているという点で、ハイデガーよりはレヴィナスにはるかに近いこのような思惟において、死が特権的地位を持っていることは明らかである(35)。しかし、それにも劣らず明らかなのは、そうした死が、明らかに人間の、人間に限られた死であるということである。このことは自らが死へと先駆する場合であれ、他人の死に向き合う場合であれ同様である。したがって、死を特権化する思考がいかにあがいても人間という存在者を特権化するということから抜け出す道はないように見える。それはどう見ても、人間中心主義のまわりで堂々巡りをしている。このような存在論的思考が扱う「存在の共同性」や「共同体」が専ら人間に限定されていることもまた疑問の余地がない。存在者一般の存在論的共同性ではなく、人間という特別な存在に限って、存在の共同性を語っているのだ。これはハイデガーのように人間中心主義を形而上学だと非難したからといって免れることができるものではないだろう。それは彼自身も言うように、人間を少しでも高い地位に格上げしようという、もうひとつの人間中心主義に過ぎないからだ(36)。

死を通じて共同性を思考する「死の共同体」論は、人間の死のなかでも特定の死だけをその対象にしている。他人の死を惜しみつつ見守り、自らの死について考える、そのような死。それは、ある意味、自然で自明性を持っているように見える。しかし、そのような死がレヴィナスやブランショが強調するように、「先駆的に自覚される死」と本質的に性格の異なるものであるとすれば、他人が見守る死とは違った種類の死があるという事実もまた否定出来ないのではないか。たとえば、死が自らの行動の目的になり、逆に他人が私を狙った死があらゆる所から突然に襲いかかってくる戦争ほどにも、死が全面的な事態になっている情況もないだろう。お互いを狙って、自らの死を思いながら、他人に死をもたらさなければならない情況。すなわち、死なないためには他人を殺さなければならない出来事としての死。ここでも死は私と他人を分かつが、共同性を確認する「ナヌム」(나눔、partage)、分かち〈共にすること〉の共同性へと、私たちの思惟を導いてくれはしない。ここでも死は、私と他人を単独的存在に成らしめる出来事であるが、それが彼と私をひとつに結んでくれはしないだろう。

共に分かち合う死が共同性を確認させてくれるのと同じように、戦争中の死は共同性を破壊する。それはその死がひとつの共同体に属するものではなく、反対に敵対的な共同体の間で発生するからである。戦争とは、人間の存在論的共同性が、現実的な共同体のあいだの敵対と対決によって瓦解する出来事である。〈共に分かつ〉死、共同性を確認する死とは、すでにひとつの共同体に属した死である。このような死において、共同性は既にひとつの共同体の形態として前提とされているものなのだ。もちろん、戦争の最中に敵であるにもかかわらず、死という出来事を通じて共通性を確認するような出来事もあり得るだろう。しかし、映画や小説などで見られるこのようなロマン主義的な出来事に比べれば、人間を実験動物のように何の考えもなく殺す、やはり極限的かつ稀である収容所での死という出来事の現実性のほうがはるかに人間という存在者の存在に近いということが、たびたび指摘されているようだ(37)。

他人と私が〈共に分かつ〉ことの出来ない死が、ただ戦争という例外的な状況にのみあるのではない。寒々しい冗談だと非難されることを甘んじて受け入れるつもりで述べれば、今や日常になってしまった、誰も見守る者のいない、なんとなく通り過ぎてしまう様々な死について言及出来るだろう。一九六〇年代初頭のアンディ・ウォーホルの作品に、交通事故でひっくり返った自動車とそこから放り出され木にぶら下がった人の横を、なんの気なしに一瞥もせず忙しく歩いて行く人の写真からなるものがある。それはおそらく大衆のポップな新しい日常とポップな死の一つの側面を示そうとするものではなかっただろうか。それは他人と私が〈共に分かつ〉ことのない死を、そのポピュラーな日常性を表すものだろう。それは他人と私が同じように死する者であるということを共に分かつようにしむけるよりは、なんとなく通り過ぎるか、恐怖で顔をそむけるか、逃避してしまう、そうした死であろう。このような死もまた、ナンシーの言う共同性の出来事としての死からは隔たりがある。ハイデガーにとって全てのものが「物」ではなかったように、ナンシーにとっては、すべての死を「死」であるとはいえないのだ。たとえ人間の死であろうとも。

このように、存在論的共同性の確証にいたらない異なる種類の死の数々があるとすれば、ナンシーの語る死というものが実は非常に限られた種類の死であると言わねばならないのではないか。彼が語る死は、傍らで惜しみながら見守る共同性、あるいは自らが存在論的出来事として、それを受容する共同性をあらかじめ前提にした死なのである。彼の存在論的共同性のためには、それとは異なる種類の死、すなわち共同性が前提されない数々の死が、人間の「死」から排除されなければならないということになる。ならば、ここで共同性が前提された死を通じて、死の共同性を語るという循環論法を指摘しなければならないのではないか。そして、このような循環論批判を「解釈学的循環」という言葉によって避けることができるだろうか。そのように言うこともできるだろう。しかし、それは逆にナンシーだけでなく彼が属する思想の地平が、死を通じて存在を思考する存在論的地平が、実は特定の存在者や特定の種類の死だけを特権化している共有地であり、特定の死の観念に閉じ込められ存在を思考する地平だということを意味するのだと言わねばならないだろう。しかし、「存在」という、捉えどころのないほど一般的かつ広範な外延をもった修飾語の集合をともなう存在論的共同性の問題を、人間の死、それもすでに「共同性」が前提された特定の死を通じて思考することが果たして適切なことだろうか。

私は、特定の物を特権化することに勝るとも劣らないほど、特定の存在者の死あるいは特定の種類の死を特権化するような思考によって存在論的共同性に到達できるとは思わない。存在論的共同性の思考は、存在者の存在を通じ、存在させる条件によって、あるいは、そのような存在者として存在するよう規定する外部によって、なされねばならないのだ。そうすることでようやく、私たちは人間を特権化するような存在論的思考を脱し、存在の問題を問い思惟することが出来るのだ。私は、存在の存在論的共同性のみならず現実的な共同体の問題もまた、そうした人間という観念を越えて、人間中心主義を越えて思考せねばならないのだと信じる。そして、信じるのだ。コミューンは、人間の「死」ではなく、「人間」の死を通じて、「人間」という特権的な存在の死を通じて、思考されねばならないのだと。

4 · コミューン主義と時間

(1) 時間と共同性

全ての存在者が複数の要素からなる集合体であり、生きている全てのものが〈衆－生〉であるとするならば、次のような問いを避けることはできない。すなわち、複数の個体、複数の要素がひとつの集合体として、あるいはひとつの集合的身体として存在するためには、それらのそれぞれ異なる諸要素をひとつに束ねるものが在るべきではないのか。それは何だろうか。各自が異質であるのみならず、それ自体が独自の個体－集合体でもある、そうした要素を、ひとつの集合体、あるいはひとつの身体として活動させるものは何だろうか。結論から言えば、それは時間と結びついている。そのため、「時間性」という概念を使うことにしよう。

存在論と関連して、時間ないし時間性の概念を強調したのはハイデガーであった。彼によれば時間性とは全ての存在移行ないし存在解釈の地平であり、死へと先駆する現存在の存在自体と結びついている根源的性質である[38]。しかし、後に述べるが、私はこのような時間や時間性の概念に同意しない。それはコミューン主義的存在論ではなく、死を通じて人間個人を絶対的に分離した個体として扱う実存論的思惟の地平であり、そのために個体性を越えて共に存在する人々の生を扱う場合ですら、コミューン的な存在論とは反対に個体主義的地平の中に思惟を閉じ込める時間概念であるからだ。

それよりは、むしろベルグソンやカントの時間概念を手がかりに、時間に関する考えを解きほどいていくほうが良いのはないかと思う。なぜなら、彼らは少なくとも時間が一種の「総合」であるという点を明らかにしてくれるからだ。特にカントは時間が総合の形式であることを明らかにしてくれた。感性に与えられるものを総合する内的直感の形式、それが時間である(39)。他方でベルグソンは、時間について「総合」という概念を使わずに、時間の純粋概念を「純粋持続」として定義している(40)。それは異質なものが共存し混ざっている一種の「総合」である。そのような総合がない場合、たとえば鐘の音や音楽の音は、ひとつひとつがバラバラに響く一回ごとの騒音に過ぎないだろう。時間的な総合のなかで、それらのいちいち鳴る音は一つのまとまった旋律として奏でられる。このことはひとつの音でも同様である。たとえばチェロで弾く「ド」とピアノで弾く「ド」の音色が異なるのは「同時に」鳴る一連の倍音構造が異なるからだ。音色とは同時になりたつ倍音の総合なのだ。

このような総合なしに、時間はそれだけで存在するとは言えない。言い換えれば、総合が発生する具体的な条件なしには、時間は存在しない。このような点で、私たちはむしろ根源的な地点から見るかぎり、「時間は存在しない」とした龍樹や僧肇《そうじょう》の立論を真摯に検討する必要があるだろう(41)。私たちは時間を存在の地平や現存在の存在などとして根源的な場、本来的な位相に設定してはならない。時間は総合が発生する限りで、それを条件にしてのみ発生し作動するのだと言わねばならない。

ならば、総合としての時間とは、どのように発生するのだろうか。いや、存在するといえる「時間」とは一体何だろうか。最も理解しやすいのは、ベルグソンのように音楽の例を通じてであろう。個々の音がひとつひとつに散らばらずに、ひとつの旋律に「総合」される場合、私たちはその旋律の流れをひとつに束ねる総合をしたのだと言える。だが、このような総合は単に私たちの意識や無意識の内にだけ発生する「主観的なもの」だけではない。それはまず主観的総合である以前に「客観的総合」だと言わねばならない。複数の要素、分割可能な異質な要素が混ざり合う総合のなかで、それらが「ひとつのように」動き作動するリズムのなかで、それらはひとつの「個体」へと個体化する。そのような個体化のなかで、その分割可能な要素はリズムに合わせて「ひとつのように」作動する。すなわち、ひとつの集合的構成物へと個体化する。

時間とはこのように集合的構成体をなす構成要素がひとつのように動き、ひとつのように身体をなし、個体化するリズム的な共調現象である。リズムのなかで構成要素がひとつのように同調する時、時間が存在するようになるのだ。したがって、時間は個体化する具体的な数々の存在者なしには存在しない。このような意味で、「時間は存在しない」。分割可能な数々の要素が集まって個体化するたびに、集合的な構成物が存在するようになるたびに、時間は生成し、そのような生成のなかで存在するようになる。したがって、宇宙を貫くひとつの時間が存在するのではなく、個体ごとに、個体化するリズム的な共調が発生する範囲ごとにそれぞれの時間が存在するのだ。

これは私たちが時間と結びついているとみなしている、すべての現象において確認できる。具体的に人間の生において時間に対する関心が目立つのは、世界のどこであれ自然と人間のリズムを合わせなければばならない領域においてであろう。例えば農民は、太陽や月、それらにともなう季節の移り変わりにあわせて種を撒き、働かねばならない。そのために季節を啓蟄、春分、秋分など二十四節気《にじゅうしせっき》に分け、暦を作る。それは時間のもっとも一般的で「通俗的な」形態だ。しかし、その通俗的形式を作りだすようにさせるのは、自然の動きと人間の動きが同調しリズムを合わせなければならないという、言い換えれば、ひとつのリズムを総合しなければならないという事実だ。こうしたことは農民たちにだけ当てはまるのではない。自然の力を利用して人間の間の生を調整するシャーマンや、緻密で複雑な暦を作り利用したマヤの呪術師、そして易経や四柱推命を利用した中国の史官にも、みな同じように当てはまるのだ。「時間性」というものがあれば、このように相異なる個体がお互いに合致しなければならないという条件のもとでひとつの共通のリズムを形成しようとする態度だと規定しなければならないのではないか。

　このようなことは私たちの身体においても違いはない。心臓を構成するあまたの細胞が、それぞれ自分の思い通りの動きをすれば心臓は血液を循環させる能力を喪失し、「死」に至る線をたどるだろう。さらに、一部の細胞がリズムを合わせることが出来ない場合、心臓の動きは正常な拍動をなすことはないだろう。身体の器官もやはり同様である。同一のリズムに合わせて同一な動きをするという意味ではなく、それぞれが独自のリズムを持って動くのだが、身体全体の時間のリズムに合わせて速さや遅さ、運動と静止を必要な方式で合わせることができないなら、その身体もまた死への線をたどってしまう。このために身体のリズムを調整し合わせる「体内時計」があるというのはよく知られている[42]。これはコンピューターも同様である。中央演算装置と主記憶装置、補助記憶装置、そして他の部品がひとつのリズムに合わせて動けなければ、まともに機能できないだろう。このためにコンピューターもまた、そのリズムの基準を作る時計装置を稼動させる。

ここで時計が使われるということを聞いて、単に「日付け可能性」であるとか「時計的時間」にすぎないなどと、たやすく批判する前に、そうしたものを複数の要素で構成された生物の身体や機械の身体が必要とするということ、そして、そのようなリズムの〈共-調〉を必要としているということに注目しなければならない。個体を構成する数々の部分がお互いの間のリズムを合わせるということ、それは複数の構成要素をひとつの集合的身体に構成するための必須条件である。まさにこれが時間を必要とする条件であり、時間を発生させる条件である。「時間性」とはまさにこのような条件を指すものだ。

時間とは、このようにある集合的「個体」が分割可能なその構成要素へと解体されないまま、ひとつの「個体」として存続できるようにする総合の形式である。逆に言えば、互いに異質な複数の要素、独自性を持った各々の要素をひとつのリズムを通じてひとつの個体に束ねる総合の形式である。したがって、時間性とは複数の異質な要素がコミューン的存在として結合し存在しつづけるための根本的な条件である。時間とはこのような集合的構成を通じて作られるものであり、その集合体とともに存続し消滅するものだ。時間とは共同性の作動形式なのだ。

したがって、時間とはコミューン的存在の存在形式、あるいは活動形式である。しかし、注意しなければならないのは、時間なるものが時計のような或る尺度に合わせてその動きの全てをひとつにするものではないということである。それはむしろ、それぞれの独自の動きとリズムを持って全体的なリズムを共有するものである。私たちの脳が寝る間、心臓や肺が「眠ってしまうのなら」私たちは存在を持続できないだろう。このような理由で時間なるものは、「拍子」と区別される「リズム」の概念によって定義されるのであり、あるいは言い直せば時間とは常に差異を含み、部分の異質性を除去しないままに、それらをひとつに束ねるリズムとして定義されねばならない[43]。

(2) 実存論的時間性とコミューン主義的時間性

ここで簡単にではあるが『存在と時間』でのハイデガーの時間性の概念について言及しておく必要がある。ハイデガーは時間性を「既在しつつ現在化する到来としての統一的現象」として規定し、過去、現在、未来の通俗的時間観念に対比される「既在」、「現在」、「到来」という現象が脱自的性格を持つことを指摘する[44]。それが存在了解の地平としての時間的統一性を形成するというのだ。彼は、この脱自態の中で「根源的で本来的な時間性の第一次的現象は到来」であることを繰り返し強調している。

ハイデガーにとって到来の時間性とは、死へと先駆する決断性を通じて自分自身を自らに向かって近づいてくるようにする根源的現象であり[45]、他人たちの存在可能を了解させることで、全体的現存在を実存的に先取することのできる可能性を、全体的存在可能性として実存できる可能性を与える現存在の本来的な契機である[46]。したがって、死は世人たちから或る現存在を引き離し、そのきわだった可能性のなかにとどまらせ、それぞれの現存在をして固有な現存在であることを要求する[47]。しかし、到来が本質的に実存論的時間として、死へと先駆する決断性を通じて到来する可能存在を意味する限り、したがって可能存在ですら先駆する死を通じて定義されるものである限り、到来なるものは死という徹底的に個別的な分離をもたらす時間性に帰属することとなる。すなわち、死は単に他の誰かが代わりになりえないものであるという通常の意味においてのみならず、共に生きているにもかかわらず、根本的に引き離されているということを、死を通じて確認することになる生物学的個体性、すなわち死の単位としての個体性(in-dividuality)に生を還元するという意味において。

このような意味で、ハイデガーは本来的な時間性としての「到来」がまず「死」という現象と結びついており、現存在が全体的現存在の立場をとる場合にすら、実存的な各自性を獲得する「個別的」な現存在であることを要求するという点を強調する。彼が現存在の存在は気遣い(Sorge)であり、(到来を本質にする)時間性は気遣いの本来的な意味であるというとき、これはその存在自体が本質的に死につながっているということと無関係ではないだろう。彼にとって、生や存在は、死を通じて規定されており、死を通じて完成される何かとして規定されている。したがってそうしたものであるだけに、その時間性はある現存在をひと(das Man, 世人)と区別する個別性――実存論的個別性――に結びつけているのだ。

もちろん、ここで個別化は「全体的現存在」、他人たちの存在可能性を予め先取するためのものだというからには、単純な個別性の実存的限界を指摘するのであれば、それは間違いなく甚だしい単純化であろう。死に先駆する決断性を通じて発生する個別化は、かえって彼が「歴史的-運命」(Geschick)につながっている「共同の生起」、「民族の生起」と結びついているのだ。彼は決断した者の使命について述べながら「本質上おのれの存在において到来的であり、したがって、おのれの死に向かって自由でありつつ、死に突き当たって打ち砕けておのれの現事実的な現へと投げ返されうる存在者のみが……おのれの固有な被投性を引き受けて、『おのれの時代』に向かって瞬視的に存在することができる」という(48)。それが運命のようなものに奉じることであり、それがまさに本来的な歴史性だというのだ。このような決断性が「現存在がおのれのためにおのれの英雄を選ぶ」ようにさせ、共同の運命をつくる可能性のために「闘争しながらの随従と忠誠とに向かって自由にさせる選択」を初めてさせるようになったということだ(49)。こうして凄然かつ悲壮な音調とともに、青年たちを戦場に呼び寄せる死の狼煙が燃え上がる。

これはいわゆる「転回」以前の実存論的な哲学においてもなお、ハイデガーの思想が「故郷の哲学」、「祖国の哲学」、あるいは「民族の哲学」になってしまう核心的な面貌であろう。要するに、時間性の契機を脱自的なもの、すなわち個体としての「自己」を越えてあるものとして見ているにもかかわらず、死へと先駆することを通じて到来する時間を本質とする時間性という概念は、個体を別の個体と共に「生かし」、私を他人たちと共に束ねてくれる共同の時間性ではなく、おのれを他人たちから引き離し、他人たちから分離して死ぬという分離の時間性をその本質とする。その脱自態によって時間性の地平は、現存在を「おかれている」状況から、死へと先駆する決断を通じて到来の時間性を作動させ、全体存在を先取するが、その場合の全体存在とは民族や国家という、彼が常に嫌悪してやまなかった余りに通俗的な通念の哲学的名前に過ぎない。それは自らを周りの親しい「他人」たちのために、あらゆる種類の異質性を、故郷が異なり民族の異なる全ての他者たちを排除するだけでなく、死へと押し流されるようにする思想である。このような意味においても、それはかさねがさね「死の哲学」なのである。

これとは異なりコミューン主義的時間性は、個別者自体を常に他の個別者と共に生きる存在として束ねる生の時間性であり、個体を個別化し死へと先駆させ孤独で悲壮にする時間性ではなく、隣にいる他者たちと共に生を構成させる音楽的で愉快な時間性であり、死に対する孤独な恐怖から脱するようにしてくれる時間性であり、死すらも生の一部にしてしまう時間性である。同じ集合体や全体について語っているにもかかわらず、これほどまでに相異なる相反する方法があるだろうか。

5．コミューン主義の空間性

コミューン主義だけの特別な空間が別にあるわけでは決してない。もちろん、コミューン主義に符合し、コミューン主義によりよい条件を提供する空間の形態と、そうでない空間の形態がありえるのは明らかであり、したがってコミューン主義に適した空間構造についての思考が必要だという点もまた事実である。しかし、このような具体的空間の形態とは別に空間性の問題がコミューン主義には重要な問題となる。それは何よりもまず、内部と外部の問題、あるいは外部性の問題と結びついているものだ。

コミューンにせよ、コミューン的存在としての集合体にせよ、それがひとつの個体である限り、自らとその外部の境界を持つ。フランシスコ・バレーラはマトゥラーナと共に、生命を自己生産（オートポイエシス auto-poiesis）、ないし自己組織化であると定義し、それに加えてそれぞれの個体を区別する膜の存在が非常に重要であると指摘している(50)。社会的な集合体としてのコミューンもまた同様である。それが現在のように資本主義の世界の中で作られ存続しなければならないという時はなおさら、自らの外部と自らを区別する境界なしに存続することは不可能だと言わねばならない。そのような境界とは、価値法則や資本の公理とは違った生の方式が区別され、分離される場を示すのだ。

しかし、このような境界が外部に対して閉ざされているか開かれているかにしたがってコミューンやコミューン的集合体は非常に異なった「本性」を持つこととなる。境界が閉ざされているということは、すでに内部に存在する諸要素、すなわちお互いに馴染みがあり親密な諸要素だけの世界へとコミューン的関係を閉鎖することだ。したがって、閉じられているということは、内部と外部を対立させその間に最大限に強力な切断機を作動させることであり、ともに集合体を構成する隣のものを内部者のみに限定する態度を持つということである。このような態度をとる場合、「内部性」が重要な空間性として設定される。反対に外部性とは、自らと馴染みのないもの、自らが親密でないものに対して開かれていることであり、自らと異質な要素を意味する「他者」に対して開かれていることであり、信念や理念などに対する同調や同一視のない外部的要素が出入りし疎通できるように解放されていることである。

おそらく、存在の空間性について語るなかで〈内に在ること〉という言葉で内部性の概念が意味することを最も明確に表したのはハイデガーだっただろう。彼によれば、ある世界の「内に在る」ということは、このように他人と共に在ることであり、このような意味で世界とは私が他人と共にいる世界、共に生きていく、共に分かち合う世界なのだ。「他者たちは、配慮的に気遣いつつある配視的な現存在が本質上そのうちに引きとどまっている世界のほうから、出会われるのである。〔傍点、著者〕」ここで言う「他者」とは「私を除いた、残余の人々全部と同じでなく、他者たちは、むしろ、ひと自身がそれからおのれを大抵は区別しないでおり、ひともそのなかに存在しているところの人々なのである[51]。〔傍点、著者〕」それは異質な存在ではなく、私と同質的な存在であり、そのためにお互いを区別せずともよい人々だ。おそらく、家族、故郷の人々、あるいは同じ民族に属する人々などがハイデガーの言う他者であろう。同じ理由から、彼は現存在が、〈つねにすでに〉世界内存在（In-der-Welt-Sein）であることを指摘しながら、そのような存在方式から「内に在ること」（In-Sein）の重要性を強調する。したがって、世界内存在の存在論的構成から「内」（内部）の意味の重要さが浮き彫りにされる。すなわち、ハイデガーは世界の存在論的構造を「世界の内に在ること」を通じて、「内部性」を通じてとらえているのだ。

ハイデガーによれば「内」(in)は、「居住する」、「滞在する」という意味の innan- に由来する。その語根で「an」は「私は慣れている」「〜と親しんでいる」「私は或るものを保護する(52)」を意味する。これは存在(する)を意味する sein 動詞と本質的な関連があるという。

「私がある」(ich bin)の不定法として、……存在(Sein)は何々のもとで住んでいる、何々と親しんでいるということを意味する。したがって、内に在ることは、世界内存在という本質上の機構をもっている現存在の存在を、形式的に実存論的に言いあらわしたものなのである(53)。

内部性を通じて現存在を捉えようとするのはこのような親しさ、慣れを通じて現存在の生を捉えようとすることだ。

現存在は……存在者との配慮的に気遣いつつある親密な交渉という意味において、世界の「内」で存在する。したがって、現存在にある空間性が帰せられるのなら、それはただこのような内に在ることを根拠としてのみ可能である(54)。

反対に外部性とは親しくないもの、自らと区別されないどころか、確然として区別される存在としての他者に内部を開くことであり、彼らと共に居住するというよりは、彼らとの出会いを通じて自らを変えていくことである(もちろん、彼らもまた変えられていくだろう)。したがって、外部性とは、境界の何がしかの或る外側を指して言うものでもなく、外に留まっていることを意味する何らかの場所的な概念でもない。それは、内部と外部の関係に対する特定の態度、境界を設定する場合にもその境界を閉鎖せずに外部を絶えず内部化し、それを通じて内部を絶えず外部化し変異させる態度であり、空間性を表現する概念である。それはまた、コミューン的存在としての個体が、自らに与えられる外部的条件や、思いもしなかったような出来事にたいして、それらが迫り来るままに、肯定しようとする態度だと言うことができる。

コミューン主義の空間性が外部性であると述べるとき、その概念が意味するのはまさにこのようなことである。反面、近代以前の共同体主義や、あるいは第一次世界大戦以降のドイツなどでの共同体主義、あるいは米国で容易に見つけられる、他者を排除し作られ同質性を維持しようとする共同体主義が内部性を自らの原理にしていることはよく知られている。「コミューン」と呼ばれたヨーロッパ中世の自治都市もまた、城壁をめぐらせ、自らの境界の外部に対して、農村や他所者ないし財貨の流れに対して、徹底的に排他的な態度で搾取し支配しようとしたという点で、このような内部性の世界を構成したことも、やはり周知のことである(55)。このような点で、内部性に安住しようとする態度は、むしろ共同体を構成し、コミューン的構成体を形成しようとする運動において、最も頻繁に出会い、最も容易に陥る危険だと言うことができるだろう。「自国の伝統」に対する執着、民族的伝統や純粋性への誇り、外国人や移住者に対する排他的態度などは、やはりこのような性向の典型的な例だと言えるだろう。

実際、内部性の気楽さと親しさに安住しようとする性向は、たとえば私たちの身体でも発見される傾向である。これに関して特に重要なのは「免疫」の概念だ。通常の意味での免疫とは、外から侵入してくる敵としての細菌に対して、内部に作られる防御メカニズムとして見なされる。しかし、バレーラの指摘によれば、免疫体系とは「自我」という無意識的境界の内で、外部のものだと見なされる要素に対する内部的要素の防御メカニズムである(56)。細菌だけでなく必要のために移植される臓器に対しても免疫体系の攻撃が加えられるのはまさにこのような理由からだ。リューマチのような免疫疾患は自らの身体すら自らの外部だと見なし攻撃することで発生する。

しかし、私たち自身の細胞、あるいは視野をさらに広げて、真核細胞の起源に目を向ければ、内部性を生物や個体の本来的な性向や性質として見なす態度の虚構性を理解するのは難しいことではない。真核細胞の起源は、多様な理由から二つ以上の原核細胞が結合し共生を始めたことにある。すなわち、その進化の決定的な分岐点は、異質な生物体の相互依存的共生にあったのだ(57)。細胞内部のミトコンドリアや植物細胞のなかの葉緑体、精子細胞の尾部、さらには私たちの身体をなす細胞の核でさえも、異質な生物体が合体して共生をはじめた結果だということは、今や充分に確証されている。多数の細胞器官が集まって一つの集合的身体を構成し、数が集まって有機体という集合的身体を構成するようになったのは、まさにこのような異質な要素の数々を自らの一部として受け入れ、自らが新たに身体の一部へと変異したために可能になったのだ。

議論をもうすこし押し進めれば、次のように述べることができるだろう。免疫体系とは、外部的な諸要素を受け入れ共生することのできる能力の限界地点で作られるものである。このような思考をさらに進めれば、能力としての免疫とは、外部に対する防御以前に、それを自らの一部として受け入れる能力だと言わなければならない。これをよく表しているのは正常細菌叢(正常フローラ、normal flora)であろう。正常細菌叢とは、私たちの体の「表面」——内部の表面も含む——に生息している細菌やカビなどの微生物であり、疾病をひき起こさない。反対に外部的な病原体に対する防御機能を果たすため免疫体系の一部を成すものと見なされる。それは外部的なものであるが、私たちの身体が適応し共生するようになった微生物の集まりである。これは根本的に考えれば、捕食されたにもかかわらず、捕食者のなかで生き延びて、共生するようになったバクテリアの場合などに遡及しても考えられることである。肝炎ウィルスや大腸菌など数多くの異質な微小生物が私たちの身体の中に生息していることはよく知られている。それは当初は疾病を引き起こす「病原菌」であったが、私たちの身体と互いに適応し（その細菌もまた宿主が死なないように自らを変異させ適応したのだ(58)）共生するようになったものたちである。これらの細菌は、宿主の身体の免疫能力が低下すれば、病気を引き起こす「病原菌」となる。病気とは外部のものに対する身体の無能力の表現なのだ。このような無能力地帯で、手に負えない外部的要因に対する防御メカニズムとして構成されたものが免疫体系だと言わねばならない。

外部に開かれた身体、あるいは外部性を持つ共同体、それは新しく入ってくる馴染みのない異質なものに繰り返し「適応」しなければならないという困難を避けることはできない。その異質性を帯びた外部によって絶えず摩擦や葛藤、対立、さらには敵対を経験することもあり得るだろう。それは困難で疲労を伴うことであり、そのため避けたい事態であることには違いない。当初は外部性を保持していた共同体が多くの場合、なれ親しんだものに安住しようとする性向はこのような点で自然発生的なものでもある（調和のとれた世界、合一の世界への夢想が問題になるのはこの地点である）。しかし、そこに安住するやいなや、それはすぐに内部者と外部者を分け、なれたもの、親しいもの、内部的なものを防御するような態度をとり、外部的なものに対して敵対的な態度で対するようになるものだ。

外部者に対する敵対、それは内部者をかばい包み込む保護の裏面である。それは必ずや、外部的なものに対してますます無能力な方向に進んでいくだろう。身体外の菌との接触を減らし除去する滅菌された空間が、かえって免疫力が低下した身体を作るように。外部的なものに対応する能力の欠如が、さらに防御メカニズムの強度と敷居を高くすることになり、それが、さらに無能力な身体を作り出すという悪循環を発生させる。それとともに外部的なものに対する警戒心と敵対心もまた高まっていくだろう。これは結局、排他的な集団、しばしば外部に対して攻撃的な集団に帰着する。さらには内部で発生する差異や葛藤に対しても、敵対と攻撃をするようになることを歴史は様々な事例を通じて示している。これは共同体の最悪の未来であり、こんにちの共同体に対するあらゆる拒否感と悪名の理由であろう。

もちろん、能力には限界がある。その意味では、内部と外部を分かつ境界、外部的なものに対する相対的な度合いを持った線引きと選別がないというわけにはいかないだろう。境界のない空間、それはたどり着くことのない、不可能な絶対なのだろう。しかし、それは、今現存する境界を絶えず問い直し、再び開かせる不可能性であるだろう。外部性、それは差異を肯定し、異質なものと外部的なものを自己-変身の機会にする。このような原則としての外部性をつねに働かせ、自らの境界を何度となく開き直す空間性を働かせる時、コミューンは肯定的なものとなる。

6．存在論的コミューン主義？

かつてコミューンがユートピアとして想像された時、明らかにそれはひどい現実と対照的な、しかし現実には存在しない、ある理想的な世界の夢であった。もちろん、そのような場合でさえ、それはエルンスト・ブロッホがいみじくも指摘したように、より良い生に対する夢と欲望の表現であり、現実に存在する世界を変えようとする意思の表現であった。しかし、多くの場合、それは同時に抜け出したい現実に対する一種の陰刻画だったと言わねばならないのかもしれない。その夢を見る人の経験と性向によって様々に描かれる陰刻画。

これと異なり、私たちの思い描くコミューン的な世界とは、近代以前は言わずもがな、こんにち私たちの生を締め付けている近代ないし資本主義的世界のなかでさえ、〈つねにすでに〉、存在する世界であり、どこにでも存在する世界であり、様々な層位にわたって存在する世界だ。小さな細胞や細胞小器官から、私たちの身体自体、私たちと共に生存の網の目を編んでいる生態的な関係（生態系）や社会的関係、そして地球自体に至るまで存在者はすべて〈つねにすでに〉コミューン的存在である。したがってコミューン的存在、あるいはコミューン主義は空想の中だけにある不在の世界ではなく、いつでもどこでも〈つねにすでに〉存在する世界だと言わねばならない。存在者はすべてコミューン的存在なのだ。ハイデガーの言うように存在者と区別される「存在」というものがあるならば、それはある日、忽然として私の前に姿を現し、声をかけたかと思うと消えさっていく秘儀的な何かではなく、そのあらゆる存在者を存在させる巨大な宇宙的な隣のものの集合であり、それらの存在者を通じて表現される、コミューン的宇宙そのものである。このように全ての存在者がコミューン的存在として存在することを見ようとする立場のことを、私たちはコミューン的存在論ないしコミューン主義的存在論と呼んでもよいだろう。

しかし、このような或る存在者をそのものとして存在させ、それを支えるコミューン的関係、コミューン的存在は調和のとれた合致とは無縁のものである。それは分裂や敵対のみならず、戦争のような事態までもが含まれた存在である。第一次的に互いに支えあい循環の利得をやりとりするそのような関係だとしても、それは生態系の食物連鎖のように食う食われるという敵対的関係を含んでいるからだ。ましてや私たちが縁りかかっている世界、私たちをしてこんにちのような形で存在させる宇宙の中には、資本と国家権力の支配までも含まれており、それらによって成り立っている搾取と捕獲、そしてそれらが私たちの間に作りだす境界と分裂、敵対の線で満ち満ちている。コミューン的存在、それはその共同性と同じく、こうした敵対と分裂を抱えている存在なのだ。

コミューン的存在論は、そのような敵対や分裂のない世界を想定したユートピア主義ではない。それは二重の意味でユートピア主義とは異なる。第一に、ユートピアが場所を持たない不在の世界であるのに反して、コミューン的存在とは、過去から未来に至るまで、人間はもちろん塵のひとつに至るまで、〈つねにすでに〉現存するものであるからだ。第二に、ユートピア主義が不在という絶対的な犠牲まで払いながらも、全てのものが調和をなす世界を描いているのに反して、コミューン的存在論は共同の存在、共同性の存在論のなかにも常に敵対と分裂が、あるいは抑圧があることを見すえているからだ。それは、調和や平和を夢見る場合にも、避けられない現実である。コミューン的存在論は、それこそ私たちがはじめねばならない出発点であることを認めるのだ。そして、敵対や分裂が消えた世界に向かって、いや、それらが極小化した世界に向かって進んでいこうという時にすら、そのような敵対と分裂がいつどこでも出現しうることを明確に認識すべきであり、常にそれと対決しなければならない。そのような敵対と分裂が消えた理想的な状態を夢見るよりも、それらが出現するたびに冷静に向き合い、以前よりは容易に乗り越え、肯定的なエネルギーに変換する方法を考えだしていくのだ。

しかし、コミューン主義的存在論に取り組むということ、また敵対や分裂さえも共同性に属するものとして肯定しそれを友とすることは、敵対や分裂が蔓延している共同性の存在を「どうしようもない現実」

として受け入れ、それに安住することや、その変換を諦めることとは何の関係もない。敵対や分裂を認識すること、それは単に敵対の不可避性に安住しようとすることではなく、反対に乗り越えようとする試みの始まりであるということ、そして、それを乗り越える方法や方向を探すための出発点であることを誰が否定できるだろうか。存在の共同性を確認し、敵対と分裂さえもがその共同性のなかにあることを認識し、認めることもまた同じである。いや、それ以上のことである。共同性内部に、同質的で馴染みのあるものに安住しようとする傾向が存在することを認識することは、その敵対と分裂が単に外部から来るものでないことを見ることを要求するからである。それは、外部から来る前に内部から来るのだ。内部性のベクトルが働き、共同体を同質化し、馴染みのあるものに制限し、そこに留まろうとするとき、それと違うもの、異質で外部的なものは、共同体の安定と平和を脅かす敵だと見なして、それを排除するための敵対の力が働くこととなるのだ。

このような点で、コミューン主義的存在論と区別して「存在論的コミューン主義」を定義できるだろう。それは存在論的共同性を思考するコミューン的存在論を起点にはじめるものであり、その共同性を通じて生を思考し、その共同性を新しい生の条件として拡張あるいは変換しようとする倫理的実践であり、そのような共同性の中に存在する敵対や分裂を越えて、それを肯定する新たな集合的関係を考えだし、構成しようとする社会的実践である。また、そのような関係の構成を阻む障害物と対決し、そのような構成の実験の中で出現する敵対や分裂を越えて、新たな関係を作っていく政治的実践である。

敵対と分裂が共同体内部につねに存在するほかないことを明確に認識し肯定すること、さらに外部から流入する異質な要素を最大限受け入れ肯定すること、その異質な諸要素が衝突し分裂的なベクトルをつくることすらも肯定すること、その衝突と分裂をむしろ新たな変換の機会にし、変換のエネルギーにすること。そうした営みなしには、いかなる共同体であれ敵対のない世界の夢のなかで巨大な敵対を作ってしまうのであり、分裂のない世界の夢のなかで分割可能な要素へと分裂を繰り返し孤立していくのだ。

やや図式的ではあるが、存在論的思考がその出発点を、あるいはそれが足をつけている現実的地盤を示すならば、コミューン主義はそれが進んで行こうとする方向を示していると言ってもよいだろう。前者が全ての起源以前の起源であれば、後者は決して達成できない目的、繰り返し失敗するなかで永遠に回帰してくる目的であると言わねばならないだろう。

実のところ、コミューン主義的存在論の立場を取った瞬間から避けることのできない根本的な疑問がある。存在がもとよりコミューン的であるなら、必ずしも新たにコミューンや共同体を作ろうとする必要はないのではないか。その反面、存在がもとからコミューン的でないのなら、コミューンや共同体を作るというのは根本的に不可能ではないのか。音を聞く能力のない存在が音を聞くことが不可能であるように。したがって、存在論の立場でコミューン主義や共同体について語るのは不可能性と不必要性という二つの極の間で根本的な難点を持っているように思われる。

コミューン主義的存在論は、存在の共同性に対するコミューン的存在の可能性、あるいは現実性にたいする留保なき肯定である。したがって、共同体やコミューンを構成することは可能である。私たちには、いや全ての「生きている」ものには、共同体を構成する能力があり、実際にすでに共同性の中で存在しているのだ。存在の共同性は、共同体あるいはコミューンを作ろうとする試みが、単に抽象的な可能性や非現実的な夢想ではなく、間違いなく現実の数々の試みであるということを明確に示すものだ。私たちはコミューン的存在であるがゆえに、コミューンを、新たなコミューンを作ることができるのだ。鳥が飛ぶことの出来る存在であるがゆえに自らの欲する方向に飛ぶことが出来るように、私たちが話す能力を持っている存在であるがゆえに言いたいことや必要なことを言えるように。

しかしながら同時に、存在の共同性が単純に合致と調和ではなく、敵対と分裂も含んでいるものである限り、あるいはそのような敵対と分裂が果てしなく生成しうる限り、私たちは与えられた共同性にとどまることが出来ず、それに安住することが出来ないのだ。私たちに存在を与える、まさにその共同性のために避けることの出来ない、それらの敵対と分裂を越えて、少なくともそれが極小化した状態を夢見て、それに向かって進んでいくことは避けることが出来ないのだ。コミューン主義的存在論にとどまらず、存在論的コミューン主義へと進んでいかなければならないのは、このような理由からだ。数知れない失敗の中でも、絶えず共同体を作ろうとする試みが、歴史の中であるいは生の過程の中でなぜ繰り返されてきたのかを、それは説き明かすのだ。あまたの失敗にもかかわらず、繰り返しコミューン主義を生の展望にしつつ、私たちがコミューンへの欲望を抱いてきたそのわけを。

註

(1) アラン・バディウ、『조건들（諸条件）』、이종영（イ・ジョンヨン）訳、セムルキョル、二〇〇六年、二九一―二九二頁。(Alain Badiou, *Conditions*, Seuil, 1992, pp. 216-8.)
(2) 同書、二九五頁。(*Ibid.*, p. 220.)
(3) これは特にブランショのそれと関連しているが、これについてはまた後に言及する。

（4）ジャン＝リュック・ナンシー、「마주한 공동체（対面した共同体）」、モーリス・ブランショ、ジャン＝リュック・ナンシー、『밝힐 수 없는 공동체，마주한 공동체（明かしえぬ共同体、対面した共同体）』、박준상（パク・ジュンサン）訳、文学と知性社、二〇〇五年、一二四頁。〔訳注：引用されている韓国語版はナンシーの『*La Communauté affrontée*』とブランショの『明かしえぬ共同体』を一冊にまとめたものである。（Jean-Luc Nancy, *La Communauté affrontée*, Galilée, 2001, p.42.）〕

（5）同書、一二五頁。（*Ibid.*, p. 44.）

（6）同書、一〇八頁。（*Ibid.*, p. 17.）

（7）ジャン＝リュック・ナンシー、『無為の共同体──哲学を問い直す分有の思考』、西谷修、安原伸一朗訳、以文社、二〇〇一年、五─八頁。

（8）ジャン＝リュック・ナンシー、「마주한 공동체（対面した共同体）」、一一〇頁。（Jean-Luc Nancy, *La Communauté affrontée*, Galilée, 2001, p.36.）

（9）同書、一一四頁。（*Ibid.*, p. 42.）

（10）バディウがこのことを知らなかったとは考えられない。むしろ、共同体と真理の共立性を再び確認しようというこのような試み、哲学的真理の名において共同体を扱おうというこのような試みが「解放の政治」の前に立ち塞がることを考えたために、哲学と政治の縫合を解体しようとしたのであろう。

（11）アルフォンソ・リンギス、『何も共有していないものたちの共同体』、野谷啓二訳、洛北出版、二〇〇六年：ロベルト・エスポジト、『近代政治の脱構築』、岡田温司訳、講談社、二〇〇九年。

（12）アラン・バディウ、前掲書、三〇二─三〇六頁。（Alain Badiou, *op. cit.*, pp.226-230.）

（13）同書、二九四頁。（*Ibid.*, p. 219.）

（14）これを「個人」と翻訳した瞬間、ほとんどの場合において、個人はいつしか社会の基本的な最小単位であると仮定され、その最小単位について私たちはいかなる疑問も持てなくなる。個人についての自然発生的観念は、私たちが「個人」という概念について思考することを妨げるのだ。そして、個人という言葉に自然と付け加えられる「人間主義的」観念はindividualに対する思考を人間学的観念の内に閉じ込める。このような観念を持つことで、私たちが人間の持つある性質（property）や能力を知らぬ間に特権化し、人間の立場から問題を見る人間中心主義にどっぷり浸かってしまうのは避けがたいことであるようだ。個人という概念に含まれた人間という意味だけでなく、有機体という意味を脱し、スピノザにならって、様態一般の次元で問題を扱わなければならないと私たちは信ずる。これはともすれば、「存在者の形而上学」の試みであるという非難を浴びうるかもしれない。しかし、それでもなお存在者の「自然学」（physis）から始めようとするのもまた、このような理由からである。

(15) ミシェル・フーコー、『言葉と物——人文科学の考古学』、渡辺一民、佐々木明訳、新潮社、一九七四年、二八七—二八八頁。

(16) トマス・ホッブス、『リヴァイアサン』、水田洋訳、岩波文庫、一九九二年。

(17) イマヌエル・カント、『純粋理性批判（中）』篠田英雄訳、岩波文庫、一九六一年、一一五頁以下。そのような最小単位を設定する瞬間、それは再びその構成要素に分割され得るということである。さらに、その最小単位が、たとえば現代の粒子物理学が示しているように、単一かつ同一のものでないのならば、その諸々の粒子の間の差異を説明するためには、さらにその下位の単位へと再分割するほかない。こうして原子から陽子、電子、中性子に、そしてそれ以下の単位へと分割され続けてきた粒子の歴史を私たちは知っている。つまり、基本粒子の数がどんどん増えているということである。

(18) 李珍景、「생명과 공동체（生命と共同体）」、『미-래의 맑스주의（未-来のマルクス主義）』、グリーンビー、二〇〇六年、三五四頁。

(19) このような特異性の概念は単一の中心、単一のアイデンティティの共同体から特異な構成体としてのコミューン

を新たに規定するさいに非常に重要である。これについては、李珍景、「코뮨주의와 특이성（コミューン主義と特異性）」、『코뮨주의선언（コミューン主義宣言）』、高秉権ほか、教養人、二〇〇七年を参照。

（20）リン・マーギュリス、ドリオン・セーガン、『生命とはなにか――バクテリアから惑星まで』、池田信夫訳、せりか書房、一五八頁。

（21）バルーフ・スピノザ、『エチカ』、畠中尚志訳、岩波書店、一九七五年、九四頁。

（22）ジャネット・ビール、ピーター・ストーデンマイヤー、『에코파시즘（エコファシズム）』、김상영（キム・サンヨン）訳、チェクロマンナヌンセサン、二〇〇三年。（Biel, Janet and Peter Staudenmaier, *Ecofascism: Lessons from the German Experience*, Edinburgh, Scotland and San Francisco, CA, AK Press, 1995.）

（23）スピノザ、前掲書、七三頁。

（24）ジャック・モノー、『偶然と必然』、渡辺格、村上光彦訳、みすず書房、一九七二年、五二―五六頁。

（25）이진경（李珍景）、『노마디즘（ノマディズム）』下巻、ヒューマニスト、二〇〇二年、一八四頁および四三九頁。

（26）このような外部の概念については、이진경（李珍景）、『외부、사유의 정치학（外部、思惟の政治学）』、グリーンビー、二〇〇九年、一六一頁以下を参照。

（27）의상（義湘）、「법성게（法性偈）」、정화（正和）、『마음 하나에 펼쳐진 우주（心ひとつに広がる宇宙）』、法供養、二〇〇一年。

（28）同書。

（29）マルティン・ハイデガー、「사물（物）」、『강연과 논문（講演と論文）』、박찬국（パク・チャングク）訳、而學社、二〇〇八年、二三一頁。（Martin Heidegger, *Vorträge und Aufsätze*, Pfullingen, Günther Neske, 1954, p.170.）
〈訳注：ハイデガーの本論文に由来する言葉遣いの訳には、以下の論文を参照した。松本啓二朗、「〈物への問い〉はいかにして可能か」、『アルケー』、第一二号、関西哲学会、二〇〇四年、https://ir.lib.osaka-kyoiku.ac.jp/dspace/

bitstream/123456789/1188/1/arke_12_p195-210.pdf 2015/11/5アクセス。〕

(30) 同書、一三四頁。（*Ibid.*, pp. 172-173.）

(31) 同書、一三九頁。（*Ibid.*, p. 176.）

(32) 同書、一三六頁。（*Ibid.*, p. 181.）

(33) 同書、一三二—一三三頁。（*Ibid.*, pp. 171-172.）

(34) このような観点は、モーリス・ブランショもまた同じようにとっており、レヴィナスを英訳したアルフォンソ・リンギスもまた同様である。Jean-Luc Nancy, *La Communauté désoéuvreé*, Christian Bourgois, 1986. モーリス・ブランショ、『밝힐 수 없는 공동체、마주한 공동체（明かしえぬ共同体、対面した共同体）』、パク・ジュンサン訳、文学と知性社、二〇〇五年、一三—一五頁、四〇頁（モーリス・ブランショ、『明かしえぬ共同体』、西谷修訳、筑摩書房、一九九七年、一五—一六頁、四二頁）：リンギス、前掲書、一一—一二頁、一九—二〇頁。

(35) 明示的にはバタイユのテキストの読解を通じて進められるという点で、バタイユに依拠しているといえるだろう。

(36) 「……人間の本質に関する最高のヒューマニズム的諸規定でさえも、人間の本来の威厳をまだ知ってはいない……そのかぎりにおいて、『存在と時間』における思索は、ヒューマニズムに反対している。……ヒューマニズムに反対して思索がなされる理由は、ヒューマニズムが、人間のフーマーニタース（人間性）を、十分に高く評価していないからなのである」（ハイデガー、『「ヒューマニズム」について——パリのジャン・ボーフレに宛てた書簡』、渡邊二郎訳、筑摩書房、一九九七年、五六頁）。

(37) 例えば、アガンベンの立論などがそうである（ジョルジョ・アガンベン、『ホモ・サケル——主権権力と剥き出しの生』、高桑和巳訳、以文社、二〇〇七年）。

(38) マルティン・ハイデガー、『存在と時間（I）』、原佑、渡邊二郎訳、中央公論社、一九九七年、四七頁。

(39) カント、『純粋理性批判（上）』、篠田英雄訳、岩波文庫、一九六一年、一〇〇—一〇一頁。

(40) アンリ・ベルグソン、『意識に直接与えられているものについての試論――時間と自由』、合田正人、平井靖史訳、ちくま学芸文庫、二〇〇二年。
(41) 龍樹、『중론(中論)』、김성철(キム・ソンチョル)訳・註、キョンソウォン、一九九三年、三一九―三三五頁;僧肇、「肇論」、『肇論研究』、塚本善隆(京都大学人文科学研究所研究報告)編、法蔵館、一九五五年、一一一―一一二頁。
(42) スティーヴン・ストロガッツ、『SYNC――なぜ自然はシンクロしたがるのか』、蔵本由紀、長尾力訳、早川書房、二〇〇五年、一〇九―一四二頁を参照。
(43) ジル・ドゥルーズ、フェリックス・ガタリ、『千のプラトー――資本主義と分裂症』、宇野邦一ほか訳、河出書房新社、一九九四年、三六一―三六三頁;이진경(李珍景)『노마디즘(ノマディズム)』第二巻、ヒューマニスト、二〇〇二年、一二一―一二三頁。
(44) ハイデガー、『存在と時間(Ⅲ)』、原佑、渡邊二郎訳、中央公論社、二〇〇三年、六五―六六頁。
(45) 同書、五九頁。
(46) ハイデガー、『存在と時間(Ⅱ)』、原佑、渡邊二郎訳、中央公論社、二〇〇三年、三三一頁。
(47) 同書、三一九頁。
(48) ハイデガー、『存在と時間(Ⅲ)』、原佑、渡邊二郎訳、中央公論社、二〇〇三年、一九二頁。
(49) 同書、一九三頁。
(50) ウンベルト・マトゥラーナ、フランシスコ・バレーラ、『知恵の樹――生きている世界はどのようにして生まれるのか』、管啓次郎訳、筑摩書房、一九九七年、五一―五五頁。
(51) ハイデガー、『存在と時間(Ⅰ)』、原佑、渡邊二郎訳、中央公論社、一九九七年、三〇七頁。〔訳注:『存在と時間』からの引用は基本として原・渡邊訳に従ったが、「内に在ること」など本書の本文中で使われる表現は韓国語の表現に従った。〕

(52)〔訳注：「私は或るものを保護する（나는 어떤 것을 보호한다）」と引用されている部分は、原・渡邊訳では「私は或ることを手がけている」とされている。〕
(53) 同書、一三九頁。
(54) 同書、二七一―二七二頁。
(55) ピョートル・クロポトキン、『相互扶助論』、大杉栄訳、現代思潮社、一九七一年、二二二―二二三頁。；이진경（李珍景）、「공동체주의와 코뮨주의（コミュニタリアニズムとコミューン主義）」、『未-来のマルクス主義』、二〇〇六年、二五五―二五九頁。
(56) フランシスコ・バレーラ、「창발적 자기（創発的自己）」、ジョン・ブロックマン、『제3의 문화：과학혁명을 넘어서（第三の文化――科学革命を越えて）』、김태규（キム・テギュ）訳、デヨン社、一九九六年、二五五―二五九頁。（Francisco Varela, "The Emergent Self," in *The Third Culture: Beyond the Scientific Revolution,* ed. John Brockman (New York: Simon & Schuster, 1995), 209-221.）
(57) マーギュリス、セーガン、前掲書、一三六―一三七頁。
(58) 病原菌がこのように宿主の身体に適応し、自らの「毒性」を弱くできるようになると、伝染病は風土病になり、もう少し進めば、病気を起こさない微生物となり、長期間の共生が可能になる。「多種多様なウィルスとバクテリアがヒトのポピュレーションへの移行に成功し、新しい宿主との間に持続的な関係を作り上げたと考えられる。多くの場合、いや恐らくすべての場合に、速やかなそして半ば破滅的な最初の適応作用が発動したであろう。宿主と病原体の死滅という事態が繰り返されるうちに、やがて、新しい宿主のポピュレーションには獲得免疫が生じ、一方寄生生物の側でも適切な適応が行われて、感染症は次第に恒常的なものとなって定着する」（ウィリアム・マクニール、『疫病と世界史』、佐々木照夫訳、新潮社、一九八五年、五九頁）。

第二章

コミューンにおける共同性と特異性

1．潜在的共同体と現勢的共同体

二〇〇八年末から二〇〇九年初めにかけて、東京の日比谷公園にあった「派遣村」は、大阪の釜ヶ崎などの寄せ場では越冬闘争と呼ばれ、既に以前からあったものであるにもかかわらず、強い意味で一つの「出来事」であったことは明らかなようだ。それは湯浅誠の言うように、以前からあったにもかかわらず見えなかったために、存在しないと見なされていた貧困を明確に可視化した(1)。しかし、それが可視化したのは単に貧困の存在だけではなかった。それは見えなかったために存在しているとは思ってもいなかった、巨大な共同体をあっという間に可視化した。派遣村に「村民」として集まった人々は五〇五名であったが、彼らを支援する活動に参加したボランティアは登録された一六九二名に加え、日々手伝いに訪れた人々を含めれば、のべ数千名を超えるという。米、野菜、果物などの食料を始めとする物資、テントや布団などの自発的な支援が幅広く行われ、振込みを含んだ募金は四四〇〇万円に達したという(2)。

数多くのボランティアや物資、そしてお金を送ってくれた人々の巨大な共同体がこのように瞬く間に現れたことは、あたかもこうしたことを可能にする共同体的関係が以前から存在しており呼び寄せられるのを待っていたかのように思わせる。このような事例は派遣村だけではないだろう。二〇〇五年、ハリケーン・カトリーナによって荒廃したニューオーリンズに集まった多くのボランティアたち、そして全世界から集まった膨大な量の物資と寄付金は、このように非可視的な共同体が、国民国家の範囲を超える巨大な規模で既に存在していたかのように思わせる。これは、津波で荒廃したスリランカでも、地震で大被害を受けたパキスタンでも似たような形で繰り返されてきたことだ(3)。

このような共同体は、まさしく「自由な諸個人の自発的連合」というマルクスの古典的定義に符合する。もちろん、一時的にのみ現れては消えてしまったという点において、それを強い意味で共同体と呼ぶことができるのかと反問することもできる。しかし、この先どこか他の場所で「派遣村」がつくられるのであれば、そのような共同体は再び出現するだろう。もちろん、別の人びとによって、形態や規模も異なるかたちで。カトリーナのために現れた共同体もやはり、別のハリケーン、別の災害の場に間違いなくまた現れるだろう。まるで普段は隠れていても必要な場が生じるたびに現れるかのように。

このようなケースとは異なり、日常的な持続性を持っている「共同体」もある。たとえば「ウィキペディア」は全世界的な規模で「自由な諸個人の自発的連合」によって作られる。百科事典の原稿を書き、直す作業に対するいかなる対価も求めず、さらには筆者の名前を残すことすらも望まない自発的活動が巨大な百科事典を作っているのだ(4)。もちろん、そこには共同体も、そうした関係や活動も目に見えない。見えるのは結果物だけである。しかし、単に百科事典だけが存在するのだと、どうして言うことができるだろうか。それは、実質的に存在する共同体的活動や関係の「指標」であるに過ぎない。「ウィキペディア」だけではないはずだ。事実、インターネット上に存在する数多くの自発的な集まりは、持続性を持って存在するあまたの共同体の現実的存在を見せてくれる。共同体は、特定の形態の理念や、何人かの人々の夢想の中に「可能世界についての夢」として存在するのではない。今すでに全世界的な範囲で、どこにでもあるような現実的な関係として、それは実在するのだ。それだけでなく、可視的な共同体の存在以前から待っていたかのように存在しているのだ。

非可視的であるのみならず普段はその存在が感知できないもの——そのような現実的存在についてドゥルーズなら「潜在的なもの」(le virtuel)と呼んだだろう(5)。潜在的な共同体——それはユートピアのような空想的世界や、非現実的な何かではなく、現実に確かに存在する共同体のことである。それは派遣村やウィキペディアを可能にする共同体であり、派遣村やウィキペディアという可視的な結果に制限されない共同体であり、そのためその現勢的な形態が消えてしまった場合にも、決してないとは言えない共同体である。なぜなら、あるきっかけで呼びよせられるやいなや、まるで待っていたかのように再び現れることは明らかだからである。こうしたことから分かるのは、潜在的な共同体なるものが、具体的な現勢的な形態とは異なった次元・方式で存在し、異なった「持続」の様相をとるものであるということである。

しかし、どこかにあるという潜在的共同体が条件さえ与えられれば可視的な形態で現れる(現前する)という思考は、ともすれば再び「現前(presence)の形而上学」に陥ってしまうのではないか。実際のところ、かつて神が占めていた地位に共同体がつくことは、あまりに容易なことではなかろうか。したがって、すでに存在している潜在的なものが、拡がり現れさえすれば現勢的なものになるという認識はたしかに安易すぎると言うべきである。では、現勢的なものによって担保されない潜在的な共同体の「存在」とは、いったい何を意味するのだろうか。

その「存在」は恐らく、他者と共にする生がつくりだす、極めて多様な欲望と結びついているはずである。それは他人と協調しようとする欲望の形態をとるのかもしれない。あるいは困窮した人への憐憫として、また逆に他人に助けを求めようとする態度としてあらわれるかもしれない。あるいは何かを共にすることに敗れ傷つき、他人への拒否感を持つような形をとりうるかもしれない。また「共同で何をしても失敗するに決まっている」、「夢想に過ぎない」などという冷笑の中にあらわれるかもしれない。それだけではない、あまたの欲望があるだろう。きわめて相反する全く異なるさまざまな関心や態度であるがためにそれらには形象を付与することが出来ないのだ。そして、それらの欲望は、共同の生、すなわち他者と共にする生に、いかなる形にせよ、つながっているのだ。すなわち、共同性をとりまく欲望は、共同体に向かった方向性を持っているとも、そうでないとも、言い切れない状態で存在するのだ(6)。

このように雑多だといえるほど多様で、互いに衝突するほど相異なる方向をとる様々な欲望、それは「到来する」共同体の質料であるにしても、それ自体では「共同体的」であるとは言えないものだ。しかし、ある現勢的な形態が与えられた時、そのような欲望の中の一部がその現勢的なものとして「呼びよせられる」。そして、未だ応答できないものたちが、その現勢的なものの周囲を徘徊する。遅れて合流したり、ためらい躊躇しながら周りをぐるぐる回ったり、出たり入ったりもし、これはおかしいと背を向けて去って行ったりもする。そして、その時、その共同体に属する欲望とそれに属さない欲望がやっと区別される。

このような点で、潜在的な共同体は一種の量子的状態にあると言ってもよいだろう。ふたを開けた後にやっと、死んでいるのか生きているのかが分かるシュレーディンガーの猫のように。それぞれがどんな欲望なのか、どんな位置でどんな強度で存在するのか、そしていかなる方向に進んで行こうとするのかについて、なにひとつ同時に十分にはっきりとは分からず、ただ大まかな可能性（possibility）——確率の分布——は見当がつくという、それだけの状態である。一つの連続的な配列ではなく複数の互いに異なる量子的に分節され分布する状態。それは現勢的な共同体の「原因」であるが、現勢的な形態を規定するやいなや出現する原因であり、その現勢的な結果によって存在することになる原因である。現勢的なものを通じて、それに繋がる経路にあるものとそうでないものが決定される、そのような点で現勢的なものによって遡及的に構成される原因。よって、ただ現勢的に規定し現勢的なものとして呼びよせる限りにおいてのみ、私たちはその潜在的なものの存在を知り、確認できるにすぎない(7)。

現勢的共同体から遡及することによって構成される原因なるもの、それが潜在的共同体である。したがって、現勢的共同体を構成しようとする試みなしに、潜在的共同体や潜在的な共同性について語ることは、無意味あるいは不可能であると言わねばならない。それだけでなく、現勢的形態をどう規定するのかによって、その存在の仕方は変わってくると言うべきである。また、それは現勢的形態によって決定的な影響を受けつつ、存在するのだと言わねばならない。したがって、潜在的なものは現勢的なものを通じて、より正確に言えば現勢化の過程を通して語ることができるのだ。私たちが潜在的なものよりは、むしろ現勢的なものを強調するのは、このような理由からだ(8)。存在論的共同性あるいは潜在的共同体以上に、現勢的共同体をどう構成するのかが重要だと信じるのもこのような理由からだ。

しかし、実際はもう少し重要な別の理由がある。ここで「範例的」事例を提供するのは、有名な動画サイト「ユーチューブ」(YouTube)である。よく知られているように、そこには全世界から自発的に作ってアップロードした動画が膨大に集まっている。それは自らが持っているものを、他の人々と共有するために、動画をアップロードする数多くの人々が共に作ったコミューン的(共同体的)関係の場であった。しかし、ユーチューブの経営陣は二〇〇六年十月、これを十六億五〇〇〇ドル〔当時の為替レートで日本円にして約二〇〇〇億円—訳者〕でグーグルに売り渡すことで、コミューン的に生産された価値を私的に領有した。また、設立初期の映像は何の見返りもなくシェアされていたのだが、現在では広告料目当てにアップロードされる場合もままある。こうなってしまった以上、当サイトに可視化された関係はコミューン的なものだと言えるのだろうか。まず、明らかに現在そこで映像をシェアする行為は、資本によって搾取され、私的領有関係に利用・搾取されている。しかし、同時に、利用者間の関係そのものが資本主義的であると言うのは難しいだろう。なぜなら、ユーチューブは利用者たちに料金を加すのではなく、単に広告を付け加えることで利潤を獲得しているからである。この点では、ユーチューブは依然として、潜在的な共同体を基盤としていると言えるだろう。

このことがより克明に露わになるのは自発的に寄せられた書評が商品ページに掲載されるオンライン書店だろう。無償でなされた書評ではあっても、それは訪問者を引きよせる客引きとして作用する。そこに我々は潜在的な共同体を発見することができるだろうか。それが示すのは、資本によって搾取されるコミューン的活動、コミューン的潜在性だと言わねばならないだろう。そこで潜在的なコミューン的関係は、資本主義的形態で現勢化される方式で呼びよせられ、資本によって搾取される。そこから資本主義的関係へと進んでいくのは非常にたやすいことだ。インターネット通販サイトでよく見られるように、購入者のクチコミ情報や評価を書き込めばポイントが貰えるというのがそれである。こうして今度はポイントを貰うために感想やレビューを書き込むようになる。それは、書き込む活動自体が既に交換関係に、資本主義的関係の中にあることを意味する。

当初の潜在的なコミューン的関係が、現勢的な資本主義的関係によって捕獲されることで、資本主義的関係に置き替えられるのをより明確に示しているのは、「ファイル共有サイト」の変遷である。それは今や過去のものとなったナップスター、あるいは二〇〇〇年代にスウェーデンで創設され国際海賊党と連動したザ・パイレート・ベイ（thepiratebay.org）などのように、個々人が所有するコンテンツを共有するコミューン的関係の表現であった。しかし、所有関係において潜在的共同体の現存を表すこの関係は、「著作権」という私的所有の権力によって瓦解し、それ以降は金銭を払ってファイルを利用する有料サイト、資本主義的サイトによってとって替わられた。無償で共有するのではなく、アップロードする側とダウンロードする側の間に金銭収受の関係を媒介する「ファイル共有」サイトもやはり、共有というコミューン的関係から始まった活動の様相が、明確に資本主義的売買の活動に転換された事例である。当初の潜在的共同体は完全に資本主義的関係にとって替わられたことを、そこで私たちは確認するのだ。

これらの幾つかの例は、インターネットという接続の空間を通じて潜在的流れが、現勢的な形態によって全く別の関係に変えられ、別の方式で現存することとなったことを表している。いかなる現勢的形態あるいは現勢的関係へと呼びよせるのかによって、潜在的次元のコミューン的関係は、まるで元来そうでなかったかのように、別の形態の潜在的関係、すなわち資本主義的関係として存在するようになる。結果が原因を規定し、現勢的なものが潜在的なものを規定するのだ。ここで詳しく述べることは難しいが、資本主義は本質的にこのようにコミューン的関係を搾取し、剰余価値として領有する。共同体が生産する「循環の利得」を剰余価値に変換し、私的に領有すること、これが資本の搾取の本質である(9)。資本は常にこのような「循環の利得」を生産する共同体的な関係を狙っており、逆にコミューン的関係や活動は常に資本のこのような搾取にさらされている。共同体が存在論的次元のものである限り、あるいは潜在的な層位の現実である限り、どこにでも現存しているにもかかわらず、実際には容易に探し出せないほど珍しく、今のような時代に共同体など不可能だと感じさせるのは、このためである。

私たちが、存在論的次元の共同性や潜在的共同体を論ずることに満足できないだけでなく、それで十分だと考えてはならないと思うのは、何よりもこのような理由からだ。そのような共同性や共同体は、現勢的共同体の形へと「呼び寄せる」だけでなく、そうして呼び寄せられたものをコミューン的関係として持続させる努力なしには、また資本の包摂に対抗する現勢的実践なしには、維持はおろか存在もできない。コミューンの現存に対する定義自体が「現実的な移行運動」を〈つねにすでに〉内包しなければならないのは、このような理由からだ。資本主義が生の現勢的条件を掌握し、生の現実的な「環境」になっている状況において、コミューンないし共同体なるものは、資本主義の「外部」を創案し、維持しようとする努力なしには決して存在しえないからだ。二〇世紀の巨大な失敗にもかかわらず、そして今後、いつかまた失敗し「災い」や「傷」をもたらす可能性があることを決して否定できないにもかかわらず、現実的な実践の問題として、現勢的なものの層位で共同体を作ろうとするのはこのような理由からだ。「時代錯誤的な詭弁」を、回帰してくる失敗の全てを、再び出発の機会としてとらえる「反時代的知恵」として受けとめようとするのはこのような理由からだ。

2・個体化と共同性

現勢的な共同体を構成するやり方で潜在的共同体を呼びよせ、現勢的共同体の作動を通じて潜在的共同性を再形成すること、それが問題なのである。そのためには、現勢的な共同体から始めなければならない。現勢的な次元で共同性をどう理解するのか。そのような共同性はどう構成され作動するのか。また、そのような共同性が、共同体に対する憂慮の主な理由である有機体的統一性や合一、合致の方向とは違ったいかなる方向性を持ちえるのか。こうしたことを掘り下げていかなければならない。

現勢的な次元で共同体を思考するうえで何よりも重要なのは共同性の概念である。共同性とは、単に現勢的なものではない。しかし、それは現勢的な構成的活動を通じて形成され、共同性を思考するにあたって決定的な役割を果たす。それを通じて共同体を構成する特異な諸成分、つまり特異点はそのたびごとにひとつの特異性を形成する。このような共同性と特異性の概念を解く糸口として、第一章で述べた、「全ての個体は〈つねにすでに〉共同体」であるという命題が必要になる。

再び簡単に要約すれば、分割不可能な最小単位という意味においての個体＝インディヴィジュアルは存在しない。全ての個体なるものは、複数の要素が集まり個体化した結果なのだ。したがって、それは分割可能な諸要素の集合体（衆－生、multi-dividual）なのである。個体化のなかでそれら全ての要素たちが、互いに縁りあって「作動する」かぎり、個体はまず、〈つねにすでに〉ひとつの共同体なのだ。個体と共同体は、原子論や有機体論が仮定した不適切な前提のなかで対立するに過ぎない。もちろん、個体化の強度や様相にはばらつきがある。個体である共同体の結束の強度と様相には、数多くの差異が介在するほかないのだ。例えば、生物学的な意味での有機体とサッカーチームが、同じような強度や様相を持った共同体だとは言えないだろう(10)。

ここで、個体化の概念によって定義される個体／共同体が「自然な」持続性を持つという直感的な仮定もまた適切でないことを予め指摘しておこう。スピノザが言うように、その構成要素が有効に「作用する」場合にのみ存在する。たとえば、くだんのサッカーチームという個体は、よく知られているように、それぞれ別々の複数の個人たちがお互いに息を合わせて、ひとつであるかのように動くことのできる共同性を生産する限りにおいてのみ存続できる。そのように出来ない場合、つまり卓越した技量を備えた個人を十一人集めても、バラバラに動くならば、それは個体化が上手くいかなかったということになる。プロのサッカーチームであれば、すぐに解体されてしまうだろう。カップルや家族のように、結束力が強い共同体もやはり同じである（それが人格的結束なのかどうか、結束を維持する「物理的」あるいは、制度的な強制があるのかなどを考慮しなければならないにしても）。有機体もやはり同様である。諸器官の働きがお互いにうまく調和しなければ、個体は解体する運命を迎えることになる。有機体全体の共同性に安定性（非平衡的恒常性）を付与する自律的な調節メカニズムが瓦解すれば、個体化は中断され個体としての生存は終わることになる。

ここで強調すべきことは、構成要素をひとつに括る共同性なるものは、個体が持っているある性質／所有物（property）としての「共通性」とは異なるという点である。反対に個体が持続するということは、複数の異質な要素がひとつに結合し作動できるようにするような、ある共同性の持続と生産がなされていることを意味する。つまり、共同性の生産が持続される限りにおいてのみ、それは個体として存在する。共同性の生産が中断されるとき、その個体化は中断され、それはもはやひとつの個体であることを止める。共同体が共同性を持つのではなく、共同性の生産が共同体を生産するのだ。したがって、共同体の問題は、共同性を繰り返しつくりだし維持するという実践ないし作動の問題である[11]。重要なのはいかに共同性を生産するのか、そしていかなる共同性を生産するのかという問題なのだ。

全ての個体が共同体であるということは、存在する諸個体の状態を叙述する自然学的な事実に基づくものである。逆に全ての共同体がひとつの個体であるということは、共同体が個体化を通じて作られ維持されなければならないものであるということが折り込まれている。つまり、それは単純な自然学的事実というよりは実践的問題であるということを意味するのだ。ひとつの個体として存在するということ、それは個体化した状態を持続するということである。個体は自らの存在を持続するために、絶え間なく活動／作用している。ひとつの個体として存在するということは、自然学的な個体にとっても、人間という個体にとっても、一様に自然なことではない。それは、個体化を持続するための実践／作動の問題だということだ。このような点で、存在するということと、「作用する／作動する」ということは、同一の意味を持つ。スピノザはさらに進んで、このように存在を持続させるために作動することを「生きている」という言葉と同じであるとみなす。このような意味で、彼は「存在する」（esse）、「作用する／行動する」（agere）、「生きている」（vivere）がひとつの同一の意味を持つのだと言う[12]。

このような点で、個体に対する自然学から思考し始めることは、個体の生物学や自然学に基づき、個体イコール共同体であるという命題を通じて、あらゆる個体は「共同性」という性質を持っていることを推論し、そこから共同体の存在根拠を探し出そうとする、素朴な試みとは何の関係もない。むしろ、順序を逆にして言わねばならない。自然学的な個体もまた、すべて個体化を通じて作られたものであり、それら構成要素の間に個体的共同性を生産できなければ、個体は「死」ないし「解体」の運命を避け得ないのだと。すでに述べたように、個体を持続させるということは、複数の互いに異質な要素をひとつに結びつける共同性を生産する問題である。共同性の生産とは、ひとつの個体が生きて存在するための活動である。それは複数の構成要素が、それらの「個体的」独立性を越え集まり、共同体をともにつくり結合することであり、そのようにつくられた共同体の個体的境界を形成することでもある。しかし共同性は同時に、膜などの空間的境界、あるいは名前などによってつくられる境界に還元不可能なものでもある。

3．共同体と特異性

遺伝子や細胞から生態的個体に至るまで、個体は複数の異質な要素から構成される。そのようにひとつに括られる異質な諸要素の関係、それらの分布様相がその個体の特異性（singularity）を規定するのだ。もちろん、異質なものだけで成っているとは言えないだろう。他のものと類似あるいは同質的な要素もあるであろう。また、異質なものの構成をよく見れば、同一のものが複数集まって、或る群集を成している場合なども少なからずあるだろう。このような点で、全ての要素は個体化に加わるが、全ての要素がその個体の特異性を構成するのに加わるわけではない。特異性の構成に加わる「成分」（複数の要素が一つの成分として表示され得るという点で「要素」と区別される）とそうでない成分がある。特異性に加わる成分とは、それを加えるか否かによって、特異性全体に変化をもたらす成分であるということである。このような成分を「特異点」（singular point）と定義しよう。ならば、特異性とは、特異点の分布によって、または特異点の結合様相によって定義されると言えるはずだ。

たとえば三角形は三つの特異点をつなぐ線分によって定義される。このような特異性によって三角形の様々な性質（property）が作られる。たとえば、ひとつの外角の大きさは、隣り合わせでない二つの内角の総和に等しい、など。ここに点を一つ追加し、新しい頂点にするなら、図形は四角形になり、以前の位置にそのままある場合にさえ、三つの特異点は四角形の特異性を構成する特異点となる。追加されたひとつの点がこのように、全体の特異性を変えたという点で、特異点と呼ぶに十分である。同じように、三角形からひとつの特異点を取り去るならば、残るのは線分となる。アミノ酸を形成するヌクレオチドのコドンはA、U（T）、G、Cのうち三つの結合によってつくられる。例えば、CAGに結合すればグルタミンがつくられるが、AAGに結合すればリシンというアミノ酸がつくられる。三つのヌクレオチドがアミノ酸の特異性を、そしてアミノ酸の重合体であるたんぱく質の特異性を決定するのだ[13]。気象の特異性を規定するのも、やはり高気圧、低気圧の分布であり、これは気圧帯の中心にある複数の特異点の分布によって決定される。

ここでまず強調しなければならないことは、特異性の要《かなめ》は外部性だということである。何が外部から追加され、除去されるのかに従って、特異性自体が全く違うものになる。このような点で、特異性は、「固有性」（property）とは何の関係もない。それは自らに固有な本来の性質を持たない。固有ではない外部的な成分の結合様相によって、全く違うものになるからである。ふたつ目の重要な点は、特異性は決して「単独的」ではないということである。それは通常、複数の特異点の分布によって、集合的配置によって決定されるという点で、〈つねにすでに〉集合的である。これは実は、全ての個体が共同体、集合体だと言う場合と、まったく同一のことなのである[14]。みっつ目は、ある成分が特異点になるのは、それが現勢的に特異性の形成に有効に作動する限りにおいてのことだという点である。スピノザの言うように、ある結果をつくるのに加わる限りにおいてのみ、それは原因になりうるのだ[15]。これは特異点が特異性によって規定されるということを、また別の方式で示している。

特異性が特異点の結合によって規定される結果ならば、特異点はそれをつくる「原因」である。しかし、それは結果によって規定される原因である。ある特異点が三角形のものであるか、四角形のものであるかは、それらの図形の特異性によって規定されるのだ。それが特異点であるのは、それ自体では結果としての特異性をあらわさず、無数の「結果」、無数の特異性に開かれている多義性を持っているからだ（特異点の「微分不可能性」はこのような多義性の数学的表現である）。もちろん、特異点を成すことも無規定的でなく、それ自体でひとつの特異性、すなわちその構成成分がつくる特異性を持ちうる。例えば、三角形とは無関係に「点」という特異性を、グルタミンと無関係にアデニン（A）という特異性について語りうるだろう。しかし、それが別の成分とともに個体化する過程に入り、特異性を構成するとき、その特異性はそのまま「発現」されるのではなく、外部的な別の成分との結合によって特異性を構成する成分としてのみ作用する。別のものと結合し、別の特異性をいくらでもつくることが出来るのだ。したがって、それ自体でひとつの特異性でもあるひとつの成分が、特異性から特異点になるのは、相対的に潜在化していく線の上でのことだと言えるだろう。反対に、特異点が特異性になるのは現勢化のなかでのことだと言うことができるだろう。

特異性は、複数の特異点が集まってひとつの特異的な個体を構成することでつくられ、個体化の中断にしたがって消滅する。このことから、特異性は現勢的なものと結びついているといえるだろう。しかし、そのような個体化が反復可能なものであるかぎり、この特異性は反復される個体化の潜在力として残る。すなわち、反復して到来する「個体」の潜在力として、同時にそのような個体化を潜在的に規定する条件として残るのだ。

このような理由から、特異性は常に個体化と結び付いていると言わねばならない。スピノザにしたがって言い直せば、個体をひとつの結果を生み出す複数の成分の集合として定義する限り、特異性は全て個体の特異性である(16)。もちろん、そのような個体的特異化を構成する特異点は、「前個体的」(pre-individual)である。特異性と個体的なものの間の関係について、もうすこし敷衍する必要がある。周知のように、『差異と反復』で、ドゥルーズはジルベール・シモンドンにしたがって、「前個体的特異性」の概念を発展させている。そこで、特異性は個体的なものではなく、「前個体的」なものであると見なされる(17)。しかし、『差異と反復』において「個体的」という言葉は、生物学的意味すなわち有機体を意味する。また、前個体的なものとは、有機体として分化される過程の中の個体化以前に存在する特異性を意味する。しかし、スピノザにしたがって個体性を個体化の結果として理解するのなら、すべての特異性は個体的だと言わなければならない。このようなドゥルーズとの違いは、特異性の概念の差異ではなく、個体性の概念の差異に起因する。たとえば、ドゥルーズは、遺伝的な特異性について述べるとき、生物学的個体化以前の特異性という意味で、それを「前個体的」だとする。しかし私たちは遺伝的特異性のことを、特異性を持った遺伝子へと個体化した結果物であると見なす。つまり遺伝子もまたそれ自体において個体化の結果であると見なすのだ。よって、そこでの遺伝的特異性は「個体的」だと言わねばならない（但し、それは必ずしも現勢的なものではない）。

このような区別には単に個体概念の区別のみならず、それとはやや違った意味が折り込まれている。たとえば、有機体的な個体化の観点から見るとき、遺伝的な特異性とは、私たちが見るに、一つの特異点、すなわちそれ自体で、ある個体的特異性として現れるかどうか未だ決定されていない多義的な特異点に過ぎない。言いかえれば、個体化以前の特異点は、未だ特定の特異性を持っていない。それは、個体化に加わる別の様々な特異点（別の遺伝子、たんぱく質構造、発生的特異化、など）によって、相異なる特異性を形成することになる。特定の遺伝子があるからと言って、いつもそれが発現されるのではないということは、よく知られている（このような理由から、いわゆる「遺伝子決定論」には、いかにそれが表現を和らげたものであったとしても、首肯することは出来ない）。前個体的なものを特異性ではなく特異点として見るのは、ドゥルーズの言う「前個体的特異性」の先験的規定性よりも、特異点と結合し特異性をつくりだす外部性の影響を第一のものと見なすからだと言ってもよいだろう[18]。概念としての特異性と特異点を明確に区別しようとするのは、このような理由からである。

特異性を構成する様々な特異点は、それ自体で独自の特異性を持つ個体化の産物である。それは個体化に〈巻き－込ま〉(in-volve) れることで、より「上位」の特異性の構成に加わるが、その特異性に帰属するのではなく、別の特異点に従属するのでもない独自性を持つ。それは、より「上位」の特異性のなかで規定されるさいにも、別の要素にたいして「アトラクター」（attractor）として、あるいは「質点」として作用する。すなわち、別の要素を引き入れる力を、あるいは別の要素に作用する力を持つ。それは、ときには共に個体化に加わった別の特異点とぶつかりあうこともあれば、反発し分離したりもする。これは特異的個体化に加わった場合にすら、特異点の間には距離ないし隙間が常にあることを意味する。その距離や隙間とは、空間的な空白のことではなく、特異性から特異点へと戻っていくことの出来る、脱領土化の領域であり、新しい諸成分と結合することのできる再領土化の領域であり、新しい接続可能性の領域である。これは個体化を通じて形成される特異性の内部あるいは特異点の間に、〈つねにすでに〉分離を可能にする距離、あるいは新しい成分が割り込む余白が存在することを意味する。それは、特異性の内部に存在する外部、共同体ないし個体の内部に存在する外部であるといってもよいだろう。

　このような、距離ないし余白は、個体化した共同体への危険と機会という二重の意味を同時に持っている。まず、それが機会だと言えるのは、その距離や余白によって新しい成分、新しい特異点が、割り込んできたり、はずれ出たりするからである。もちろん、その度ごとに共同体の特異性は変化するだろうし、共同体の実質的な境界、つまり個体化の境界も変わってくるだろう。こうして共同体に変化と更新の機会がもたらされるのだ。こうした機会は、逆に個体化から外れていこうとする特異点にとっては出口になるだろうし、与えられた共同体の状態に近づき難さを感じる成分にとっては、ひと休みする空間になるだろう。もちろん、まさに同じ理由から、それは「危機」たりえる。既存の状態を維持しようとする立場から見れば、思ってもみなかった外部的要素が割り込んでくる距離や余白の存在は、望まない変化の可能性にさらされていることを意味するからだ。そのような距離や隙間の持つ意味としてより決定的なのは、共同体の分離や分割の可能性が、共同体の内部に〈つねにすでに〉存在するということであろう。

どのような個体も自らの個体性を持続しようとする性向――スピノザが「コナトゥス」と名付けたもの――を持ち、そのために努力する。もちろん、そのような持続が必ず同一性の維持や変化の拒否を意味するのでは決してない。「進化論者」たちの語法を借りて述べれば、外部的なものを通じて自らを変化させていくものだけが外部環境に「適応」し、生存し続けることができる。たとえば、子供の成長とは、外部との出会いを通じて自らを変化させていく過程、自らの持続能力を拡大させていく過程である。生物の進化とは、外部環境に「適応」した個体の存続を通じてなされる。このような点では、変化とは持続の条件である。しかし、変化が個体の分離や分割に帰結する場合、個体性は事実上、解体されることになる。持続しようとする個体の性向は、このような事態を最大限避けようとする。そのためには、外部的な成分が割り込んできたり、介入する可能性のある余白をほとんど無くしたり、新しく割り込んでくる要素を払いのけたりすることさえある。また、外に抜け出ようとする試みを阻止しながらも、既存の状態、既存の特異性を維持しようとする試みが発生したりもする。そして、このために名称だけでなく、制度や慣習的な強制などが動員されたりもする。

共同体に関連した決定的な分岐点が存在する場所は、まさにここであると言わねばならない。ひとつには共同体の維持のためにも、外部性や可変性を極大化しようとする方向がある。反対に、共同体を維持するために、外部性と可変性を極小化し、内部性と安定性、同一性（identity）を極大化しようとする方向もある。前者が外部的な成分あるいは外部者にたいして、新しい変化の機会を提供するものとして肯定し歓迎することを意味するのであれば、後者はそれを自らの同一性を侵食し慣れ親しんだ安定性を揺るがす病的な要素として見なし、否定し排除することを意味する。もちろん、どのような共同体的個体であれ、本来的に外部性を排除できないという点で、実は外部性の係数の差異のみがあると言わなければならない。しかし、前者が外部性係数を拡大しようとする方向に進んでいくならば、後者はそれを縮小しようとする方向に進んでいくと言わなければならないだろう。前者を外部性を原則にする共同体という意味で外部性の共同体だとするなら、後者は内部性を原則にする共同体すなわち内部性の共同体だと言えるだろう(19)。

私たちが「コミューン」あるいは「コミューン主義」という言葉を用いるのは、このような差異をより明確にするためである。私たちは「共同体」が持つ一般的な位相、あるいは一般的な意味を受け入れる。しかし、「共同体」という言葉の伝統的用法では、近代以前の共同体や「共同体主義」的な共同体を指す場合がほとんどである。それにたいして、外部性の共同体を指し示し、そのような共同体を構成しようとするのが私たちの立場である。

もちろん、方向性の違いによって共同体を区別することや、そこに別の名称を付けることによって、出来れば避けて通りたい「怪物」を阻止するのに十分だと思うのは安易であろう。外部性という方向性をはっきりとさせて始めたコミューンでも、時間が経つにつれ、慣行や習慣が繰り返されて出来てしまうことで、内部性への傾向が出来るのは非常に容易で、よくあることだからだ。おそらく、内部性の共同体が外部的な共同体になる可能性は小さい反面、外部性の共同体が内部性の共同体に変化する危険は常にあると言わねばならないのではないか。まさにこのような理由のために、外部性の原則を確固として堅持しなければならない。そうすることで、繰り返し登場する内部性の傾向を注視し、それと対決しなければならない。そうしようとする心構えがなければ、いかに「コミューン」という名を掲げようとも、内部性の共同体になることはいともたやすいのである。

4．共同性と「共同体」

個体を構成するさまざまな要因は、複数かつ相異なる成分の特異点の結合を通じて個体的特異性を形成する。しかし、すでに述べたように、特異性を構成する幾つもの特異点はそれぞれが前個体的なレベルでの独自性を持っており、このためにそれらの特異点の間には分割・分離を可能にする距離あるいは隙間がある。個体化、あるいは個体的特異化は、この隙間をこえて（なくすのではない）、相異なる特異点の数々がひとつに括られる場合にのみ可能である。共同体であれコミューンであれ、このように複数の特異点、いや、その構成要素がひとつに束になる場合にのみ可能になる。一般的な構成要素はもちろん、独自性のつよい相異なる特異点をひとつに括り、ひとつの現実的な特異性になさしめるもの。それが共同性であり、共同性を生み出し維持する共同活動である。このような共同性があらわれないかぎり、もろもろの特異点は、さまざまな方向性を持った漠然として不明瞭な潜在性の状態にとどまり続けるだけだ。相異なる異質な要素をひとつに括る共同活動を通じて、複数の特異点はひとつの特異性を構成する。このように構成された共同の特異性は、以降の共同活動に作用する潜在性として持続する。それは共同活動と絶えず通じあい、混ざり変換する潜在性となるのだ。共同性とは、現勢的な共同活動のことであると同時に、その共同活動を通じて形成され次の共同活動を規定する、その潜在性のことでもある。

このような点で、特異性と共同性は別ものではない。共同性が複数の要素をひとつに括り個体化する作用であれば、特異性とはその複数の要素がひとつに括られ個体化されることでつくられる結果である。このような点で特異性が個体化を通じて構成される個体性の「表現」ならば、共同性は個体化過程を実質的に構成する身体的「内容」である。すなわち、特異性と共同性とは、個体化を通じて構成されるひとつの集合的個体の持つ、ふたつの「属性」のことだと言ってもよいだろう。表現は内容に還元されえず、その逆に内容も表現に還元されることはない。そのことを長々と述べる必要はないだろう。また、これら両者が互いに相関関係にあることは間違いないが、なんらかの対応性を持っているとは言えない。このことは、共同性は強くとも特異性は弱い場合がどれほど多いかを思い浮かべれば十分に理解できるだろう。

共同性の強度が、特異性の強度や様相を規定するわけではない。しかし、複数の特異点をひとつに括る共同性が弱く、そのために特異点の間の反発や衝突、あるいはがらんどうの冷えきった距離を越える力を持たない場合、特異点はばらばらになり、特異性は消滅するか全く違ったものになってしまうのは明らかである。それぞれの特異点は、隣接する要素を引きつける力を持つが、それと同じ程度に、他の特異的成分やそれに引きつけられてくる諸要素を払いのける力を持ちもする。そのうえ、数々の特異点自体に、ひとつの共同体へと束なる力や性向があるのではない。これらをひとつに括る力は、特異点に作動する力とは全く違った形で作動する別の種類の力であるはずだ。それは共同体の身体を形成する力である。

再びスピノザにならって言えば、共同性は複数の要素の共同活動（共同の作動）を通じてつくられる情動（affectus）であり、そのような情動によって、またその情動の伝染をつうじて形成される共同体の潜在性である。共同活動は、相異なる複数の身体が集まり呼応し反発しながら、特定の情動をつくりだし、その情動をやはり相異なるやり方でそれぞれが領有するようにさせる。このような点で、共同活動が生み出す情動は単一ではなく、そこに参加した要素が分かち持つ情動もまた同一ではない。それどころか、たがいに反発し、ぶつかり合う感情をともなうこともある。しかし、共同活動が引き起こす感情のギャップとぶつかり合いを乗り越える喜びの情動がそこに存在するとき、共同活動は共同性を生み出すことに「成功」したといえるだろう。この共同性は、次の共同活動に容易につながるであろうし、ひとつに集まり続けていく理由をもたらす。このような点で、共同性は喜びの情動を通じて形成されるのだと言ってもよいだろう。悲しみの情動、悲しみを引き起こした対象から離れようとする欲望を生み出すのなら、喜びの情動は喜びを引き起こした対象と共にいようとする欲望を生み出すからだ。コミューンに喜びと笑いが重要なのはこのような理由からだ。そのような情動が互いに異なる考えや、身体、そしてやり方の間に引力を作り出し、それらが互いに合わせていきながら混ざり、互いの活動に加われるようにする。強制力のないコミューンが共同体として存在できるようにする、何よりも一次的な力はこの喜びの情動である。

共同活動が生み出す共同性は、単に情動の次元に限られるのではない。異質な要素が共同活動をするのは、各自が持っている速度と強度、位置と方向などを互いに合わせていき、ひとつの動き、ひとつの活動を集合的に生み出したことを意味する。すなわち共同活動は、複数の構成要素が共に或る活動をする際に作動する身体的動きの共同性や、思考のリズムの共同性がつくり出される時にのみ可能である。逆に考えると、共同活動をするということは、そのようなリズムの共同性がつくられているということである。これは異質な複数の要素がひとつの個体に個体化する実質的なメカニズムを形成する。これは、互いが互いを助けること（共助 = mutual aid）以前に、互いが互いにリズムを合わせることであるという点で、集合的な〈共－調〉であるというべきだろう[20]。

このような意味での共同性は、共同活動に加わった要素が互いの間のリズムに合わせて動く、〈共－調〉という現象である(21)。リズムに合わせて「ひとつのように」動くことで、ひとつになるのである。しかし、既にドゥルーズ／ガタリが惜しみなく明らかにしたように、リズムは拍子とは違って差異化する反復である(22)。それは〈共－調〉の動きの間に差異の余白を残しておく連なりであり、そのため新しい差異が割り込んだり発生したりするような結びつきである。そのような差異の働きによって、全体が非常に異なったものに変わりうる結合——それがリズムなのである。ナチスの集会での行進曲に太鼓の音を割り込ませ、行進曲をワルツにかえて集会を舞踏会にしてしまう『ブリキの太鼓』の有名な場面を想起すればよいだろう（これは反対に全体主義やファシズムが、小さな差異にさえ過剰なほど敏感に否定し排除しようとする理由を示すものでもある）。私たちの身体は、数多くの要素が、身体全体の動きにリズムを合わせて動いてくれている限りにのみ、その個体性を維持することが出来る。心臓、腸、脳は、それぞれ全く違うといえるほど、おのおの独自の速度とリズムを持っているが、身体全体の動きを形成する共同のリズムのなかで互いに調整しながら作動する。

ここで再び強調したいのは、共同性というものが共通性なるものとは全く異なるということである。「共通性」とは、相異なる要素が共通に所有している性質を意味する。つまり、共同性が共にリズムを合わせて作動し動くものである限り、それはいかなる特定の共通性をも前提としないのだ。共通性があるということは、共同性の形成を容易にする条件たりうるかもしれないが、必ずしもそうではない。たとえば、足が二本であるという共通性を持つチンパンジーと人間よりは、足の数が違っても馬と人間のほうがはるかに共同性をつくりやすいように。あるいは「生命」という共通性がなくとも、人間と自動車が容易に共同性を形成するように。また、共通の言語を使わずとも、自国人同士よりも共同性をより容易に、より力強く作り出す場合がしばしば見られるのではないだろうか。共通性があっても共同性が形成されない場合と同じように、共通性がなくても共同性が形成されることがあるのであり、いずれも決して例外だとは言えないのだ。

このような共同性の概念の外延は、何よりも第一次的に現勢的な共同活動によって規定される。このことは、共同性と共同体の概念についてもう一度考えさせてくれる。すなわち、共同性を産み出す共同活動によって集合的個体化が成立するのならば、共同活動に加わる諸要素の集合が個体化した共同体の外延を形成する。言いかえれば、共同活動の様相、あるいは、それによって生み出された共同性の様相にしたがって、共同体の持つ境界は変わってくるということ、つまり別の個体になるということである。共同性の様相にしたがって共同体は、異なる境界を持った別の個体になるということだ。これは実は、個体化によって個体(共同体)を定義する限り、ある意味で当然のことである。個体化に加わるものだけが、その個体すなわち共同体を形成するからである。ならば共同体は、共同活動がなされるたびごとに変化し、まったく別の共同体=個体になるのだというべきではないだろうか。だとすれば、私たちはいかなる共同体の「持続」についても語ることが出来ないのではないだろうか。

厳密に言えば、その通りだと私は思う。しかし、共同性が単に現勢的な共同活動のみならず、それによって形成される潜在性を意味する限り、共同性の外延が単に現勢的なものに過ぎないとは言えない。共同体の外延が、その時々の現勢的なものを脱した持続性を持つのはこのためである。また、加わる要素によって特異性の臨界点に達しない場合にも、共同体の外延は持続すると言える。しかし、これは暫定的なものに過ぎない。現勢的な共同活動にしたがって共同性は変化するだろうし、その変化は潜在的なものとしての共同体の境界もまた変化させるからだ。特異性もまたそうであろう。このような点で、実は共同体の境界は常に変化の中にあると言わねばならない。

　しかし、ほとんどの場合、共同体＝個体の恒常的な同一性を形成し維持するのは、空間的境界によって示される共同体の物理的な境界と名前によって示される観念的な境界である。それらの相対的に安定的な境界が、複数の共同性が形成する潜在的共同性は漠然として不明瞭であるにもかかわらず、共同体の同一性を支えているのだ。そして、そのような共同体の同一性を前提に、その共同活動に参加したものとそうでないものを区別するという逆転が発生する。構成要素の出入りにしたがって別の共同体へと変化しているという見方をするのではなく、同一の「共同体」から、あるものが出て行ったり新しく入ってきたりしていると見なすのだ。共同活動を通じて表現される特異性を通じて共同体を見るのではなく、その「共同体」に属する要素が集まってつくる様々な特異性をその「共同体」の固有性（property）であると見なすのだ。このような逆転した思考は人間の共同体についてだけではなく、有機体やそれ以下の個体についてもほとんど同様になされる。

　おそらく、私たちが共同体を対象として見る場合、私たちは実際のところこのような仕方で判断することになるだろう。しかし、このような観点から語るとき、また、このような観点であるからこそ強調すべきことは、特異性がそうであったように共同性は「共同体」に還元できないし、「共同体」に帰属するわけでもないという事実だ。共同性は「共同体」の境界から常に逸脱する。つまり、「共同体」の外延にとって、共同性は常に小さすぎるか大きすぎるのである。これは、複数の共同性が一つの名称を持つ「共同体」

の周辺を徘徊していることを意味する。

明示的な「共同体」の複数の共同性は、その時ごとに別の外延を持ち、必然的に様々な幅で重複し堆積する。そのような重複及び堆積によってつくられる複数の共同性の隣接性が、それら複数の共同性の混合あるいは「コミュニケーション」――共同性の共同性――を産み出している。このような共同性の共同性によって、複数の共同性は互いに一種の家族的類似性を持つ。この家族的類似性が「共同体」に相応すると見なされる共同体の漠然として不明瞭な境界を構成する(23)。別の言い方をすれば、「共同体」とは、これらの複数の共同性が互いに異なった方式でつくられ分配される場であり、それに明示性を与えているものであるということになる(24)。

このように、隣接性を維持した条件下で、「共同体」の境界から逸脱する共同性は、それがアトラクターを含んでいるとき、「共同体」の外延を拡大する効果を生み出すだろう。しかし、複数の要素の重複や堆積を欠き、隣接性を失った共同性は、その共同性の共同性から結局は分離してしまう。それが共同体を別途につくることもあれば、解体し消滅してしまうこともありうるだろう。逆に、ある集合的な活動が共同体の一部にとどまり続けることを望むのならば、それが他の共同性と重なる地帯を拡大しなければならないだろう。若干異なるが、複数の共同性の間に分離への傾向が繰り返しあらわれるとき、そのようにして分離されていくことで作られるそれぞれの共同性の間の差異は、共同体の分割につながるだろう。複数の共同性の間の差異が共同体の分割に帰着しないようにするためには、それらの共同性の間の混合あるいはコミュニケーションを惹き起こす活動を通じて、共同性の共同性を産み出さなければならない。共同性の外延の和の最大値に向かって開かれた集会のようなものがその場合に属するだろう。

しかし、ここでも再び「内部化」の危険について述べなければならない。共同性とは、異質なものを一所に集める力であるため、常に異質なもの、外部的なものに開かれている。また、潜在性としての共同性には、そうした余白がより大きいと言えるだろう。しかし、共同性そのものには、以前の経験を反復あるいは持続しようとする慣性が当然のごとく含まれている。まず、情動の慣性がそれである。情動は共同で活動する諸要素にとっても同一ではなく、同一に反復され得ないものである。しかし、慣れ親しんだ人たちでなければ、一緒になって冗談に笑うことが難しいように、喜びの情動が起こりやすいのは、慣れ親しんだ要素たちの間でのことだ。もちろん、異質な要素、新しい要素の出現自体が喜びを与える場合もあるが、それは常に気まずさや居心地の悪さや人見知りという障害をともなう。はなはだ頻繁に発生しがちなのは、このような障害を避けて、慣れ親しんだ喜びの情動に安住しようとする傾向である。慣れ親しんだやり方やスタイルから逸脱した問題提起に対する黙殺や非難もまた、このような内部性の共同体につながる道をつくる。このような傾向は、内部性の共同体に直接につながっている。親しさと慣れを存在の本質であると語り、現存在の世界性の「内部性」を強調したハイデガー(25)の例などから、このことは容易に理解できるだろう。

共同性を構成するリズムや強度との関連でも、内部化しようとする傾向は容易に出現する。なぜなら、面識のない要素や外部者にとっては、既存の共同活動のリズムに合わせることは難しく、慣れ親しまれたリズムに要求される強度についていくことが難しいからだ。逆に、共同活動のリズムにうまく合わせられない要素や、ぎこちなく「無能力」で強度が落ちる要素のことを共同性の障害として見なす場合もまた、よく目の当たりにすることになる。ぎこちないリズムやゆっくりとしたリズムに合わせることで共に動く共同性のなかからリズムを合わせて強度を引き上げようとするよりも、むしろぎこちなさや遅さを皆の足を引っ張る障害として見なし、払いのけようとする態度は容易にあらわれるのだ。共同体を運営し、何かをなそうとする立場からは、そうすることが遥かにたやすく「効率的」であるからだ。特に共同体が成長し、活動の規模が拡大するにしたがって、要求されることの量や速度が増加してくる、そうした状況の中では非常にありがちなことだ。

また、物理的であれ名義上であれ自らを外部と区別する境界を持った「共同体」は、自らの同一性を維持するために自らとあわない成分や活動を排除しようとすることがある。このような状況も共同性の持つ慣性から生じてくるものだ。諸要素の隣接性が十分ではない共同活動を無視し放っておくという、受動的な形で出てくることもあるし、「共同体」の「固有性」に関連した明示的な関心事から逸脱したものを「役に立たないもの」だとか「取るに足らないもの」として非難する形態を取ることもある。また、その共同体のある問題を顕わにし指摘することを「有害なこと」として見なし、排除する形態で現れたりもする。しかし、実際に重要なのはそれ自体では通常「役に立たない」と見なされるものの使い道をつくり出すことであり、「無用」なものが「有用」なものになり作動するようにすることであり、「無能」と見なされる要素が自らの能力を発揮するようにする関係、そのような配置（アレンジメント、agencement）を作り出すことだ。それがコミューンないし共同体の最も重要な能力だと言っても言い過ぎではない。

共同性は常に「共同体」の境界からずれてしまうということ、全く異なった特異性として表現される相異なる複数の共同性がひとつの「共同体」のなかにも常に在るということ、つまり共同性は「共同体」に還元されないということ。これらのことは再度強調する必要があるだろう。相異なる共同性の現勢的構成を通じて共同体を絶えず可変的なものにすること、「共同体」の境界を往来する数多くの共同性の生産を通じて「共同体」の同一性を絶えず瓦解させること、そうすることで、外部者たちが容易に出入りできる共同性の場に向かって進んでいくこと。こうしたことがなければ、内部性の共同体に安住しようとする傾向を克服し難いことは明らかである。

5・不可能なるコミューン主義

私たちは、これまで現勢的なものの層位で、あるいは現勢化の線上で共同体の問題を思考しようとしてきた。もちろん潜在的な共同体は存在する。しかし、それはある日、思いもよらない時に「到来する」ような、どこか遥か彼方にあるようなものでは決してない。それは、私たちが現勢的に呼びよせる方式によって規定される潜在性として、私たちが呼びよせようとするものを構成する質料として存在するに過ぎない。したがって、それは私たちが現勢的なものとして、呼びよせなければ到来しないのだ。いや、私たちが呼びよせなくとも、誰かの呼びよせに導かれ到来するだろう。時には資本に包摂された、私たちを当惑させるような方式で到来することもあるだろう。

現勢的な層位で共同体を構成しようとする試みを通じて、潜在的な共同性はまるでそこに始めからそうであったように存在するのだ。それは、現勢的なものとして到来しつつ、潜在的なものとして、そこにそのように存在しているのだ。もちろん、それは私たちが呼びよせる形態では到来しないだろうし、私たちが呼びよせる時間や空間とは大きく異なるものとして到来する可能性もあるのだ。潜在性という門は、入れることもあるし、入れないかもしれないが、いずれにしても、入っていこうとしない限りそれが私たちのために存在している場合ですら、決して開きはしないであろう。それがどんな形であれ到来するように出来るのならば、私たちの呼びよせかたが的外れで失敗することなど取るに足らない問題だと言ってもよいだろう。なぜなら、そうすることで到来する形態を通じて規定される潜在性に再び近づくことができるからであり、少しでもましな呼びよせかたを探し出すことができるからだ。

そのため、私たちは「共同体は共同体がない処にのみ存在する」といういかにも洗練された逆説を信じない。現勢的な共同体に背を向けた共同性なるものは、共同性の世界を私たちが見てきた災いの形象から分離し、現実の門の彼岸に保全しようとする哲学的思惟の産物にしか見えないからである。スターリン主義やファシズム、あるいはあまたの抑圧的共同体から決して侵害されないように、現実的な全ての共同体と離別しなければならない共同性。そのような共同性が、現実的な共同体をつくろうとしている者たちに贈る言葉はこのようなものではないだろうか――「ここはおまえが入る門ではない」。そして、おそらく私たちが現実的な共同体を構成しようと愚直な試みを全て諦めるようになったとき、門を閉じながら、このように言うだろう――「実はこの門はおまえのために作られたものだった」。

上の逆説はこう言い換えるべきである――「存在論的共同性は共同体がない処でさえ存在する」。これは、二つのことを暗に含んでいる。ひとつは、存在論的共同性があるからと言って、現実的な共同体が存在するのではないということ。もうひとつは、存在論的共同性があるがゆえに、現実的な共同体を構成することができるであろうということ。このような点で、存在論的共同性とは「共同体を構成することのできる能力」に他ならないのだ。私たちはそのような能力を持っているがゆえに、今ここには共同体が無くとも、それを構成することが出来るだろうということである。そのような能力が無ければ、いかなる共同体も構成することができないだろう。飛ぶ能力がない者がどうあがこうとも飛べないのと同じように。忘れてはならないのは、いかなる能力もそれを現勢化しようとする試みなしには存在すると口にすることすら難しいということ、そして、それを現勢化しようとする試みだけが、それと結びついた能力の存在を知らしめ、そのような能力の形成を可能にするということである。

もちろん、現勢的な共同体をつくろうとする試みは、失敗する可能性があるだろう。いや、必ず、失敗するであろう。エウリュディケーを冥界から連れて出てくることに成功したにもかかわらず、結局は蘇らせることに失敗したオルフェウスのように。このような点で、相生的な世界に対する夢としてのコミューン主義は「不可能なもの」であるかもしれない。しかし、詩人とは言葉に出来ないものを言葉にしようとするものであり、哲学者とは思考できないものを思考しようとするものであるように、コミューン主義者とはつくることの出来ないものをつくろうとする者、その不可能なものを可能にしようという試みを反復する者であると言わねばならないのではないか。おそらく、ブランショが「不可能なもの」を語ったのはこのような意味においてであろう。オルフェウスが冥界に下っていくのは、もとより「反復」であったように。振り向いた視線のなかにエウリュディケーが消えていった後にも、必ずや彼は再び冥界に下っていくだろう。エウリュディケーのようにコミューン主義が不可能なものである限り、私たちは構成の試みの中で再び失敗し、私たちのコミューンは消滅するだろう。エウリュディケーへと向かう心。それは見えないものを見ようとする、できないことをしようとする意思である。その心が消えることのない限り、その失敗は再び反復される始まりの出発点であるに過ぎない。不可能であるがゆえに永遠に持続するほかない反復。このような反復をニーチェは「永劫回帰」と呼び、マルクスは「永久革命」と呼んだのだ。

「共産主義は依然として共産主義の彼方にあるものであるために、共産主義は最終的なものとして認め」られるという[26]ブランショの言葉を理解する方法をこれより他に私は知らない。あらゆる共産主義の彼方にあるがゆえに最終的だといえる共産主義。そのために共産主義の失敗を絶えず宣言し、未だに越えなければならない閾が彼方に残っていることを知らせることで、共産主義を絶えず回帰させる共産主義。私はブランショの言う「不可能な共同体」をこのような意味で理解する。おそらく、それはかつて、あまたの共同体や共産主義の彼方にあったように、「無為の共同体」の彼方にあり、彼自身が語った「明かしえぬ共同体」の彼方にあり、それゆえ明らかにそれらの失敗を宣言するであろう「究極の」共同体であろう。それは、不可能であるという言葉によって、現実的な構成を試みることを放棄させるのではなく、不可能であるがために、永遠に繰り返し構成するしかないことを知らしめてくれる思考であろう。その不可能性は、可能な現実の彼岸のどこか、いかなるオルフェウスも到達不能な深い冥界に隠れ、呼びよせてみてもどうしようもないような不可能性ではない。繰り返し失敗する永遠の構成の試みの中で、呼ぶ度に呼びよせられて来る、そのような不可能性であろう。そのように現実の中で作動する不可能性。不可能なるコミューン主義……

註

（1）湯浅誠、「はじめに――人間の手触り」、宇都宮健児、湯浅誠編、『派遣村――何が問われているのか』、岩波書店、二〇〇九年、v頁。

（2）湯浅誠、「派遣村は何を問いかけているのか」、宇都宮健児、湯浅誠編、前掲書、一〇頁。

（3）しかし、これは実のところ、十数年前まで大雨や台風のたびに、無能な官吏や脆弱な防災システムとあいまって、大規模な洪水災害が発生した韓国では頻繁に見られた出来事である。そうした災害のたびに間違いなく集まってくるボランティアや、マスメディアを通じて送られてくる巨額の募金は、具体的な形態を持たないがゆえに通常は非可視である共同体の存在を知らしめてくれた。

（4）クレイ・シャーキー、『みんな集まれ！――ネットワークが人を動かす』、岩下慶一訳、筑摩書房、二〇一〇年、一〇九頁以下参照。

（5）ドゥルーズが言う潜在的なものとは「現勢的なもの」（l'actuel）ではないが、それと共に現実（現実態なもの、le réel）を成すものであり、現実的なものと対比される「可能なもの」（le possible）とは異なるものである。このような区別については以下を参照すること。ジル・ドゥルーズ、『差異と反復（下）』、財津理訳、河出文庫、二〇〇七年、一一一―一一三頁、及び一一九―一二二頁。

（6）このことは、どのような生も実際は、〈つねにすでに〉他人や他者たちによりかかりつつ、存在するという事実と無関係ではなく、生まれた時から、良くも悪くも家族というひとつの「共同体」の中に生まれるという事実や、どこに行っても他者や他人たちとの関係の中に入るほかないという事実と無関係ではないだろう。

（7）潜在的な共同体は、具体的な形態をとらないが、現勢的な形態とともに、特定の様相として「呼びよせられる」。まるで、呼びよせられることによって、やっと存在しはじめるかのように。しかし、それなしに、現勢的な共同体が存在することは出来ないだろう。いくら呼んでも、存在しないものが呼び寄せられることはないはずである。そして、それはその現勢的な形態から後戻りするベクトルを通じて可変化するのだ。まるで、現勢的な形態によって、規定されるかのように。要するに、潜在的共同体と現勢的共同体は、互いに還元不可能な差異を持つが、両者は互いによりあって存在し、お互いを通じて規定され、可変化する。このような点で、潜在的共同体と現勢的共同体は、ハイデガーにならって表現すれば、互いに共属する。ドゥルーズなら、両者は互いに内在的な関係の中にあると言うだろう。スピノザにとって「実体と様態が互いに内在的な関係にある」ように（ドゥルーズ、「内在――ひとつの生……」、小沢秋広訳、『ドゥルーズ・コレクションⅠ 哲学』、宇野邦一監修、河出書房新社、二〇一五年、一五九頁）。〔訳注：引用部の訳は本書の韓国語翻訳の表現に従った。〕

(8) 潜在的なものと現勢的なものの概念は『差異と反復』から借用したが、そこでの両者の関係は本書のものとは異なる。また、そこで重点が潜在的なものに置かれているならば、私たちは反対に現勢的なものを特別に強調しようと思う。これは後に述べる論旨でも、後に使われる重要な概念においても同様である。

(9) これについては、李珍景、「생명의 권리、자본의 권리（生命の権利、資本の権利）」、맑스코뮤날레 조직위원회 엮음（マルクス・コミュナーレ組織委員会編）、『21세기 자본주의와 대안적 세계화（21世紀資本主義とオルタナティヴ・グローバリゼーション）』、文化科学社、二〇〇七年参照。

(10) したがって、共同体なるものは、〈つねにすでに〉その構成要素である「個人」を抑圧するだろうという仮定は、共同体の様相や結束の強度が常に同一であろうということを暗黙のうちに前提している点で見当違いである。

(11) スピノザなら、このように共同体を存続させる活動を「コナトゥス」と呼ぶだろう。

(12) スピノザ、前掲書、（第四部定理二十四）、三四頁。もちろん、様態一般と生命を同一視できないのなら、このようなことを受け入れることは難しい。生命体とは、たんに作用する能力だけでなく循環系を構成する能力を持っているものとして定義できるものなのだ。その点で「生きている」は、その前の二つの動詞とは区別されるべきである（これについては、李珍景、「生命と共同体」、『未-来のマルクス主義』、グリーンビー、二〇〇六年参照）。

(13) コドンは三つの特異点によって定義される。しかし、その三つの位置に入るヌクレオチドのそれぞれが常にアミノ酸の形成に臨界的なわけではない。例えばCAGだけでなく、CAAという配列も同じようにグルタミンを形成する。しかし、CACになれば、全く違うヒスチジンを形成する。このことは、ある成分が特異点であるかそうでないかは、逆に特異性によって規定されるということを示している。

(14) このような点で、特異性とは、単独的な「固有名」(proper name)を意味するという主張(柄谷行人『探求Ⅱ』、講談社学術文庫、一九九四年、一〇―一二三頁)は当てはまらない。全ての固有名詞が特異性を表現するのではないからである。反対に、私たちは全く違ったものたちを、ある特定の固有名詞で呼ばせる、ある特異性の反復をしばしば発見する。それは「あの人の思考はマルクス的だ」とか、「あの人はローザ・ルクセンブルクのような人生を生きた」と言うような場合である。そのような固有名詞とは「非人称的特異性」だと言わねばならない。それは人称的な固有性とは関わりのない特異性の名なのだ。

(15) これは特異性が常に現勢的であるという意味ではない。ある特定の特異点の集合が、ある具体的な特異性を形成するということが、反復可能性を持つとき、それは潜在的な層位で特異性として存在するようになる。

(16) 特異的なもの/個物(res singularis)を定義する『エチカ』第二部 定義七と、個体化の層位が変わっていくことで自然全体にまで拡張され得ることを述べる第二部補助定理七の備考を合わせて理解しなければならない。そうした場合、全ての層位の個体化は、常に特異化を意味することとなり、逆に特異性とは、このような特異化を通じて構成されるもの、すなわち個体化を通じて構成されるものになる。したがって、全ての特異性は個体的である。

(17) ジル・ドゥルーズ、『差異と反復(下)』、財津理訳、河出文庫、二〇〇七年、一〇七―一一一頁。

(18) これと関連して、私たちは『差異と反復』での「先験的潜在性」の概念と区別し、出来事的な外部性を強調し、「出来事的潜在性」の概念を対比させたことがある。これについては李珍景、『외부, 사유의 정치학(外部、思考の政治学)』、グリーンビー、二〇〇九年、一三五頁以下を参照。

(19) トニ・モリスンの小説『パラダイス』では、こうした二つの共同体がいかに異なり得るのか、そしてお互いに対

していかに敵対的であり得るのかが非常によく表されている（トニ・モリスン、『パラダイス』、大社淑子訳、早川書房、二〇一〇年：李珍景、「共同体主義とコミューン主義」、『未－来のマルクス主義』、グリーンビー、二〇〇六年）。また過去の論考で、このような差異をより明確にするため、私たちは特異点の間の距離・余白の還元不可能性にアクセントを置く特異性の構成体と、そのような成分を一つの「有機的全体」に統合しようとする有機的な構成体を対比させ論じたこともある（李珍景、「코뮨주의와 특이성（コミューン主義と特異性）」、『코뮨주의선언（コミューン主義宣言）』、고병권 외（高秉権ほか）、教養人、二〇〇七年、一七二頁以下）。

(20) 身体的動きのこのような共同性は「時間」の概念と直結したものであるが、ここで詳しく扱うことはできないだろう。これについては本書の第一章を参照。〔訳注：ここで述べられている共助という既存の単語と、〈共－調〉という著者による造語は、朝鮮語では同音異義語である。〕

(21) スピノザの思考に親しんでいる人ならば、ここで「共通概念」（common notion）という概念を思い浮かべるだろうが、観念の共調よりは、身体的リズムの共調がより根本的である。その点で、ここでの共同性の概念は、「観念」による共同性からは距離があるものである。また、共有するある共通の成分によるものであるというよりは、共同の動きによるものであるという点で「共通」という言葉とも距離があることを明確にしておく必要があるだろう。

(22) ジル・ドゥルーズ、フェリックス・ガタリ、『千のプラトー――資本主義と分裂症』、宇野邦一ほか訳、河出書房新社、一九九四年、三六一―三六三頁。

(23) これと同様に、複数の共同性の漠然とした複合体が、一つの名前を持った「共同体」の共同性として見なされるように、複数の特異性の複合体がその「共同体」の特異性を形成する。

(24) 有機体の境界についても、もちろん程度は異なるにしても、ほとんど同じことが言える。有機体の境界を維持する免疫系の場合でも、異質な複数の免疫体系が共存する。ロベルト・エスポジトは、贈り物／義務（munus）を通じて結合する（cum）ものとしての共同体（communis）と贈り物の義務から免除された（im）免疫（immunis）を対比しつなげる（ロベルト・エスポジト、『近代政治の脱構築――共同体・免疫・生政治』、岡田温司訳、二〇〇九年、八七頁、一一三頁など）。しかし、彼の「免疫」概念は生命体の実際的な免疫とは距離があるのみならず、「ワクチン化」（ワクチン接種）と混同して用いる「免疫化」を「免疫」の概念として誤認しているという点で致命的である（同書、一三三頁）。異質なものとの共生能力としての免疫能力と、そのような能力の不在、すなわち無能力によってつくられる免疫系、そしてその免疫系の複数性などを区別できないまま、これら全てをワクチンを利用した人為的な免疫化（ワクチン接種）の概念に置き換えている。したがって、彼の生政治の概念もまた、生命のメカニズムからかけ離れたものになっている。

（25）ハイデガー、『存在と時間Ⅰ』、原佑、渡邊二郎訳、中央公論社、一九九七年、一三五―一三九頁。

（26）モーリス・ブランショ、『정치평론 1953 ~ 1993（政治評論 1953 ― 1993）』、고재정（コ・ジェジョン）訳、グリーンビー、二〇〇九年、一四六頁。（Maurice Blanchot, *Écrits politiques 1953-1993*, Gallimard, 2008, p. 178.）

Ⅱ部

生命と生産の抽象機械

第三章

マルクス主義における生産の概念——生産の一般理論のために

1．生産力と生産性

同じ値段なら、生産方式は生産的なほうが良い。機械なら効率的なほうが良い。これほど当たり前のことがあるだろうか。どこの誰がどう考え何をするにしても、より生産的でより効率的な方法や手段を探すのは当然のことだろう。経済学ではこれを投入量（インプット）と産出量（アウトプット）の比率を表す「生産性」として概念化する。しかし、このような観念や概念を使うのは、経済学だけではない。工学もやはり同じように生産性という観念に基づいて、より効率的な技術を開発しようとする。また、工場ではより生産的な方法へと、労働者を追いたてる。一〇〇名の労働者で一〇〇億の生産物を得た会社に比べて、同じ数の労働者で五〇億しか得られなければ、後者はまぎれもなく非効率的で非生産的な会社であることにされる。したがって、経済学的にのみならず、道徳的にも（！）非難されることになる。我々の日常もやはりそうである。意識的にであれ無意識的にであれ、より効率的な方法を求めるのだ。

周知のように、投資した費用にたいする最大の産出量を得ようとする戦略を通常、「功利主義」（utilitarianism）と呼ぶ。「最小の費用によって、最大の効果を得ること」というのが、この戦略を要約するスローガンである。しかし、生産性と効率性という観念を基盤に思考し行動する態度こそ、まさにこの「功利主義」に属するのではないか。ならば、生産性の極大化を理念に掲げる私たちはみな功利主義者ではないのか！　功利主義はベンサムの悪名高い奇妙な理念であるばかりではない。それは現在を生きる私たちの「理念」であり、無意識的な「エピステーメー」なのだ。

明示的にであれ、暗示的にであれ、ほとんどの経済学が生産性の極大化を自らの理念にしていることを長々と説明する必要があるだろうか。問題は、このような態度が近代経済学と対立するかのように見える生態学にすら、しばしば発見できるということだ。生態系をエネルギーと物質循環のシステムとみなし、特定の生態系や生物がどれだけ高いエネルギー効率を持つのか、どれだけ多くのエネルギーを産出し消費するのかを中心概念とするとき、そのような数々の概念の基底に宿っているのはまさしく生産性ないし効率性という「理念」である。

生態学の思想史を叙述したドナルド・オースターによれば、一九三〇年代の「新たに現れつつあった科学分野の基礎であると同時に進歩的な環境哲学全般の到達点」となったという、『Game Management（狩猟鳥獣の管理）』の著者アルド・レオポルド（Aldo Leopold）にとっても自然は「資源」であり、環境は社会的必要と要求に従って「管理」されなければならないものであった。そのような「管理の目的は〝より高い生産性〟のために生息地を変容させることだった」という[1]。食物連鎖というこんにちでは一般にも知られている概念を考え出し科学的生態学の基礎を築いた動物学者チャールス・エルトン（Charles Elton）は著書『Animal Ecology（動物生態学）』で人間の経済活動が環境に及ぼす影響を憂いながらも、生態系とは「生産者」である動植物の生産性によって規定される生物的な経済システムであるとした[2]。生態学の計量化を推進したアーサー・タンズリー（A. G. Tansley）は生態系を、物質とエネルギーの交換という観点から叙述されなければならない物理的体系とみなし、自然エネルギーの効率を計算した。さらにこれを発展させ現代生態学の本格的な起点になった博士論文を執筆し夭逝したレイモンド・リンデマン（Raymond Lindeman）の研究は、彼の師であったハッチンソンによれば「相互に関連性を持つあらゆる生物学的事象をエネルギー論に還元すること」であり、生物学の第一の分析原理に設定し、食物連鎖の各段階ごとの「生産性」とエネルギー移動の「効率性」を追跡し、生物の「生態学的効率」を計算するものであった[3]。つまり、生態学は暗黙的に功利主義を理念としていたのだ。しかし、考えてみれば、経済学と物理学をモデルにした理論が、そうでないというほうがおかしいというべきか。

マルクス主義はどうだろうか。歴史を生産力の発展の歴史と見なし、生産力の水準によってある社会構成体が他よりも「発展」しているかどうかを定義し、生産力の水準の量的違いによって原始社会よりも奴隷制社会が、封建制社会よりは資本制社会がより発展進歩した社会であるということを主張するとき、マルクス主義の歴史や進歩という観念は生産性という近代的な理念の中に囚われていると言わねばならないのではないか。社会主義社会では、生産によるアナーキーを克服するために、中央が「計画的な」統制によってより進展した生産力の発展をなそうとするという思考。あるいは、社会主義社会の生産力が十分に発展すれば、共産主義社会になるという純粋な信仰。そうした考えが表されるとき、生産力という言葉のもとに、生産性と効率性という理念が作動しているのではないだろうか(4)。さらに、農村と都市の均衡のとれた発展よりも、都市主導の発展による急速な成長へとせき立て、都市の成長する経済力の中に農村を吸収し、成長の成果を農村に再分配しようとするとき、その戦略の底にはやはり生産性にたいする崇拝を要諦とする功利主義的な「理念」が宿っているのではないだろうか。

しかし、他の条件が同一ならば、より生産的なもの、より効率的なものを選択することは合理的だといえるのではないか。そのような態度のどこが問題だというのか。近代経済学やブルジョアジーが生産性を追求し、崇拝しているからといって、生産性の追求が悪いと言えるのだろうか。もちろん、そのように言うことは簡単なことではない。より非効率的で、非生産的な道を歩もうとすることは、すぐさま日常生活で大きな損害と浪費をもたらすのではないのか！　おそらく、それがマルクス主義者たちをして、生産力を生産性にたやすく置き換えさせた要因なのだろう。しかし、全てのブルジョアが一様に生産性を称揚し、生産性を尺度にして投資し、行動しているのである。もし階級闘争の実存と階級間の敵対の実在を信じるのならば、その生産性なるものを疑ってみることは「階級的本能」のようなものではないか。「敵」が常に間違っているわけではないとしても、彼らが一様に口を揃えて非常に強く崇拝し賛美するとき、何が彼らをそうさせるのかと問うてみることは、「階級的戦士」を自認するものにとっては非常に基本的な資質のひとつではないだろうか。

もしそうならば、マルクス主義において、生産性と区別される生産力とは一体何なのだろうか。マルクスの定義によれば、それは「人間と自然の間の関係」である(5)。そこに「産出量／投入量」という比率として定義される生産性の概念を見出すことはできない。やや次元は違うが、マルクスもやはり「労働生産性の上昇」を「与えられた労働の量がより多い量の使用価値を生産するようになること」であると定義している(6)。しかし、そこでの扱いは、関係としての生産力が表される一つの指標としてのそれにすぎない(7)。にもかかわらず、量的指標のひとつにすぎない（労働）生産性の概念と、関係を意味する生産力の概念を混同しないマルクス主義のテキストは極めてまれである(8)。生産力を「人間と自然の間の関係」であるとしながら、何をどう考えれば、共産主義における生産力と資本主義の生産力の違いは前者が後者よりも高いということに過ぎない、つまり生産性の量的な差異に過ぎないなどということになるのか。そうではなく、共産主義の生産力とは、資本主義における生産力と全的に異なるたぐいの関係性を表示するものでなければならないのではないか。それが指し示すものは、自然や事物に対する人間の全く異なる関係の様相であるべきではないのか。

しかし、私はいまだに社会主義や共産主義における自然と人間の関係が、資本主義でのそれと、いかに異なるのかを思考したマルクス主義者を寡聞にして知らない。また、量的な成長と違った次元で、革命と生産力の問題を考えたマルクス主義者に出会ったことがない。「生産力」ほど、マルクス主義者によって見過ごされてきた概念や主題はないのではないか。こんにちのように人間と自然の関係が問題になる状況でさえ、マルクス主義者がその関係について思考しないという、驚かずにはいられない状況は、まさにこのような事態のひとつの断面であろう。生産力というマルクス主義歴史理論の最も基礎的な概念が、思考されないままひとつの空白になっていると言えるだろう。それは功利主義に対して批判的な敵対意識を持っているにもかかわらず、実際には功利主義に囚われているマルクス主義の歴史と現在の断面でもあろう。

「生産」の概念を扱う私たちの思考が第一に生産力に焦点をあてるのはこのためである。しかし、生産力をこのような方式で考え直そうとするやいなや、生産関係のみならず、生産そのものについての概念を思考しなければならないことが明白になる。そこで、私たちはまず生産と結びついた概念全般について再検討してみようと思う。

2．生産の経済学、生産の自然学

「生産力」という概念は、一方では生産性の概念によって作動する功利主義に囚われているのであるが、他方ではヒューマニズムにも囚われている。ヒューマニズムは周知のように、人間でない全てのものについて人間の役に立つものであるという道具的位置を付与し、道具と目的の区別をする。そして、目的としての人間と、道具としての自然ないし事物の間に、根本的な次元の深淵を設ける。自然や事物は、人間のために使用される道具に過ぎず、人間が遂行する生産過程で加工される材料や、加工に使われる道具であり、したがって人間という「生きている成分」とは対比される「死んだ成分」である。つまり、生産力が人間と自然の間の関係であるとすれば、ヒューマニズムは、その関係を常に目的と手段の関係へと画一化し、自然や事物を人間という主体によって使用される対象ないし道具として固定化する。つまり、自然ないし宇宙は人間のために作られたものであるとされる。「創世記」の汝らの思うがままに使えというよく知られた神話は、このような西欧的なヒューマニズムの古くからの源泉であった(9)。

このような理念のもと、人間と事物の関係は、人間が自然や事物を加工し利用する様相へと、つまりその利用の効率性を追求する方向に限定されるようになる。すなわち、人間が道具として自然を利用する効率性と生産性がそのまま生産力になるのだ。このような理念は、自然を人間に対立させ、人間によって開発し利用されなければならない対象にしている。そして、それは自然を「征服」し、「利用」(exploit つまり搾取)しようとした近代的・資本主義的な対自然観にそのまま つながっている。暴風や洪水などに見られるように、自然が生を脅かし、人間に抗う対象であり、科学はまさにそれに対する知識を提供することで、それを征服することができるだろうという考え(「知は力なり」)が近代科学の基礎にあるということはよく知られている。自然の運動を計算し、それを必要に応じて統制できる力(最も効率的で、適化した力)を計算しようとする近代科学ないし工学を通じて、人間のために自然を征服し統制しようとするヒューマニズム的な発想は現実化される手段を得たのだ。

したがって、近代科学とヒューマニズムの関係がそうであるように、見かけよりも功利主義とヒューマニズムの関係は親和的なのだ。ヒューマニズムが世界を人間と対象、人間と自然に分け、その関係に目的と手段の位を割り当てるものだとすれば、功利主義はそのような目的と手段の関係の効率性を計算し、効率性の極大化を推し進めるのだ。したがって、人間と自然の関係として生産力について正しく思惟するためには、功利主義だけでなくヒューマニズムを超えて生産の問題、自然と人間の関係を考える必要がある。言いかえれば、人間だけが生産の主体であり、自然はその対象であるという関係を固定化するのではなく、関係の様相の多様な潜在性について思考できるようにしなければならない。

そのためには、人間の生産活動や人間の労働を超えて生産を定義しなければならない。スピノザにならって表現すれば、人間の活動に制限された生産の概念を超えて、「能産的自然」の活動一般へと進まなければならない。似たように、バタイユも「経済的人間の制限された目的のために行われる適用に」限定された経済学（「限定経済学」）を超えて「特別な目的によって限定されないエネルギー適用」を扱う「一般経済学」へと進むことを提案する(10)。しかし、バタイユのように前者に「生産」を割り当て、後者に「消尽」を割り当てるような対比が適切だとは思えない。むしろ、限定経済学的生産と対比される一般経済学的生産の概念が定義され、思考されるべきである。このような点で、私たちは生産と対比される消尽の概念によって生産主義ないし成長主義を批判しようとしたバタイユよりも(11)、「自然」の生産する能力あるいは生産する能力としての「自然」について思考しようとしたスピノザにずっと近いということになる(12)。

生産の問題を人間の活動を超えて一般化しなければならないもう一つの現実的かつ「歴史的」理由がある。それは、人間の労働を超える範囲での生産と搾取が、徐々に重要になってきているという事実のためだ。これは、現代資本主義で特に重要になってきている生産と搾取の様相と結びついている。例えば、黄禹錫《ファンウソク》事件(13)を見てもわかるように、昨今の生命科学や遺伝工学などによって、生物の生命力を直接操作し変形／加工し、利用／搾取する事態が急激に広がっている。細胞治療をはじめとする医学技術、あるいはオンコマウスのような新種の合成、形質転換技術による生命特許が、新しく巨大な剰余価値の源泉になっている。

ここで特徴的なのは、生命活動自体が剰余価値を生産する生産活動へと変容しており、資本はそれを直接的に搾取しているということだ。しかし、既存の政治経済学によれば、諸生命体により生産された剰余価値および価値は、それらの生命体を操作し形質転換させた人間（科学者たちや資本家たち！）の労働時間に還元される。最も決定的な生産者として活動しているのはそれらの生命体であるにもかかわらず、政治経済学のなかでその生産は、それらを変形させ採取した人間の生産として表され、生命体の生産能力はそれを採取した人間の生産能力としてあらわれる。したがって、それら諸生命体が生産した剰余価値は実験室でそれらのものを操作した人間たちの剰余価値としてあらわれる。つまり、それらの生産も、それらに対する搾取も「人間の労働」に覆われて見えないのだ(14)。この問題は生産の概念、剰余価値の概念を人間から分離しない限り、解決できない。すなわち、それらのものの生産を字義通り「生産」として概念化することを可能にせねばならない。

実際、自然が持っているこのような生産的能力とそれが生産する剰余価値は差額地代の理論で既に概念化されている。労働が富の父ならば、自然はその母であるというマルクスも引用した古典的な言葉は、このような自然の生産的な能力を適切に表している(15)。上記の例のような事態は、今や剰余価値生産の重要な源泉として新たに生物体の生命力や遺伝子の活動能力までもが登場してきたことを意味する。しかし、このことを、単に自然による生産能力を利用する範囲の量的な拡張だとは言えない。生命の生産的な能力自体を搾取するために、生命自体を変形させ統制し操作する活動が本格的になっているからだ。それならば、地代の概念をこのような生命活動自体に適用すればよいと言えるのだろうか。いや、むしろ逆だと言わねばならないのではないか。生命の活動や生命力そのものが重要な搾取対象として浮上している現在の事態は、地代理論そのものをより根本的な観点から考え直すことを要求しているのだ。すなわち、(差額)地代なるものが、単に「土地」の肥沃度の差異による労働生産性の差異を説明する概念ではなく、自然の生命力そのものの生産能力に関する一般理論として再定義されねばならない。つまり、地代概念は、人間の労働に還元できない自然の生産能力そのものの理論として、またその搾取に対する一般理論として再定義されねばならない。そうすることで、「政治経済学批判」は、諸生命体の生産活動と、それらのものが生産した剰余価値を思考し概念化しなければならない。「生産の自然学」を通じて「生産の経済学」を再び思惟化していくべきなのだ。

また、上記の生医学における事態とは別の次元で、もう一つの「人間のいない生産」の領域が現れてきている。それはコンピューターと通信技術などの発展によって、すでにある程度可視的になってきている自動化された様々な機械の登場が指し示す領域である。自然の中の生命体とは全く別の方向から、機械による生産が可視化しているのだ(16)。そこでは、自然と人間の対立はもちろん、自然と機械、生命と機械の対立を超えた生産の概念化が必要となってくる。つまり、通常の意味での自然、すなわち文化や人間、機械などと対比される概念としての自然の概念を超えて、機械と人間、生命と自然全体を包括する「一般化された」生産の概念を発展させることが必要となってくる。

ところで、自然という領域、あるいは生態系という領域における、人間の問題を扱う学問として、生態学がある。しかし、それは機械や人間の活動と対比される自然の概念や、そのような大自然のなかの生態系の概念にとらわれている。そのため、ここで述べてきたような事態、つまり生命体の生産能力が機械的に転換・利用される様相や、あるいは新たな方式で人間や自然の世界に機械の生産能力が結合し入り込む様相を捉えられないでいる。そこで看過されているのは、こんにちの生命の自然学を過剰決定している資本の力と権力であり、生命力自体を搾取するまでにも侵入してきた資本の「生態的」な作用である。つまり、自然を対象とする生態学が、資本の経済学に無知であるために、生態学的な問題ですら十分に扱うことができない事態が起きているのだ。生命の自然学は、生産の経済学や、資本の経済学なしには、いまや不可能である。また同時に、すでに言及したように、エネルギー物理学の影響によって、生態学の中心軸にはエネルギーの「生産性」が設定されているため、それは功利主義的な経済学の発想の中にとどまっている。つまり、経済学と生態学が共有する語源的ルーツの符牒（オイコス、oikos, eco-）によって指し示されているものは、生産の一般性ではなく、生産性という功利主義的な前提の同一性なのだ。

もちろん、生態学の生み出した諸概念やそれが発見した問題領域の数々は、自然全体を包括する生産の一般理論のために重要な資源を提供する。そして、ほとんどの場合、ここで述べたような理論的限界について根本的な批判を加えれば、それらは有効に変換、利用できることだろう。つまり、功利主義やヒューマニズムを超えて、生産の一般理論を構成するためには、政治経済学批判だけでなく、生態学批判もまた必要なのだ。生産の自然学と生産の経済学を自由に往来できる横断的な一般性が要請されているのだ。そのために、私たちはひとつの抽象機械を稼働させるだろう（第四章）。しかし、その前にまず、生産の概念をそのような一般性に符合するように抽象化しなければならない。

3．生命の生産

よく知られているように、マルクス／エンゲルスの『ドイツ・イデオロギー』は、生産の問題を第一次的な対象として扱っているだけでなく、生産を扱う方法をそれまでになかったやり方で提示したテキストである。生産を史的唯物論の方法で扱うために、このテキストを再検討することから始めようと思う。ここで、マルクスはあらゆる歴史の「前提」となることを思惟の出発点にしている。それは、「生きた人間諸個人の生存」である(17)。人間は自らの生存のために自ら以外の様々なもの、自らをとりまく世界である「自然」と関係を結び活動する。このような活動をマルクス／エンゲルスは、「生産」と呼ぶ。しかし、そうするのは人間だけではない。生きている全てのもの、全ての生命体は自らの生存のために自らをとりまく世界である「自然」と関係を結び生きていく。生存のためのそうした活動のことを「生産」と呼ぶことができる。

マルクス／エンゲルスはこのような前提をより具体的に細分化する。全ての人間の実存、及び全ての歴史の最初の前提は、「『歴史を創る』ことができるためには、人間たちが生活できていなければならない」のだ(18)。生存という、この一番初めの前提のために、「これらの欲求を充足させる手段を創出すること、つまり、物質的生活そのものの生産」が発生する(19)。すなわち、生産とは生存のための生活そのものの生産を意味するのだ。そして、二つ目の前提は「充足された最初の要求そのものが、すなわち充足の営為とひとたび獲得された充足の用具とが、新しい欲求へと導く」(20)ということだ。新しい欲求の創出。三つ目の前提は、「人間たちが他の人間たちを作り始める、つまり繁殖を始めるということ」(21)である。生物学的な再生産の問題、あるいは生殖の問題。

このような三つの契機をマルクス／エンゲルスは「生／生命（Leben）の生産」という概念で要約する。そして、このような生命の生産は「労働における本人自身のそれにせよ生殖における他人のそれにせよ……二重の関係として…現われる」(22)のだ。すなわち、一方では自然の関係として、もう一方では社会的関係としてあらわれる。ここで社会的という言葉は、生産活動がどんな条件、目的、やり方で遂行されるのであれ、多くの個人（Individuum）の「協働」（Zusammenwirken）という意味で理解しなければならないと、マルクス／エンゲルスはいう。

ここで、生産力と生産関係を対比する形で、自然学的な関係と社会的な関係を対比してはならない。なぜなら、自然学的な関係もやはり、多くの個体（Individuum）の協働によって、相互依存的な関係の中で構成され作動するからである。それは、ひとつの関係が持つふたつの側面であり、ふたつの関係ではなく、「二重の関係」であるからだ。「協働」が関係の社会性を表現する概念でありながらも、「生産力」に属すると見るマルクス／エンゲルスの考えは、生産力を生産性とは異なる、ひとつの関係として見ようとする態度をよく表している。また、それだけでなく、生産力を自然学的な関係に、生産関係を社会的な関係に、一対一に対応させ、対立させる通常の理解方式からも距離を置いている。

ここで、マルクス／エンゲルスは生産という契機について、協働という契機までも含めて歴史の「四つの契機」、「歴史的な諸関係の……四つの側面」と言いなおす[23]。そして、意識や精神は四つの契機を前提にしてこそ、考察できるのだと付け加える。これは意識が介入した活動、あるいは合目的的な活動としての「労働」が生産の三つの契機の後に可能であることを意味する。したがって、労働と生産は、同一の概念ではなく、労働より生産が第一次的なものであり、より広い外延を持つ。すなわち、労働は生産の一要素であるだけでなく、特定の条件のもとで、生産という活動がとる特定の形態である。

もちろん、このテキストでのマルクス／エンゲルスの第一次的な関心は人間の歴史であったために、暗黙のうちに生産を人間の生存と結びついたものとして定義しており、このために彼ら自身があれほど警戒していたにもかかわらず、「人間学的な要素」が残っているのも事実である[24]。しかし、人間の歴史で、あるいは自然的な生産一般という関心の中で生産の概念を把握するために、これは適切なかたちで利用できるものである。なぜなら、人間ではない自然的な生命体もやはり人間と同じように生存のために活動し、このために周辺の条件（「自然」）を利用して生命／生を生産し、生殖の中で生命を再生産するからである。もちろん、労働のなかでの生活の生産という側面や、新しい欲求の生産という側面は、人間以外の自然の生命体にはそのまま当てはめることのできない要素である。しかし、ここで言えることは、少なくとも先に挙げた生産の諸契機は生産が定義されなければならない地点がどこにあるのかを指し示しているということである。このような観点から、私たちは一般化された意味における生産を次のように定義しようと思う——生存と生殖のために「自然」を自らが領有できるものに変形させる活動。

しかし、これだけではない。人間が協働によって生産するように、自然の別の生命体もやはり相互依存の中で、つまり巨大な相互依存の網の目の中で生産する。これは単にハチやアリのような群れをなす動物に限られたことではない。クロポトキンは同種間の協調のみならず、異種間の協調によって生きるあまたの生物の事例を挙げている(25)。植物もまた多種多様なバクテリアや菌類との協働の中で生きている。さらに、土の中の巨大な菌糸は同種、異種を問わず、あまたの植物と協調と扶助、共有によるひとつの網の目を形成している(26)。協働という概念を人間にのみ限定する慣例の外に出れば、このようなネットワークは逆に協働を一般化された意味において定義づけることを可能にする要素だと言えるのではないだろうか。つまり、こう言わなければならない——協働とは単に人間の労働に固有な特性ではなく自然的な生産全般に属する一般的な特徴である(27)。

このような点で協働は常に相互依存した諸個体の集合体として「共同体」の形態であらわれる。協働や共同体は、「社会的な関係」以前に存在する「自然的な関係」なのだ。このことは、生態学者が相互依存による諸個体の集合のことを呼ぶのに、一般的に「共同体」という概念を使用することを鑑みれば、より容易に理解できるだろう(28)。要するに、人間を含めて全ての生命体は相互依存的な「共同体」(community)を構成し生きている。これは、相異なる諸個体についても、同一の諸個体の集合についても同じように言えることである。生物体の間の競争が存在することも事実ではある。人間の世界がそうであるように、特定の条件が与えられるなら、競争が極端に激しくなり、相互依存の大きな環があまたの競い合う節々へとバラバラに切断されてしまうような事態が起こりうる。しかし、それはこの広大な相互依存的世界の中で起きる局地的で部分的な事態に過ぎないのだ(29)。

ここでもう一つ追加すべき重要なことは、いかなる個体も「共同体」という隣接関係の中で特定の個体として「個体化」するという事実である。すなわち、ひとつの個体が「何であるか」は、それをとりまく隣接関係によって、それが隣接している諸物とどのような関係にあるかによって、違ってくるということである。人間も同様であるということを捉えたのはマルクス/エンゲルスであった。よく知られているように、マルクス/エンゲルスが人間をとりまく関係によって別の本性を持つ存在であると定義した時、はじめて歴史という名の「外部性」を通して人間が思惟されることとなったのだ。そのようにしていわゆる「史的唯物論」が誕生したのである。人間や生物ではない別の様々な個体、事物についても同じように言うべきである。マルクスが「綿糸紡績機は綿糸を紡ぐための機械である。それはある一定の諸関係においてのみ資本となる」と述べたように(30)。もちろん、この関係を「資本」や、通常「社会」と呼ばれる関係、または「人間関係」のみに限定するべきではないという但し書きとともに。したがって、いわゆる「生態学的な世界」もまた、決められたある自然的な本性の形而上学ではなく、隣接した関係や外部的な条件にしたがって、その本性が変わってくるという史的唯物論の作動地帯であることを改めて明確にする必要がある。

4．生産力、あるいは生産能力

地球上のあらゆる生命体は、太陽光という外部からのエネルギーによって生存している。そのエネルギーを利用し、自らに必要なものを生産、備蓄することで生きながらえる。最も広義の生命体の生産活動とは、このエネルギーないし、その変換物を自らが利用可能な炭水化物の形に変換して使用することである。草食動物や人間は、太陽エネルギーを直接利用可能なエネルギーに変換できないために、植物が変換した物を摂取し、利用可能な形に変換する。

ところで、バタイユがいち早く指摘したように、もともと地球上で行われるすべての生産は常にエネルギー過剰の状態で展開する。「原則として生物は生命を確保する作業……にとって必要な以上に多くのエネルギー資源を行使する……植物や動物が常に剰余を行使するのでなければ、成長も繁殖も可能でないだろう」(31)。その過剰とは、エネルギーの生産者が直接に利用可能な形態に変換されてとどまって存在することもあれば、その生産者が利用できないままの形で流れ去ってしまうこともある。例えば、地球に降り注ぐ太陽エネルギーのうち、植物が光合成によって自ら利用、備蓄できる比率は約一パーセントに過ぎない。この中で一部は呼吸作用によって植物自身の生存に使われ、別の一部は成長や「生殖」などのために使われる。太陽エネルギーの九十九パーセントは大気中に流れ出て、地球の気温を一定の温度に維持し、海や川を蒸発させる「仕事」（作用）に使われる。しかし、これは単に無駄な「浪費」ではない。植物という生産者が使用できる形態ではないが、植物の生存に必須の温度や水などを維持し供給するのに使われるという点で、自ら使用する要素なのである。それが十分でなければ生産者である植物は生存を維持できないだろう。

　にもかかわらず、この「過剰」という言葉が意味を持つのは、エネルギーを必要としている生産者に対して、そのエネルギーは常に「過剰」状態にあるからだ。このような「過剰」によって、生産者の変化と増殖や、生産者につながる新たな様相の関係の生産が可能になる。つまり、そうした過剰がなければ、個体の増殖は不可能となるし（その場合、次の世代の個体の誕生は成体の死によってのみ可能になる）、個体の変化も必要とされるエネルギーの変化にともなうものであるため、やはり不可能となる。一つの空間や領土の外に出て別の場所に移動したり、既存の関係の外に出たりして別の関係を構成・生成することも、やはりエネルギーが過剰状態になければ不可能である。

　ここで「過剰」は生産者の内部か外部かを問わず遍在する。光合成によって生産されるエネルギーは、植物が自らの体を維持するのに必要な量を超える。植物はその過剰分を種や実のような生殖のために使用する。その一方で、外部に流れ出たエネルギーは温度を維持し、水を供給するために使われるが、そこにも常に過剰の状態が存在する。しかし、そのエネルギーの場合、直接に生産者が統制できないため、時には洪水や酷暑のような災害の原因になることもある。また、時には日照りや寒さを避けるため、備蓄されることもある。太陽エネルギーの流入が続く限り、このようなエネルギーの剰余は常に存在するだろう。

　ある生産者の生産能力、すなわち生産力とは、存在しない力やエネルギーを作り出す能力ではない。それは流入してくるエネルギーや、そのエネルギーを変換させて出来た産物を、自らが利用できる形、または利用に適した形に変形させる能力である。たとえば、大気中に熱として放出されたエネルギーと、石油や石炭の形に変えられたエネルギーを比較すれば分かるように、同じ量のエネルギーでもその形質によって利用可能な潜在力が異なるためである。同じ量のエネルギーであっても、濃縮の程度によって利用可能な潜在力は異なるのだ(32)。また、ある生産者にとって利用可能な形のエネルギーが、別の生産者にとってはそうではない場合もある。風に乗って飛ぶ鳥と人間の場合、風に含まれるエネルギーは全く違った可用性を持つ。

このような点で見れば、ある生産者の生産能力は、その変換能力である。そして、その生産能力の「程度」(degree)は、まず変換の速度と「濃縮」の強度を決定する力の大きさ、すなわちそうした能力の強度によると言えるだろう。おそらく、功利的な計算が介入する地点はまさにこの部分だろう。すなわち、この能力の強度を量的な指標を使って表示するには、変換に直接・間接に使用されたエネルギーと、それによって新たに獲得されたエネルギーの比率を使うからである。確かにこれは変換能力の強度を示す一つの指標である。しかし、忘れないようにしたいのは、これが強度そのものを表現するものではないということだ。例えば、変換のために使われるエネルギーの場合も、単にカロリーやジュールなどで表示される量よりは、むしろそのエネルギーを凝縮する能力のほうが、「能力の強度」において、より決定的であるからだ。カナヅチを叩くのに五〇〇〇kcalのエネルギーを五回に分けて叩く人物Aと、三〇〇〇kcalのエネルギーを一回に凝縮して叩く人物Bが同一量の成果を得る場合、計算されるエネルギー効率の指標としてはBの効率のほうがAよりも優れているとされる。しかし、その強度を理解するのに、決定的なのは、投入量と産出量の比ではなく、投入量自体を使い物になるように凝縮する能力そのものであるからだ。

他方で生産能力は、生産に投与される諸要素を結合させる能力である。それは生産の素材となる材料を扱い、道具を使って適宜に加工し、特定の強度に結合させる能力である。したがって材料を選別し、加工するのに適切な手段に熟練していることが重要になる。その能力にしたがって、対象を変形させる過程の安定性が確保され、生産しようとする結果の一貫性が保たれる。しかし、人間中心主義の外に出て、より「一般化」された点から見れば、生産能力とは、労働者である人間が、動物や植物、あるいは微生物や機械などと結合して作動する能力、そのような者たちとの「協働」を組織する能力のことだと言わねばならない。生産力という概念自体に協働が決定的な要素として含まれていることを今いちど想起してみても良いだろう。

生産能力とは、このように「自然」あるいは「機械」に属する諸要素と結合し作動する能力のことである。そのような能力に強弱があることは明らかである。それは、そのような諸要素との結合が作動する協調の強度、結束の強度である。それは、その外部的な諸要素の力を最大限に引き出す能力であり、そのためにそれと自らの身体をまるで「ひとつのように」動かし、作動させる能力、言い換えれば、その外部的な諸要素とリズムを合わせて動くことによって作られる力としての〈協-力〉を引き出す能力である。

エネルギーの変換であれ、具体的な素材による構成物の生産であれ、生産は常に他の生産者たちと結合して進行する。このような結合は、ある場合には意識的であるが、他の場合は無意識的である。また、ある場合には、互恵的であるが、他の場合には捕食者と被食者の関係のように「敵対的」であるかもしれない。家族や村などでイネを栽培する場合、その構成員は意識的にせよ無意識的にせよ互恵的な関係を構成する。しかし、イネと人々の関係は、被食者と捕食者の関係であるという点で、直接的には互恵的だとは言い難い。しかし、進化生物学者によってしばしば使用される語法に則って言うならば、イネは人々が食べるのに良い資質を形成することで、むしろ自らの生存と繁殖にはるかに有利な条件を獲得したのである。このような点から見れば、イネは自らの生存と再生産のために有益な「道具」を獲得したのだと言えるだろう。すなわち、イネと人の場合、被食者と捕食者の関係が単に敵対的だとは言い難く、一方的に食う食われるという関係だとは言い難い。どの「立場」で見るかによって、生産者と道具の関係は変わり得るのであり、したがって被食者と捕食者の関係もまた相互的であると叙述するほうが適切であろう。

他方で、意識的な連合でもなく、被食者・捕食者の関係でない場合でさえ生産者は互いに依存している。例えば、植物は光合成をするさいに二酸化炭素を使用し、酸素を「排泄」する。そして、動物や人間はその酸素を使用し、二酸化炭素を「排泄」することで身体を維持する。お互いの「排泄物」がお互いの「食べ物」になる関係の中で両者は互いに依存し生存する。排泄物や生産の副産物が、他の生命体の生産活動の生産対象や手段になるという関係は、二つの種類の生命体の間にだけ存在するのではなく、多数の生命体の循環的な連鎖の中で成立する。すなわち、生命体による生命の生産、生活の生産は常に循環系を形成する共同体の中で成立すると言える。その共同体の形態や様相は非常に多様であるかもしれないが、いずれの場合であれ、明らかなのは生命体の生産活動は常に特定の共同体的な関係の中で行われると言っても良いだろう。

このような理由から、生態学では食物連鎖の網の目を形成し、土壌や水のような非生物までも含めて、あらゆるものが相互依存的な共同体の中で生存し生活していると理解し、これを表現するために群集(community)すなわち共同体という概念を使用するのだ(33)。もちろん、周知のように、そうした共同体の維持と保全を第一の関心事とする生態学者は、共同体の中に外来種が入り込むことに敵対的な態度をとる。実際に、新たな外来種の流入が、共同体全体を破壊する場合もあるだろう。しかし、それは「既存の共同体の保存」という観点から見た場合のことである。そうした立場から距離をおけば、そうした現象はほとんどの場合、ひとつの共同体から別の共同体への変化だと言えるだろう(34)。

同じような事態は、ある特定の種が生態的共同体から除去される場合にも発生するが、そこで重要なのは構成要素の追加や除去に対する、共同体の「弾力性」ないし「適応性」である。生態学者によれば、共同体の中で、除去される特定の種の生態的地位を代わりに担う幾つかの種の存在、すなわち剰余(redundancy)の存在が、弾力性ないし適応性を高めてくれるという(35)。これが指し示すものは、共同体が外部に開かれながらも、ある安定性――恒常性あるいは恒流性――を持ちうる条件のことである。

多くの言葉を割かずとも、周知のことだろうが、生産において、共同体の問題は人間の場合にも同じように適用される。共同体は、マルクスが幾つかの重要な類型を概念化したことで、生産の歴史に関する理論、あるいは経済学や社会学において、重要な概念として定着した。近代以前の生産は、常に共同体による生産であり、共同体のなかでの、共同体を通じた生産であった。

しかし、やはりマルクスや後世の研究者たちの関心事は、人間の歴史や、人間関係の歴史に限定されていたために、共同体もまた人間の間に形成される関係として表象されていた。しかし、「共有地」のない共同体なるものは想像しがたい。共同の耕作地のみならず、共同の森や道具なしには、あるいは共有地に「属する」木などの植物や動物といったあまたの生物なしには、共同体はやはり存在しえないのだ。人間の生においても、共同体なるものは、生産者である人間が生産のために縁りかかっている他の条件全体の集合を含んでいるのだ。いわゆる「アジア的形態」における、水と灌漑事業の重要性はすでに十分に強調されてきた。人間を含むこの生産の共同体もやはり外部に対して相対的に閉じられており、その相対的閉鎖性を通じて自らを維持するが、外部者の流入や内部者の流出に対して一定の弾力性を保持し、その弾力性の強度にしたがって、その形態がどの程度維持されるのかが異なるのだ。

協働がそれ自体で「社会的」、すなわち集合的な関係を成し、それが人間と自然の間の関係として定義される「生産力」に含まれるというマルクス／エンゲルスの言葉は、人間や生命体全体の生産活動において、共同体が中心的な位相を占めることを示している。協働の様式、すなわち生産者が他の生産者や、生産手段、あるいは生産の対象と結ぶ集合的で共同体的な関係の様相こそ、実際に生産の能力を決定する最も重要な要因の一つなのである。

つまり生産能力とは、一方では自らが利用できる形態にエネルギーや素材を変化させる強度的(intensive、内包的)な能力であるが、他方では生産のために必要な諸要素と結合してその様相を統制し、〈協-力〉を創出する能力である。結合の強度を調節する前者の能力が「内的な」意味合いの生産能力を定義する成分とするならば、結合する諸対象を選択し取り替えつつ、結合の幅を調節し変化させる後者の能力は「外的な」意味合いの生産能力を定義する成分である。前者の場合、字義通り「強度」そのものが決定的であり、後者の場合には、諸対象を脱領土化し、再領土化する能力が決定的である。しかし、個別的に行われるいかなる労働であろうとも、他の諸要素との結合なしには不可能であることを理解するならば、個別的また個人の身体の動きさえも様々な「器官」の協調が作り出すものであることを考慮するならば、個別的に見える労働の強度ですら実のところ、そうした諸要素があたかも「ひとつのように」動いた結果であり、そのように導き出された〈協－力〉の強度だと言わねばならないだろう。

ここで生産能力について付け加えるべき点は、それが潜在的な能力であるということである。生産能力とは、現在の時点において何かを成し遂げる度合いのことではなく、一般的に何かを遂行可能にする能力のことである。すなわち、それは条件が与えられれば現勢化する、現実的な能力を意味する。この能力とは、要求される生産のために与えられる条件を受容する中で可視化される能力であり、多様に与えられる可能な条件の集合――所与の特定の生産手段や対象および連合する生産者など――と結合する能力、それらを受け入れることの出来る能力である。したがって、潜在力としての生産能力の大きさは、その生産者が受容可能な条件の幅、生産者が結合して〈協－力〉を導き出すことのできる対象の異質性の幅によって決定される。こうした点から、生産能力は一種の受容能力（capacity）である。内包性／強度としての生産能力ですら、このような〈協－力〉を構成する能力の発現なのだ。ある生産者が道具や対象を再領土化し、脱領土化する能力によって生産能力を定義するのはまさにこのような理由からだ。

5．生産力と生産関係

個別的な生物であれ、集合的な群集体であれ、個体化した生命体は自ら生産したエネルギーを二つの相異なる方向へと分割し投与する。一方では自らの身体を維持し生存するために、他方では生殖や繁殖のように、未来の拡大と成長のために投与あるいは備蓄する。例えば、収量の多い品種のイネは、そうでないものに比べて必然的に生殖により多くのエネルギーを投与している。実際に、野生のイネは自らの生産するエネルギーの二〇パーセント以上を籾に投与しない。反面、より多くの収量のために変形、育種された「奇跡のイネ」は八〇パーセントを籾に投与する。前者に比べて後者の収穫率は四倍にもなるが、大部分のエネルギーを種に投与するため、自らの生存に必要な能力は顕著に低下する(36)。茎が弱く風に折れやすいだけでなく、害虫にも弱く、栄養素を吸収する能力も非常に低い。そのため、このような品種のイネの場合、肥料や殺虫剤などの「化学的補助」を大量に投与しなければ期待通りの収穫は得られない。

生態的な個体群の場合、空間的に余裕があり混雑のない条件下や、卵や子が捕食者のために生存しにくい条件下で、個体の繁殖のためにより多くのエネルギーを投与する。反対に、そうした条件でなければ、成体自身の生存能力を拡張するのにより多くのエネルギーを投与する。こうして、生態系の場合にもエネルギーは、次世代の個体の「生産」と自らの生存のための「呼吸」に分けて投与されるのだ。また、生態系の遷移の初期段階には「生産」に投与されるエネルギーが、呼吸に投与されるものよりも多いが、後期に移るとともに両者への投与はほとんど同じ比率になる傾向がある(37)。

生産されたエネルギーを、剰余をも含み、このように二つに分割して投与するのは人間の経済的生産の場でも同じである。例えば、自らの生存のためにイネを栽培している小農の場合も、収穫された籾のうち一定量を次の年に播く種として残しておかなければならない。資本による生産の場合には、生産物の一部は労働者や資本家の生存のために消費されるが、他の部分は資本自身の成長あるいは生産規模の拡大のため、資本として蓄積される。このようなことを概念的に表しているのが、『資本論』の資本の再生産と流通を扱う部分で登場する蓄積率の概念や、あるいは生産の素材的な側面を追った生産財生産部門（Ⅰ部門）と消費財生産部門（Ⅱ部門）に分割する再生産表式の概念である。国民経済レベルのマクロ経済でも、生産物全体は生産者や資本家の消費のための部門と、経済成長のために投与される部門に分割されている。イネが高い生殖率のために自らの身体を守ることができないように、労働者も高い成長率を達成するために、自らの生存を犠牲にせよと要求されることがあるのは私たちがよく知るところである。

しかし、これとは別の層位で区別されなければならないことがある。それは、「過剰」あるいは「剰余」の生産、その領有に関連することである。例えば小農の場合、自らの生産物を自らの身体の維持に使う生産物だけではなく、子供の生産と再生産、すなわち生殖と再生産に使う生産物までを、「社会的再生産」(通常「必要労働」と呼ばれる)の「費用」に含める。ところで、耕作のための種子は、小農の生物学的な意味での生命の維持に必要なものを超えるものであるにもかかわらず、農業を続ける上での条件である。以前と同一の規模で生産しようとするなら、それに必要なだけの種子は、生産の持続のために保全されねばならない部分であろう。しかし、それ以上の生産物があれば、それは種子の形を取るものであっても、そうした部分とは別の種類の「剰余」である。こうした剰余は生産の拡大のために投与されるにしても、他の目的に利用されるにしても、次世代の「生産」および生存のための「呼吸」という生態学的なエネルギー分割の二つの範疇を超えるものである。これを「剰余生産物」と呼ぼう。

過剰なエネルギーをいかに分割し分配するのかという問題は、生産能力ないし生産力と関連しているものである。しかし、次に述べる追加的な「剰余生産物」の分割と領有の問題は、そのこととは層位の異なる問題である。このような剰余生産物の生産と領有は、特定の関係の中で発生する。つまり、生産しない者による生産物の領有を可能にする、ある特定の条件が与えられる時にのみ、発生するのだ。それは、生産手段または直接的な生産者ではない他の要因の関与によって成立するものである。その要因とは生産手段の所有者のことである。このような関係は、生産された剰余生産物を生産者ではない他人が領有し搾取することと結びついている。周知のように、このような関係の存在が確認されるのは、「人間」という範囲に限られている。このように、剰余生産物の領有を規定する、生産者－非生産者の間の関係を「生産関係」と呼ぶ。これはほとんどの場合、生産者と生産手段の所有者が別々でありながら結合している様相として表現されるため、生産手段の所有関係によって定義されもする。

生産手段の所有・非所有が発生するのは、生産された剰余が貯蔵され、摂取したり消尽したり生殖したりするのとは別な使い方が可能になる条件においてである。このような蓄積のことを「ストック」（stock）と定義できるだろう(38)。また、備蓄されたストックが何者かに帰属することを、「所有」という。ストックの所有者は、それを新たな剰余の生産や獲得のために使用し、その結果物を所有への対価として領有する。食べずに備蓄しておいた種子のストックが耕作を可能にし、その反復である再生産を可能にする。このように「自然との関係」の中で備蓄・利用されるストックのことを「一次ストック」と呼べるだろう。これとは別に、先に述べた特定の条件のもとで、消尽せずに備蓄しておく生産要素のストックを、一定の「経済的」ないし「政治的な」対価を得るために、他人に提供する場合もある。このように、「他の人間との関係」の中で特定の利益を得るために備蓄され、使用されるストックのことを「二次ストック」と呼ぶことができるだろう。先に述べた「剰余生産物」とは、このような二次的な形態のストックのことである。

生産物のストック及びそれにともなう領有可能性は、土地のように人間が生産するのではないものですら、ストックへと変換させ、それを剰余獲得の新たな基盤へと転換する。それは土地が提供する潜在的ストックが使用される以前から、それを現勢的ストックにならしめる。土地の所有者は、それを所有しているという事実だけで土地生産物の一部を領有する権利を持つのだ。このような領有の根拠となるものとしてのストック（生産手段）には、剰余生産物の追加的な領有可能性が発生するため、それに従って剰余生産物のストックは規模が徐々に規模を増大する可能性を持つようになる。

ストックが存在する場合、生産に必須の要素をストックとして所有する者と所有しない者が結合することで生産は進行する。ストックの所有者は、ストックを所有しているという理由によって生産しないにもかかわらず生産された剰余生産物の領有権を要求し、生産者は生産手段を所有できずにいるために生産かつ生存するためにはストックを使用する対価として剰余生産物を提供しなければならない。このようにストックの所有者（非-生産者）と生産者が結合し、生産に結びついたひとつの関係を構成する時、その関係が生産の様相や生産物領有の様相を規定するという点において、「生産関係」であると呼ぶ。

ここでストックの所有者は、生産のもうひとつの決定的要素である生産手段を独占しているため、自らが領有する剰余生産物の大きさや、生産のために再投与しなければならないストックの比率を、生産者の意思とは関係なく思いどおりに決定し強制することができる。すなわち、剰余生産物の領有と利用の様相に第一次的な影響力を行使する。その反面、生産物を生産者自身の生活／生命の生産そして再生産・耕作の持続という二つの項目に分割し使用する条件では、剰余生産物を生産する理由がなく、多くの場合、その生産を遮断、阻止する。いわゆる「原始社会」においては、生活と生産に必要な量を超過する剰余生産物を生産せず、あるいは剰余生産物が発生しても、破壊したり消尽したりしてしまうのは、それがストックに転換されることを防止するためだ(39)。そうした社会における剰余を備蓄しようとする者たちに対する敵対的な態度はこのような脈絡の中で理解できる。

ストックが存在し、剰余生産物を領有する非－生産者が存在する場合にも生産はひとつの共同体を通じてのみ可能である。なぜなら、道具や労働対象、あるいは土地が誰の所有であれ、それは生産者と結合しなければならないからであり、また多くの場合、その結合は複数の生産者の連合を伴わなければならないためである。より緻密に見れば、人間ではないあまたの生産者やそれらの共同体が全ての生産に関与している。簡単な例として、耕作する人は、家族などの仕事仲間だけでなく、イネやウシ、土の中のミミズや微生物など、多様な生命体とひとつの共同体を構成している。この共同体は、エネルギーと物質の相互的な循環を通じて存続するひとつの群集であるという点で、ひとつの「循環系」を構成していると言える。それぞれの個体はその循環系の中で循環する物質とエネルギーを通じて「循環の利得」を獲得しているのだ(40)。

そうした循環の利得のなかにも剰余が発生する。その剰余によって循環系を構成するそれぞれの個体は、その循環系から脱領土化され、さまざまな他の活動が可能になるのだ。ある個体が循環系のなかで確保しようとする循環の利得が循環系が維持できないほど拡張する時、その循環系は崩壊する。諸個体が共に循環系ないし共同体を構成することで獲得された循環の利得全てが破壊され、それらの諸個体は少なくとも共同体の中では存在し続けることができなくなってしまう。おそらく、その地点が「利得の限界地点」であろう。その限界の範囲内で循環の利得の維持が可能である時、通常言われる「持続可能性」が定義できる。

ところで、このような循環的共同体に非－生産者である所有者が入り込み、自らの所有するストックを基盤に生産の様相、すなわち生産量や生産方法などに介入する時、「持続可能性」は本質的に脅かされる可能性にさらされる。なぜなら、循環系の外部にいる彼らの関与は、ひたすらその時々の剰余生産物の潜在的な最大値を尺度にして、それに近づけようとするものであり、循環の持続可能性や循環系の維持には直接的な関わりがないからである。生産過程に対する所有者の影響力が共同体全体の力を超えるほど拡大し、所有者の関心が利潤という唯一の対象に集中する近代の資本主義社会では、これは深刻な問題となる。

周知のように、近代ないし資本主義は、生産と結びついたあらゆる種類の共同体を解体し、生産者を生産手段から徹底的に引き離す。土地をはじめとする生産手段から引き離されるということ、あるいは共同体から生産者が引き離されるということは、生産者が生産可能な条件から分離されることであり、結局は生産能力を喪失し「機能不全」になるということである。このように分離された状態、すなわち「共同体」が解体された状態では、生産の進行は不可能である。そこで生産手段の所有者は、このように分離された諸生産要素、そして複数の生産者を、貨幣的形式によって「統一」し、自らの意のままに統合し、再統合する。共同体（Gemenide）に貨幣（Geld）が取って代わるのだ。いや、実際には逆の順序で言わなければならない。生産者たちが貨幣のために自らの生産能力を販売させるようにするためには、彼らが生産者として持っている自立性を解体し、生産の条件を奪取し、機能不全にしなければならない。生計のためには、好むと好まざるとにかかわらず、雇用主を探すように仕向けなければならない。このような意味で、資本主義は機能不全を生産する、機能不全に基づいた、機能不全の体系である。

共同体に貨幣がとって代わることで根本的な変化が発生する。かつての共同体は、物質とエネルギーの循環の様相によって作動し、その循環に参加する媒体がそれぞれ得る循環の利得が維持されることを前提にしていた。また、そのために、共同体の外延や規模もやはり限られたものであった。反面、貨幣を通じて結合する場合には、関与する諸個体の間のエネルギーや物質の素材的な循環や循環の利得ではなく、生産手段の所有者の利潤のみが直接的な目標となる。また、循環的な要素は利潤の最大値のために選択され結合する。結合する要素の規模や外延は、動員可能な貨幣量によって規定される。循環の利得は、ここで「剰余価値」に変わる。さらに資本は、その剰余価値を発生させる「環《リング》」を全体の循環系から分離し、剰余価値の生産を極大化しようとする。

ここで生産に関連した全ての諸要素は、ひたすら貨幣的な基準によって評価され、その能力もまたどれだけの貨幣に価値化されるのかという、その結果によって成立する。生産の目標となるのは、循環系の中で共に共生する諸個体の生存や維持ではなく、それら全体を統合する貨幣の増殖である。諸生産要素の能力は、循環系のなかで共生し、循環系を円滑に維持する能力、あるいはそこで新たな生存の様相を作る脱領土化／再領土化の能力ではなく、生産した結果物の価値化のなかでそれぞれの要素が占める比重によって評価される。一言で言えば、「どれだけカネになるか」がまさにその能力なのだ。生産力が、貨幣の中に、あるいは生産手段として資本の中に、包摂され閉じ込められるのだ。

6．生産能力の解放、あるいは革命

生産力なるものは、ひとつの量的指標である生産性とは異なり、〈つねにすでに〉集合的な生産能力を意味する。生産能力は、一方ではある対象を変形させる強度的な能力であり、もう一方では生産に必要な諸要素を結合させる能力である。能力という概念自体がそうであるように、それは常に「できること」を意味し、それを現実化する条件が合えば、現勢化する潜在力である。すなわち、それは現在、遂行しているある特定の生産に限定されない、多様な生産の場へと開かれた能力である。したがって、生産力の「大きさ」や「程度」は、一方では、何をしようとするかによって、力を凝縮し使いこなす変形能力の強度によって決定され、他方ではそれが受容することのできる欲望の幅、それが担うことのできる活動の幅によって決定される。

生産の進行に伴った生産力の発展とは、このような強度的能力が発展することを意味するとともに、共同体的な協働の中でそれが遂行できる生産活動の幅が拡張するということを意味する。熟練することが、強度的な能力の増加につながることは明らかである。マルクス／エンゲルスは「コミュニズム」について「各人は排他的な活動領域というものを持たず、任意の諸部門で自分を磨くことができる」社会であると定義する。また、その定義は「朝は狩をし、午後は漁をし、夕方には家畜を追い、そして食後には批判」する社会であるというような有名な「夢想」の形をとる(41)。しかし、彼らが語ったのは、仕事をしたいときにし、遊びたいときに遊ぶというような呑気な空想ではなく、可能な活動の幅の選択が自由であり、生産能力の「外延」が拡張した社会のことではないだろうか。生産力が発展した社会としてのコミューン主義。それは、それはこのように生産能力の外延とともに、強度が最大化するような社会のことであると言わねばならないのではないだろうか。

このような点で見れば、時間の経過とともに生産力が常に発展するという考えこそ、まさに空想だと言わねばならない。資本主義でなら次のような状況は普通にある。例えば、ある特定の破片化した作業のみを行うため、他の種の活動を遂行できなくなり、できることの幅が制限される。まさに、生産力の外延が縮小するのである。ならば、これは生産力の減退であると言わねばならないのではないか。強度的な能力もやはり単に生物学的力の大きさや、技術的な練度の問題ではなく、自らの身体や欲望を凝縮し、投入できる条件と結合したものである。その点で、時間の経過に従って常に増加するというような能力ではない。例えば、自らが欲する活動に従事する場合、技術的に未熟であっても、傑出した強度の集中と凝縮が起きうる。そうでない場合、仕事に熟達していても、適当にしか仕事をしないことは日常茶飯事である。お役人にとって書類の扱いはお手のものかもしれないが、彼らの活動が高い強・密度を形成していると言えるケースは決して多くない。狂ったようにコンピューターに向かっていたプログラマーが、大企業に就職し「労働」に従事し始めるや、仕事の強・密度が急激に減退するということもよく知られている話である。あるいは、一緒に仕事をする人が誰かによって、仕事に没頭する強度が顕著に違ってくるというのもよく知られていることだ。

したがって、生産力の発展は単に技術の発展を意味するのではない。あるいは、熟練度が高まることや、生産規模の拡大にも限られない。それらのことは生産力の発展を規定する条件かもしれない。または、そのような発展にともなう一つの結果であるかもしれない。しかし、それ自体が生産力の発展を定義してくれる要因ではない。むしろ、それは自らの能力を凝縮し、その強・密度を高める条件、あるいは新たな活動に向かって自らを開き、自らを投げ入れることを可能にする関係の問題である。生産力が何よりも協働の様式と結びついているというマルクス／エンゲルスの言葉は正確にこのような意味合いで理解されねばならない。

生産力が生産関係と結びついているということも、やはりこのような観点から理解されねばならない。例えば、生産手段がストックの形態で所有されている場合には、生産方式や生産過程の組織方式にストックの所有者が大きな影響力を行使しうる。このような理由から生産関係は、単に生産の結果物の領有関係だけでなく、生産自体の組織に作用し、それを規定するものである。それは生産能力がいかに表現され発現されるかの現在的な条件を構成し、その能力の表現様相を規定する。ストックの所有者が行使する影響力が大きければ大きいほど、生産能力の表現は生産者自身の意思とは別個に作用する可能性が大きくなる。多くの場合、そのような関係は生産能力の発展や拡張を妨げ、その表現を特定のものに制限する役割を果たす。「生産関係が生産力の発展を妨げ、両者の関係は桎梏におちいる」というマルクスの言葉はこのような意味で理解されなければならない。

このような点から見れば、資本主義が類例のない技術と生産性の発展をひき起こしたことは確かだとしても、それが本当に生産力の発展をもたらしたのかについては注意深く検討する必要がある。例えば次のようなことが挙げられる。産業革命以降の機械の発展は、以前には限られた人が長年習わなければならなかった熟練の技を解体し、機械的な動作の集合に変えてしまった。その結果として、作業に適応する時間は短縮され、「できる」人、つまり能力のある者の外延は考えられなかったほど拡大した。また、複雑な動作が機械的な単純作業に分解され、脱コード化されたため、それぞれの労働者が接近できる作業の幅は大きく拡大した。産業革命による飛躍的な生産力の発展があったとすれば、それは生産性の発展以前に、まさにこのようなことこそを意味するのだというべきである。しかし、このような変化は同時に個々の作業自体の破片化を招いた。作業内容は到底没頭できないほど、生産者自身の欲望や目的、あるいは判断から分離されたものになってしまった。結果として、作業の強・密度（intensity）は顕著に低下した。そうした状況を前にした資本家は、監視の強化やベルトコンベヤーの速度調節などの外的な強制によって「労働強度」を高めることもできるだろう。しかし、活動そのものの強・密度を、そのような方法で高めることはできない。これは生産力の発展に反する決定的な要因であった。しかし、何よりも生産能力の「外延」の拡大幅が顕著だったこと、また機械を含めた分業の大幅な拡張を通じて、協働の方式を刷新したことなどによる眼を見張るような効果があったため、産業革命の前半期には上記のような強・密度の低下にもかかわらず遥かに大きな効果をもたらしたのだ。

　しかし、こうした能力の変化は、同時に労働者個々人の労働強度の低下や意欲の減退を伴ったため、「緩和された徒刑場」[42]にほかならない工場という装置——すなわち資本家の目の役割をする監視・訓育・強制の体制なしには、実現され得ないものになってしまった。外的な強制によって、生産能力の強・密度の代わりに「労働強度」を強要するメカニズムを生産の必須要素として、資本主義が必要とする理由はここにある。強度的な能力を労働の外的な形式として「客観化」し統制、強制しようとしたテイラー主義は、逆に産業革命によって引き起こされた生産力の減少に対する反応であり反動であったと言わねばならないのではないか。フォード主義生産体制は、このような外的な強制の問題を、ベルトコンベヤーによる機械的な強制へと変形させなければならなかった。それは労働強度の限界まで労働者を追いやるが、その限界値に到達するまでに時間はそれほどかからない。

　そして、この全ての体制が「自然との関係」において存在する全ての相互的な関係において、生産の環《リング》一つ一つを切り離し、循環系の内部の全ての循環の利益を専ら剰余価値に転換することにのみ没頭してきた。そのために、生命の生産条件のすべてを全地球的規模で極端に過剰搾取し破壊するに至った。かろうじて生き残った循環系の場合にも、剰余価値の形態で流出する循環の利得の爆発的増加によって、循環系のなかにいる生産者である個体が利用できる利得の量は急激に縮小し、生殖と成長の生態的選択様相すら所有者によって強制、あるいは制限された。結果として、循環系の中のそれぞれの生産者の生産能力は致命的なほど減少した。そのような生産能力の致命的減少を補うために、資本は化学肥料や化学薬品などを外部から大量に投入しなければならなかった。除草剤はもちろんのこと、抗生剤や成長促進剤のない農畜産業は考えられなくなった。自然な生産の搾取と解体は、産業革命以降の生産の脱農業化・脱自然化という形で進行してきた。しかし、近年の生命工学の「発展」によって、新たに有機体の内部にある極小循環系を搾取する可能性を確保した資本は、細胞内部という層位で自然の中に潜り込んでいる。あらためて資本の帝国主義的な搾取について考えてみれば、それはこのような生命力の保全ないし強化という美名の下に行われる浸透が有機体の生命力そのものを搾取し、生産能力を弱めるものであることを、予め我々に啓示するものであったかのようである(43)。

生産性と区別される「生産力の発展」は新たな種類の協働方式、循環的共同体を要求する。この問題について社会主義社会は、資本主義的工場体制をのり越え思惟し損ねた。それどころか、生産力を生産関係から独立したものとして考え、生産力の甚大な発展をひき起こした資本主義の方法をそのまま導入し利用しようとした。しかし、生命を担保にする――つまり労働をしなければ死を受け入れなければならない――生産関係をそのまま導入するわけにもいかず、工場体制や競争体制などを導入したが、「労働強度」を強制的に高めるために資本家たちが使った統制や処罰の技術を同じような形で導入し使うことは出来なかったため、資本主義に似てはいても相対的に低劣な「生産力発展」の水準にとどまったのではないか。とはいえ、やはり資本主義と同様に工場レベルの次元で生産と生産力の問題を見たため、そうした結果にもかかわらず、循環系全体の破壊を代償にしなければならなかったことはよく知られている通りである。

さきに第一章及び第二章において私たちは、個体と共同体、個体と集合体という通常の区別や対立が不適切であることを、自然学に拠りながらも自然学者たちが通常語るのとは異なるやり方で指摘し、「全ての個体は共同体」であるという立論が単なる隠喩ではないということを述べた。そこでの問題機制は単にその命題を自然学的に正当化する試みではない。むしろ、それは本章の生産の一般性あるいは「人間と自然の関係」の問題と関わるものであり、個体の概念を、人間を意味する「個人」から解き放ち、存在者一般についてのものとして「平面化」しようとする試みである。つまり、共同体に対する思考が「個人」や人間たちの共同体を脱し、人間と人間ではない個体たちを、ひとつの同じ平面（plan）で扱おうとする試みなのである。その一つの平面の上で捉える限り、そこには接続や分岐を妨げるいかなる深淵もないのだ。

つまり、人間だけが持っているとされる何らかの性質を根拠とした、人間中心主義に基づいた共同体や共同性の立論を越えることが必要なのである(44)。そして、こんにち重要なのは、生産力の発展を批判することではなく、生産力の発展を真に追求することである。生産を批判するのではなく、本来の生産の問題を真摯に思考することである。「自然」と新しい関係を構想すること、人間以外の諸生命体の生存と共存を追求すること、人間たちの新しい「協働方式」を構成し、人間がその一部である新しい形の共同体を構成することである。そして、そのような平面の上で、欲望と生産活動の距離を狭めることで生産能力の外延を拡大すること。潜在性の真正なる発展のために、生産力の真正なる発展のために、生産関係を変革しなければならない。生産力の発展を妨げている資本主義的な生産関係に取って代わる新たな類《たぐい》の生産関係を創案しなければならない。マルクスの言うように、生産力の発展が、革命を要求するのだ。人間による領有の外へと。生産そのものの思惟化を再度要求しているのだ。

註

（1）ドナルド・オースター、『ネイチャーズ・エコノミー――エコロジー思想史』、中山茂、吉田忠、成定薫訳、リブロポート、一九八九年、三三〇頁。〔訳注：引用部の翻訳を一部変えた。〕

（2）同書、三五六―三六八頁。

（3）同書、三六九―三七四頁。

（4）また、テイラー主義にたいするレーニンや大多数の共産主義者たちの立場を例にして見ると、共産主義への移行としての社会主義における生産力の観念が事実上、生産性の概念と同一の外延を持っているということがわかる。これについては以下を参照されたし。ヴェ・イ・レーニン、「汗を絞り出す「科学的」方式」、レーニン全集、第一八巻、マルクス＝レーニン主義研究所編、レーニン全集刊行委員会訳、大月書店、一九六八〔一九五六〕年：ヴェ・イ・レーニン「テイラー・システムは機械による人間の奴隷化である」、レーニン全集、第二〇巻、マルクス＝レーニン主義研究所編、レーニン全集刊行委員会訳、大月書店、一九六八〔一九五七〕年：Robert Linhart, *Lénin, Les paysans, Taylor*, Seuil, 1976; マルセル・リーブマン、『레닌주의 연구（レーニン主義研究）』、안택원（アン・テグォン）訳、未来社、一九八五年（Marcel Liebman, *Le Léninisme sous Lénine*, Paris, Seuil, 1973）：李珍景、『맑스주의와 근대성（マルクス主義と近代性）』、文化科学社、一九九七年。

（5）マルクスは生産過程を労働過程と価値形成過程に区別し、前者を「人間と自然の間の代謝過程」であると定義する（カール・マルクス、『資本論』第一巻a、社会科学研究所監修、資本論翻訳委員会訳、新日本出版社、一九九七年、三〇四頁）。このような代謝過程で形成される人間と自然の関係が生産の「第一の側面」であり、それが生産力を定義する。「第一に確認されねばならない事実は、これらの諸個人の身体組織と、それを通じて与えられるその他の自然に対するその関係である。……あらゆる歴史記述はこの自然的基礎および歴史の進行のなかで、諸人間の行動による、この自然的基礎の変貌から出発するほかない」（マルクス、エンゲルス、『ドイツ・イデオロギー』、廣松渉訳、小林昌人補訳、岩波書店、二〇〇二年、二五―二六頁）。〔訳注：この引用部分の翻訳および強調は著者によるものである。日本語訳もその言葉遣いに沿ったものである。〕反面、生産関係とは、価値形成過程と結びついているものであり、生産と結びついた人間と人間の間の関係のことである。もちろん、マルクス／エンゲルスによって、このような諸概念が明瞭かつ、はっきりと定義されているとは言い難い。理論的な不明瞭さに加えて、概念の外延がはっきりとしないことは、分業や所有のように全てと結びついた諸要素が存在するという事実に起因する。しかし、マルクス／エンゲルスが生産について新しい方式で思考し始め、その生産の様相（mode）を把握するために、生産に関与した多様な諸関係を概念的に把握しようとしたということ、そして、このような脈絡において生産の第一次的側面が、生産力という概念の定義領域を構成するということを否定することができるだろうか。

（6）カール・マルクス、『資本論』第一巻b、社会科学研究所監修、資本論翻訳委員会訳、新日本出版社、一九九七年、五四七頁。〔訳注：本文の言葉遣いとの関係で引用部は韓国語訳に従った。〕

（7）なおかつ、これはマルクスの概念ではなく、彼も引用したブルジョア政治経済学の概念である。また、この概念を彼が使ったのは、生産力の発展ではなく、「相対的な剰余価値」の概念について叙述するためである。

（8）たとえば、旧ソ連の標準的な哲学教科書は、「生産力の発展水準は、社会的労働の生産性として表示される」と定義するが、その実質的要素については、労働生産性の成長要因である技術進歩の外には何も言及されていない。続けて、生産力の発展は、内的論理を持っていると言いながら、技術の発展と、より効率的な道具や機械の出現を例として挙げている（ソ連邦科学アカデミー哲学研究所編、『マルクス＝レーニン主義哲学の基礎（中）』、川上洸、大谷孝雄訳、青木書店、一九七五年、二七九、二九〇頁）。「労働の二重性」に関する水準の高い研究書でも、生産力

は労働強度とともに労働生産性の虚偽概念として定義されている。このケースでは、生産力とはまさに「単位時間あたり生産される使用価値の量」を意味することになる（ビクトル・アファナーシエフほか、『위대한 발견：노동의 이중성론과 그 방법론적 역할（偉大な発見——労働の二重性論とその方法論的役割）』、박동철（パク・ドンチョル）訳、プルンサン、一九八九年、九四—九五頁［V. Afanasyev, A. Galchinsky, V. Lanstov, Karl Marx's Great Discovery: the Dual-nature-of-labour doctrine: its methodological role, Moscow, Progress Publishers, 1986, pp. 104-106.］）。

(9)「神は彼らを祝福して言われた。『産めよ、増えよ、地に満ちて地を従わせよ。海の魚、空の鳥、地の上を這う生き物をすべて支配せよ』」（『聖書 新共同訳』、創世記1:28、日本聖書協会、一九八七年）。

(10) ジョルジュ・バタイユ、『呪われた部分』、生田耕作訳、二見書房、一九七三年、二六—二七頁）〔訳注：韓国語訳にしたがって économie générale を一般経済学とする。日本語訳では普遍経済学とされている。〕

(11) 同書、三〇頁。

(12) スピノザ、前掲書、（第一部定理二十九備考）、七三頁。

(13)〔訳注：二〇〇四年、ソウル大学獣医科大教授だった黄禹錫《ファンウソク》は、『サイエンス』誌に人体細胞を使って胚性幹細胞の培養に成功したことを発表し、一躍スター科学者となった。しかし翌年のテレビ報道番組『PD手帳』の調査を発端にして、データの捏造や卵子提供のずさんな手法などが明るみになり、学会や大学をはじめとする公的機関から追放された。二〇一六年現在、商業的に愛玩犬などのクローン生物を製造・販売する企業で活動しているという。〕

(14) これは人間の身体、人間の生命活動が科学者や製薬会社によって採取され、搾取される事態によってより明らかになる。ジョン・ムーア事件に対するカリフォルニア州最高裁判所の判決がそうした事例であろう。カリフォルニア大学病院の医師デイビッド・ゴールドは有毛細胞白血病に罹ったジョン・ムーアを治療中、特別な抗体をムーアの身体から発見し、本人に知らせないまま採取、培養し製薬会社に巨額で売却した。これを知ったムーアは告訴したが、米最高裁判所は、抗体がムーアの身体にあったとしても、それを商品として採取、加工する能力はムーアにないとして、医師側の所有権を認める判決を下した（ロディ・アンドルース、ドロシー・ネルキン、『人体市場』、野田亮、野田洋子訳、岩波書店、二〇〇二年、三七—四二頁）。判決によれば、ムーアは加工された材料（労働対象）であり、医者は加工した「生産者」であったのだ。抗体を実際に生産した人ではなく、それを採取し、加工した人を生産者と見なす、この呆れた判決は、奇妙なことに労働価値論の生産概念に符合するようだ。

（15）マルクス、『資本論』第一巻a、社会科学研究所監修、資本論翻訳委員会訳、新日本出版社、一九九七年、七三—七四頁。

（16）이진경（李珍景）、「생명과 공동체（生命と共同体）」、『미ー래의 맑스주의（未ー来のマルクス主義）』、グリーンビー、二〇〇六年。

（17）マルクス、エンゲルス、『ドイツ・イデオロギー』、廣松渉訳、小林昌人補訳、岩波書店、二〇〇二年、二五頁。

（18）同書、五一頁。

（19）同書、五一頁。

（20）同書、五三頁。

（21）同書、五四頁。

（22）同書、五四—五五頁。

（23）同書、五六頁。

（24）例えば、次のような部分は、動物と区別される存在として人間を定義するために生産という概念を使用していることを表している。「人間は、意識によって、……その他お望みのものによって、動物から区別されうる。人間自身は、自らの生活手段を生産し始めるや否や、自らを動物から区別し始める」（同書、二六頁）。

（25）ピョートル・クロポトキン、『相互扶助論』、大杉栄訳、現代思潮社、一九七一年。

（26）トム・ウェイクフォードはワールド・ワイド・ウェッブをもじって、ウッド・ワイド・ウェッブと呼ぶ（トム・ウェイクフォード、『共生という生き方』、遠藤圭子訳、丸善出版、二〇一二年、三五頁）。

（27）さらに、人間と機械、あるいは生命と機械の協働もこの定義に加えなければならない。人間と機械の協働が生産力の大きな飛躍をともなうことはよく知られている。この協働をこの機械の生産性に還元するブルジョアに対して、マルクスはそれが新しい集合的労働の生産力であると強調する。だが、機械と協働しなければ、その集合的労働力は成立しない。その点で、その生産力はまさに労働者と機械の協働が創出した生産力である。そして、より根本的に、人間でないものを道具と見なす人間中心主義の外に出るならば、「道具を使った活動」として定義される労働の概念（エンゲルス、「猿が人間になるについての労働の役割」『猿が人間になるについての労働の役割――他一〇篇』、大月書店編集部編、大月書店、一九六五年）そのものが、人間と道具の協働、人間と機械の協働であると言わねばならないのではないか。

（28）これは通常、「群集」と訳される。「生態学で群集（community）は、ある地帯に住んでいるあらゆる個体群を含む生物共同体（biotic community）であるという意味で使われる」（ユージン・オダム、『생태학（生態学）』、이도원（イ・ドウォン）訳、サイエンスブックス、二〇〇一年、四五頁［Eugene Odum, *Ecology: a bridge between science and society*, Sunderland, Mass.: Sinauer Associates, 1997, p. 30.］）。

（29）ピョートル・クロポトキン、『相互扶助論』、大杉栄訳、現代思潮社、一九七一年：マット・リドレー、『徳の起源――他人をおもいやる遺伝子』、岸由二監修、古川奈々子訳、翔泳社、二〇〇〇年。

（30）カール・マルクス、「賃労働と資本」、『賃労働と資本／賃金・価格・利潤』、森田成也訳、光文社、二〇一四年。

（31）バタイユ、前掲書、二三三頁。

（32）ユージン・オダム、前掲書、四五頁。（Eugene Odum, *op.cit.*, pp.88-89.）

（33）クレメンツは、植物群集と動物群集を一つに統合し、一種の「複合有機体」として「生物群集」ないし「生物群系」を定義する。そして、そうした有機体の動的な「遷移」を進化論的な観点で扱おうとした。スペンサーの目的論的な進化論の影響が色濃い、極相への遷移という考え方には違和感が残るが、生物を巨大な集合的身体として、動植物の混合体として捉えうるとしたことは示唆に富んでいる。ドナルド・オースター、『ネイチャーズ・エコノミー――エコロジー思想史』、中山茂、吉田忠、成定薫訳、リブロポート、一九八九年、二五八―二六四頁。

(34) ある特定のひとつの種が共同体の中で占める生態学的な地位は、このようにそれをとりまく外部、即ちそれと結合し構成される共同体に従って変わってくる。このことは、生態系もやはり、私たちの言う歴史唯物論、すなわち外部性の唯物論によって作動していることを表している。

(35) イボンヌ・バスキン、『生物多様性の意味――自然は生命をどう支えているのか』、藤倉良訳、ダイアモンド社、二〇〇一年、三二―三九頁。

(36) ユージン・オダム、前掲書、一一八頁。(Eugene Odum, *op.cit.*, p. 95.)

(37) 同書、二五二頁以下。(*Ibid.*, p. 214.)

(38) ジル・ドゥルーズ、フェリックス・ガタリ、『千のプラトー――資本主義と分裂症』、宇野邦一ほか訳、河出書房新社、一九九四年、一三章を参照。

(39) ピエール・クラストル、『폭력의 고고학（暴力の考古学）』、변지현（ビョン・ジヒョン）、이종영（イ・ジョンヨン）訳、ウルリョク、二〇〇二年、一八二―一八八頁（Pierre Clastres, *Recherches d'anthropologie politique*, Éditions du Seuil, pp. 129-134）；『国家に抗する社会』、渡辺公三訳、水声社、一九八七年、二四一―二四四頁；ドゥルーズ、ガタリ、前掲書、四八五―四八七頁。

(40) 李珍景、『未－来のマルクス主義』、グリーンビー、二〇〇六年、三六七―三七四頁。

(41) マルクス、エンゲルス、『ドイツ・イデオロギー』、廣松渉訳、小林昌人補訳、岩波書店、二〇〇二年、六六―六七頁。

(42) マルクスが資本論で引用したフーリエの表現。カール・マルクス、『資本論』第一巻b、社会科学研究所監修、

資本論翻訳委員会訳、新日本出版社、一九九七年、七三四頁。

(43) 以下を参照。メイワン・ホー、『遺伝子を操作する——ばら色の約束が悪夢に変わるとき』、小沢元彦訳、三交社、二〇〇〇年、ロリー・アンドルース、ドロシー・ネルキン、『人体市場』、野田亮、野田洋子訳、岩波書店、二〇〇二年。

(44) ちなみに、人間中心主義を批判する際のハイデガーもまた存在の意味を把握することのできる現存在の特権的な地位を放棄しない(ハイデガー、『「ヒューマニズム」について——パリのジャン・ボーフレに宛てた書簡』、渡邊二郎訳、筑摩書房、一九九七年、三八—三九頁及び五五—五六頁)。このことは、岩とトカゲ、そして人間の差異を素朴なほどに常識に頼って説明する初期のハイデガーはもちろんのこと(『形而上学の根本概念〔ハイデッガー全集二九/三〇巻〕』、川原栄峰、S・ミューラー訳、創文社、一九九八年、三一九—三二七頁)、生命が全うすることである一般的な生命体の死と、死の意味を知る人間の死の差異を強調し、四方界のなかで「死すべき者」たちの特権的な地位を強調する後期ハイデガーにおいても、さして違いはない(マルティン・ハイデガー、「사물(物)」、『강연과 논문(講演と論文)』、박찬국(パク・チャングク)訳、而學社、二〇〇八年、二三〇頁[Martin Heidegger, *Vorträge und Aufsätze*, Pfullingen, Günther Neske, 1954, p. 177.])。また、このような人間の特権化は、バタイユや、バタイユにもとづき「死」という出来事と存在の共同性を思考したナンシー(『無為の共同体』)、あるいは、ブランショ(『明かしえぬ共同体』)の場合にもさして違いはないように見える。

第四章

生命の抽象機械と具体性のコミューン主義

1．生産の一般性と抽象機械

先に私たちは生産の経済学と生命の自然学を比べながら、両者の間を横断することのできるやり方で生産概念の「一般化」を試みた。そこで示そうとしたことは、生命体が自らの生を持続するために遂行する活動と、人間が自らの生を持続するために遂行する活動の間に、あるいは自然の生産と人間の生産の間に、或る連続性があるということだった。しかし、その連続性とは、生命の生産と人間の生産の間に何らかの類似性が存在することを示す、類比的な観念ではない。また、それは両者の間に何らかの共通の本質を見出し普遍化する概念でもない。実のところ、人間と人間以外の生命の生産の間に類似性がないとは言えないが、類似性よりは差異の方がはるかに大きい。共通の部分があることも明らかだが、それに比べれば対立する特徴が目立つために、周知のごとく「人間の本質」が昔から強調されてきたのである。

より重要なことは、生産という活動が常に、人間と人間でないものの結合と〈協-業〉によって進行するということであり、生命の生産が経済的生産につながるという事実であり、経済的生産が生命の生産に介入するという事実である。このことは、こんにちその非常に目立った事例を提供する生命産業《バイオ》だけに限られない。農業における耕作のように、前近代的で「自然な」生産の場合にも、人間と自然、あるいは人間と人間でないものは、好むと好まざるとにかかわらず、ともに作業し生産しつつ生きていく。そうした〈ともに-生産すること〉には、単に良い意味の協調だけがあるのではなく、一方的に相手を変形させることも、食う食われるという関係もふくまれている。このような点で人間たちの生産と同じように、自然の生産も共同体の中でなされる。人間たちの数だけを数える共同体の観念から脱して見るならば、実のところ、すべての共同体は人間と人間でないものが〈つねにすでに〉混在している共同体であり、性質の異なった個体が、互いに縁りあって生きる共同体である。これは人間の意識的な活動や労働が関与しない生態的共同体の場合でも同じである。このような点で、人間学的な労働の観念を克服さえすれば、自然の生産と人間の生産の間には、膨大な連続性が存在することが容易に理解できるだろう。

生命の生産と人間の生産をひとつの連続性の中で扱うためには、両者を分ける壁を乗り越えることが出来ねばならないし、ヒューマニズム的な地平を超えて両者が出会い衝突し、作動する様相を捉えることが可能にならねばならない。じっさい、それはある種の「抽象化」を通じて可能なことである。そして、生産の概念を一般化する中で、そうした抽象化はすでに作動していたはずだ。しかし、生命の自然学と生産の経済学の間を自由に往来するには、単に共通点をまとめるに留まるような抽象化では不充分である。それは多少の変形を経れば、生命の自然学から生産の経済学へと、あるいは反対の方向へと境界を横断できる抽象機械でなければならない(1)。そこで、やはり変形を経ながら、様々な生産様式の抽象機械に変化できるものでなければならない。ここで共同体の概念が再び重要なものとして登場するのは、生命が〈つねにすでに〉共同体であり、生命の生産が〈つねにすでに〉共同体として生産するからであろう。逆に言えば、その抽象化が自然の共同体と人間の共同体の境界を横断して往来し、両者をひとつに括って扱うことのできる場を作りだしてくれるのである。

2．ふたつの抽象化

通常の意味で「抽象化」とは、ある対象の中で核心的なものだけを残して、他の比較的重要でないものを消去することである。事実、すべての個別的なものは皆、異なるのだ。ボルヘスがプリニウスを引用して言ったように、「世界のどこにも同じ木の葉はない」のである。しかし、各々異なる、それらをまとめて「木」というひとつの名前で呼び、ソクラテスと盧武鉉《ノムヒョン》（韓国の元大統領、任期二〇〇三年〜二〇〇八年）をまとめて「人間」というひとつの名前で呼ぶこと。こうしたことは、それら各々に共通するあるものだけを残して他のものを消去する抽象化によって可能になる。通常、このように個別の差異を消した後に残されたもののことを、各々のものを「木」や「人間」などと呼ばしめる「本質」という。個別者の間に存在する共通性の抽象、あるいは共通形式の抽象を通じて到達した、このような本質を「普遍性」ないし「普遍者」（普遍的なもの）と呼ぶ。このような点で共通形式の抽象は、普遍化の方法でもある。あるものを、それと本質を異にする他のものと区別せしめるものを抽出するこのような方法のことを「普遍的抽象化」と呼ぶことができるだろう。通常、哲学者が抽象化を論ずる時、それはこのような普遍性の抽象と結びついている。それは、共通的な本質、共通的な形式の抽象である。このような抽象化を通じて到達できる普遍性は、お互いの間に越えることのできない壁を作る。人間をして豚や木と異なるものにする或る共通の本質を越えて、豚や木が入ってくるならば、それはもはや人間の固有な本質ではないし、人間の普遍性と言えるものでもないだろう。それらの性質が本質の境界を横断し往来する場合、それらを括ることのできるより大きな範疇の本質、あるいは普遍性を探さなければならない。例えば、人間と豚は「動物」という普遍性に、人間と木は「生物」という普遍性を通じてのみ、ひとつに括ることができる。

しかし、相異なる諸個体をひとつに括るには、このような方法だけではない。逆に、境界を自由に越え往来できるものを変形によってひとつに括る方法がある。例えば、ユークリッド幾何学によれば、直線は曲線ではなく、円は楕円ではない。それらをひとつに括るとすれば、「線」というより抽象的で、普遍的な本質によらなければならない。反面、ケプラーは放物線のことを円の極限と呼ぶことで、円と楕円と放物線との間に連続性があることを発見した。例えば、円の中心を二つの点が重なったものだと見れば、それら二つの点のうち一つを横にずらせば、二つの焦点によって定義される楕円が作られる。その焦点を無限にずらしていけば、閉ざされない楕円、すなわち放物線が作られるのだ。したがって、円と楕円、そして放物線は、ある変形の方法によってひとつに括ることができる。これに加えてデザルグの射影幾何学は双曲線と直線までも、ひとつの変形方法によって括ることができることを示す。すなわち、光が作る円錐形の立体に、一枚の紙を差し入れることで出来る境界線は、この紙の角度を変えるに従って円から楕円、放物線、直線、双曲線へと連続的に変化する。このようにして、これらの五つの曲線を「円錐曲線」という、ひとつの名前で括ることができる。変形としての抽象の方法が全く違った形態の曲線をひとつに括るのだ。

このような抽象化はある共通の上位の普遍性を抽出することによるのではなく、変形を通じてなされたものだ。それは、同一の本質な本質の抽象とは異なり、同一性を打ち破る変形による抽象である。また、上位の普遍的本質を探していく抽象ではなく、普遍的本質の境界を乗り越え横断する抽象であるという点で、それは「横断的抽象」だと言えるだろう。射影幾何学はひとつに括られるものの間で、ある「共通性」を探すが（例えば、変換によっても曲線の連続／不連続は不変であるという性質）、それは普遍的な本質というよりは、そのように括られるものが共有している性質に過ぎない。それが共通性であるにしても、その共通性を通じてこれらがひとつに括られるのではない。変換によっても連続／不連続の不変性によってこれらの曲線を定義できないし、これはこれら以外の全ての連続的曲線（例えば、くねくねした自由曲線、あるいはコッホ曲線のようなフラクタル曲線）が共有する性質であるためである。

このような抽象の方法をより劇的でユーモラスに表現してみせたのはエティエンヌ・ジョフロワ・サンティレール（Étienne Geoffroy Saint-Hilaire）だった。彼は生命を維持するために遂行する機能的本質によって器官を分類し、その相同性によって、例えば人間の足と鳥の羽は運動器官、ワシの肺とヒラメのえらは呼吸器官に分類し、そうすることを通じて、種や属から綱、門、系などへと登っていく不変性の体系を樹立したキュヴィエに反し、変形によって境界を越え自由自在に往来できるやり方で諸動物をひとつに結び括る方法を提案した。例えば、哺乳類の腕の骨を枝分かれさせて拡大すれば、鳥類の翼になるように、脊椎動物の脊椎をゼロに近く少なくし、腕と脚が頭にくっつくようにすれば、タコのような頭足類に変えられるという点で、かれらはひとつに括ることができるというのだ(2)。綱や門の普遍性を根拠のない空想にしてしまうこのような抽象などは、キュヴィエの観点から見れば学問ではなく悪ふざけである。普遍的抽象では共通形式を抽出することで個別者を包括し上に登っていくのに対して、横断的抽象では変形を通じて具体的形態の差異を自由自在に往来する。それらがいかに異なるのかをこれはよく表している。これは「共通形式の抽象」と「脱形式化する抽象」の対比として表現することができるだろう(3)。

現代芸術の歴史はこのような横断的抽象化の方法を極限まで押し進める時、到達することになる地点をよく表している。例えば、マルセル・デュシャンがレディ・メイドを芸術作品だと美術館に持ち込んだ時、彼は大量生産された商品(レディ・メイド)と芸術品に共通の本質や普遍性を表現・指摘しようとしたのではなかった。逆に自転車の車輪であれ、小便器であれ、どのような既製品もしかるべく変形させれば、芸術品になるということを示したのだった。彼の方法は、芸術品と既製品をそれぞれ下位系統に分類したのちに、上位の普遍性によってひとつに括るのではなく、それら両方を横切る横断的な変形によってそれらをひとつに括るものだった。つまり、それは芸術の「普遍的な本質」だと想定されているものを瓦解させるやり方で二つのものをひとつに括るのだ。

このような発想は、しかるべき変形さえ加われば全てのものが芸術品になる潜在性を持っていることを示している。これは事実、芸術の別の領域で活発に展開されたものでもある。騒音を音楽に引き入れることで音楽的な音と騒音を隔てる普遍的本質の壁を瓦解させたルイジ・ルッソロ(Luigi Russolo)や、楽器でない物体の音を音楽に引き入れることによって、全ての音が出る物体は楽器になることを示したエドガー・ヴァレーズ(Edgard Varèse)、そして線路を走る汽車の音や回転ドアが回る音で作曲したピエール・シェフェール（Pierre Schaeffer）なども同様である。これらを通じて音楽的な音と騒音、楽器でない物の音と楽器の音は、音楽の平面の上でひとつに括られる。サイレンの音や汽車の音も若干の変形を経れば、音楽作品になるのだ。「四分三十三秒」でジョン・ケージは音のない沈黙さえも音楽的な音になりうることを示し、沈黙を含んだすべてが音楽という名の下にひとつに括られうることを示した。ナムジュン・パイク（白南準）はマース・カニンガムの舞踊とタクシーの動きが「舞踊」というひとつの名により括られることを示すことで、全ての動くもの、いや動かないものですら潜在的に舞踊であることを示したのだ(4)。

これらの芸術家たちがあらわしてくれたのは、変形の方法による横断的抽象化の極限は全てのものがひとつに括られる存在論的平面であるということである(5)。それは全ての音、全ての動き、あるいは全ての存在者が、あらゆる尺度や位階から解き放たれ、「ひとつに結び括られる」平面であり、互いに別のものに変形するにあたって、いかなる根本的な障害も壁もない「平面」であり、互いに他のいかなるものとも結合し新しいものに変形する平面である。したがって、その平面上のあらゆるものは平等である。全てのものはいかなる尺度とも無関係にそれぞれなりの意味と価値を持つのだ。すなわち、平等な存在論的位相を持つのだ。しかし、全てのものがそれぞれなりの意味を持つということは、各々になんらかの固定された意味や同一性があることを意味しない。あらゆるものそれぞれの隣接する諸項によって、そして、それぞれが結合し関係を結ぶそれらの近傍にあるものによって、違った意味を持つようになり、異なった別のものになるのだ。

このように全てのものを横断し、存在論的な平面の上でひとつに括ることを「平面化」と呼ぶことができる。それは横断的抽象化の極限である。しかし、再度強調しなければならないことは、「平面」に折り込まれたこのような平等性が、比較可能なかたちではなく、それぞれが異なるがままに、平等な位相を持つということであり、ある共通の尺度を持たないということである。しかし、これは様々な存在者を「存在」という普遍的本質――これは本質になりえないと、すでにハイデガーが繰り返し指摘したものである――や、共通性によって結び括る、そのようなものではない。なぜなら、音楽と非音楽が「音楽」という名によって、ひとつに括られるのであり、美術と商品が混ぜ合わされ「芸術」という名によって、ひとつに括られるからである。これは相反する本質を持った諸物を横断し、括り、連結し、変形させる抽象化である。

「存在論的平面化」と呼ぶことのできる、このような抽象化によって私たちが到達するのは、すべての音をひとつに括ることを可能にする「一般化された」音楽の平面であり、すべてのものを作品として括る「一般化された」芸術の平面であり、すべての動作と非動作を舞踊として括る「一般化された」舞踊の平面である。あまたの要素が、いかなる壁や深淵もなしに、自由自在に往来し出会い交錯し離脱することによって括られる、この平面のことを、私たちは「一般性」と呼ぶことができる。この場合の一般性とは、全てのものに共通するものとしての普遍性や、ある固有の本質を通じた一般化（普遍化）とは違い、そのような普遍性を横断し、固有な本質をなくす方式で到達する一般性である。共通性や共通形式の抽出を通じて到達するのではなく、それを脱形式化する方式で到達する一般性である。それは横断可能性ないし変換を通じて到達する最大値の幅を意味し、超えることのできないいかなる本質もないため、すぐさま再び横断される境界線である。このような一般化は特定の本質の特権化に反対し、そうした特権を無力化するものなのだ。

抽象化は、このような変換と横断を実際に作動させるという点において、実際に特定の効果を産出する。それは、単に思惟の「属性」を持つ層位に限られない。抽象化は、思惟を通じて作動するプロセスであるのみならず、身体の「属性」を持つ層位でも同じように作動する。音楽的な音の抽象化は、一方では音楽的観念に対する抽象化を意味するが、同時に物理的な波動としての音の実質的で物理的な変形をも意味する。レディ・メイドを使った美術作品は、美術の観念を変えるだけでなく、作品として売り買いできる、ある物理的なボディを備えた「物」である。この場合、抽象化とはこの「物」を実際に変形させる実際的な作用である。マース・カニンガムの舞踊も、タクシーの「舞踊」も、観念の抽象化だけでなく、身体的な抽象化をともなう。さらに付け加えるならば、マルクスが『資本論』で述べた「抽象的労働」とは全ての具体的形態を離れた一般化された労働であるが、その成立のためには労働という身体の作動が抽象化されなければならなかったのだ(6)。

このような点で、抽象化はそれ自体で変形の実質的な力と方向を持つ。この抽象化の力と方向を示すこと、それは一つの図表(diagram)に過ぎないが、その図表は、身体的な層位と非身体的な層位の両方において、「物理的」で「機械的」な変形の様相を表示する。それは形式や本質、あるいは法則に抽象化されるのではなく、それらのものを瓦解させていくものである。そのために、抽象的に作動する力と方向のみを示すことができる、ただそれだけの図表である。このように「物理的」で「機械的」な変形の力を示す図表のことを、ドゥルーズ/ガタリにしたがって「抽象機械」と名づけようと思う。

3. マルクス主義における抽象の概念

マルクスは『政治経済学批判要綱』の冒頭で、抽象の概念について言及している。そこで明示的に提示されている抽象の概念は脱形式化する抽象であるというよりは、共通性の抽象に属する。抽象について、マルクスは「共通なものを際立たせ、確定し、したがってまたわれわれから反復の労を省いてくれるかぎりでは、一つの合理的な抽象である」と理解する(7)。しかし、彼がたとえば「生産一般」という抽象的概念について実質的に論ずる時には、「農業、牧畜、製造工業など……特殊的な生産」を自由自在に往来する概念でなければならないことを指摘するに止まっている(8)。これには共通する本質を通じて「上向し」往来するやり方もあるだろうし、それなしに往来するやり方もあるだろう。しかし、マルクスはその生産全てに共通する本質のようなものについて語らなかった。この場合の生産一般とは、相異なる形態の生産を自由に往来し、ひとつに括ることのできる抽象的概念に近づくのだ。しかし、これではまだ曖昧である。

マルクスは続いて「総論」という美名のもとに「すべての生産の一般的諸条件」を提示し、それがまるで全ての生産の共通した本質であるかのように叙述を始めるという経済学の流行を批判する。その総論を構成する内容は、生産のためになくてならない諸条件、すなわち「生産の本質的諸契機」、そして生産を促進する諸条件や、それに従った生産発展の相異なる程度、すなわち具体的な条件にしたがって異なった結果に帰着する生産の様相であると指摘する(9)。このような場合として、マルクスが言及する事例は、ジョン・スチュアート・ミルの著書『政治経済学の原理とその社会哲学への幾つかの適用』(The Principle of Political Economy with Some of their Applications to Social Philosophy)である。いわば、「生産」という「一般的」範疇を皆に説明し、それを原理として、あれこれの領域に適用すること。つまりそれは、「法則」という共通の本質を普遍的な抽象概念の位に据え、その「適用」によって具体的なことを説明するのだが、これは通常の方法だと言える。

それは、単に経済学者自身が慣れ親しんでいるがために自明のものであると仮定した、特定の生産形態を「一般化」（普遍化！）しただけの、お決まりのものである。そのはてに、生産一般の観念の座に居座るのが、例えばロビンソン・クルーソーをモデルにした経済の観念や、財貨の希少性、あるいは交換および価値、または利己的個人ないしホモ・エコノミクスなどの観念である。事実上、ブルジョア経済をモデルにしている生産の観念や、そうした特定の生産の形態が「一般的原理」の位《くらい》につき、すべての社会に普遍的な原理の座を占めるようになるのだ。その結果、そのような原理は全ての社会に共通の法則、「歴史と無関係な永遠の自然法則」となり、「ブルジョア的諸関係が、社会一般のくつがえすことのできない自然法則として、まったくこっそりとおしこまれる」(10)。このような批判は、マルクスの他の書でも、頻繁に見られるものだ。

抽象が、例えば「生産一般」なる抽象が、まともな抽象ならば、具体的な生産形態から完全に脱却しなければならない。自らが慣れ親しんでいるために、どこにでも共通のものだとして、共通性の形態として抽象概念に入れてしまうことは、自らが当然視している生産の概念を、条件の異なる全てのものに共通のある要素や本質として誤認することを意味する。共通性の抽象は、それがある特定の形式や本質としての抽象である限り、このような難点を避けるのは困難である。

このような批判は、共通の法則として抽象することの危険を知らせるのに充分なものであった。『要綱』のこの部分が、生産に対する抽象的概念を扱おうとしながらも、実際には明快に進む道を見つけ素早く進んでいくというよりは、同じ場所で堂々巡りをしている感を与えるのは（実際に『資本論』では、マルクスはこの部分を放棄している）、このような難点と無関係ではないと言うべきではないか。抽象とは「共通性の抽象」だと思いながらも、ブルジョア経済学の諸「総論」の中でそのようにした場合に発生する諸難点をマルクスは感知し、そのまま進まず別の出口を見つけようとしていたのではないか。そのゆえに、生産一般という抽象的な概念について、マルクスが単にあれこれの特定の生産を超えてひとつに括るところで止まっていることを、私たちは積極的に評価する必要があるのではないか。

このためらいの中で、マルクスは消費、交換、分配などの諸概念と生産の概念の関係を検討する方向へと、生産概念の抽象的な検討を進めていく。抽象的な水準では、生産が消費であるのと同じように、消費も生産である——生産はまた分配でもあるが、同じように分配もまた生産である——交換もまた同様である。このように、生産、分配、交換、消費がみな互いに連結し、ひとつの全体を形成するということである。この場合、生産は「自己を包括しているとともに、また他の諸契機をも包括している」ということであり、その反面、「交換と消費とが包括者でありえ」ず、分配もまた同様であるという結論を引き出す(11)。すなわち、生産は、生産物の生産という概念を超えて、分配の生産、交換の生産、消費の生産という「一般性」を獲得するということである。

生産概念の持つこの一般性は、このような点で生産と分配、交換、消費の間を自由に往来する抽象的な一般性である。ここでもマルクスは生産のある共通の本質を語るのではなく、生産、交換、分配、消費の間を自由に往来し、それらをひとつに括る概念として、作動させているのだ。ここで私たちは、横断的抽象化の実質的な作動を目の当たりにする。しかし、ここでマルクスがひとつ付け加えるのは、生産がそれらすべてをひとつにまとめる包括的概念であるだけでなく、「一定の生産は、一定の消費、分配、交換を規定し、またこれらのさまざまな諸契機相互間の一定の諸関係を規定する」という点である(12)。これは生産の「一般性」とともに、生産という契機を研究の出発点にしなければならない理由を与える。

ならば、あらゆる歴史的形態から離れて、どのように生産の抽象的概念を構成できるだろうか。何よりもまず思い浮かぶ方法は、あらゆる歴史的形態と無関係に生産が進行するためには、必ずなくてはならないある不変の諸要素を見つけることだ[13]。そして、そうした諸要素の関係を通じて「具体への上向」を図るのだ。すなわち、具体的な生産様式の概念を歴史的に構成するのだ。例をあげれば、バリバールが「生産様式の一般理論」を構想するなかで、『資本論』において全ての生産様式に共通の「形態分析の不変要素」を抽出したことが、代表的なものであろう。彼は労働者、生産手段（労働対象、労働手段）、非労働者という三つの項と所有の連関（relation de propriété）と領有（appropriation）の連関（relation d'appropriation）という不変の要素を抽出する[14]。そして、この二つの連関の中で、三つの項がどのように組み合わされるのかに従って、様々な具体的生産様式、あるいは存在したことのない生産様式までもが構成されるのだという。レヴィ=ストロースの影響が強く感じられるこのような方法を通じて、生産様式の理論としての歴史科学が定義される。

テーケイ（Tökei Ferenc）が生産の基本要素を抽出し、それを通じて「社会構成体」の五つの形態を構成するのもやはり、このような脈絡でのことだろう。ハンガリーの中国学者である彼はバリバールとは異なり、『ドイツ・イデオロギー』と『政治経済学批判要綱』に典拠し、全ての生産様式に共通の要素を抽出した。個人、共同組織、生産手段がそれである[15]。そして、この三つの項を、「生産条件の所有者と直接生産者の関係、すなわち所有と労働の関係」を通じて連結することで[16]、生産様式あるいは社会構成体の諸形態を区別し定義する。さらに、労働と所有の一致と分離の様相を通じて、五種類の社会構成体（あるいは生産様式）の間に歴史的な利害の様相を規定する。

このような分析は、非常に独創的で興味深いものだが、ここで使用されている抽象化の方法は、不変的で共通的な諸要素を抽出する、共通性の抽象であるという点で、普遍性の抽象という方法に属する。しかし、彼らが抽出した不変の諸要素は、果たして歴史的形態と無関係なものだと言えるだろうか。すなわち、十分に歴史から抽象されたものだと言うことができるだろうか。

テーケイが思いえがくように、個人や共同組織そして生活手段が、歴史的形態と無関係な共通の要素であるとするのは難しいだろう。なぜなら、生産者として関与する、ある人間を個人単位で分節し、捉えることが、個人を通じて世界を見る近代的思惟と無関係には見えないからだ。もちろん、そのように分離された個人を共同組織と労働と所有の関係の中で連結させるが、共同体が個人を独立的な存在として認めない場合——これは近代以前の数多くの共同体において、よく発見される事例であるが——その場合、個人と言う範疇自体を設定すること自体がすでに間違っているというべきではないか。生産手段もまたそうである。近代以前の多くの共同体で共同組織は共有地を前提としながら、それを自らの中に含める。したがって、共同組織と個人、あるいは共同組織と生産手段を区別し、不変の項であると設定することは、資本主義以前の関係を把握するのに、資本主義的な関係——彼が労働と所有の関係において「個人」が自立性を獲得してゆく過程の帰着点であると見なす——が〈つねにすでに〉投影されていることを意味するのではないか。

それとともに、テーケイの方法論が非常に「人間中心的」であるという点を、指摘しなければならない。これはテーケイが設定した「個人」という要素が直感的に把握される個体としての個人であるという点に暗に含まれているだけではない。それは、テーケイが具体的な生産様式の形態を定義するなかで、個人が生産手段を通じて共同組織に関与する様相、あるいは個人が共同組織を媒介に生産手段に関与する様相のみを観るという点に、より明白に表れている。すなわち、関係を表示する全ての矢印は個人を出発点にしている(17)。しかし、なぜ共同体や生産手段を出発点とする関係は考えられないのだろうか。実際に、近代以前には共同体が個人を規定することが一般的であったにもかかわらず、である。さらに付け加えるならば、もしかしたら生産手段を出発点にする生産様式を考えられないだろうか。

バリバールが抽出した不変の諸要素である、労働者、生産手段、非労働者もまた、共通性の抽象という方法に含まれたこのような難点を避けがたいだろう。一旦、このような要素が人間の境界を超えて生産の概念を扱うことができないという点は、彼にそのような考えがまったくなかったためにひとまず横に置いておかなければならないようだ。まず、労働者と非労働者の区別は、すでに非労働者による労働の領有という搾取関係を前提としたものである。これらはテーケイのように共同体の中での生産に注目するのであれば、不変の要素であると受け入れることのできないものだろう。実際に、近代以前の共同体的な生産において労働者と非労働者を区別するのは決して容易ではないだろう。家父長的生産において、家長は労働者だろうか、非労働者だろうか。アジア的形態において、下級共同体の長は非労働者だろうか労働者だろうか。これを区別すること自体が既に歴史的生産形態に属する具体的な問題なのだ。したがって、労働者と非労働者をあらかじめ区別し、形態分析の不変要素に設定することは、既にそのような区別が確固としているある生産形態を自明のものであると仮定していることになる。

労働者と生産手段の区別もまた同様である。奴隷制的生産様式において、「話すことのできる道具」と見なされる奴隷は、労働者なのだろうか、それとも生産手段なのだろうか。奴隷が生産手段であれば、奴隷制生産様式における「労働者」とは一体、誰だろうか。奴隷が生産手段たり得ないと考えるのは、人間なるものを道具ではなく目的と見做すべきだという近代の人間学的通念と無関係ではないだろう。したがって、労働者と人間を条件反射的に対応させるのは、そうした近代的な人間の観念の投影であると言わねばならないようだ。「理論的なアンチ・ヒューマニズム」の旗印を掲げたアルチュセールとともに活動したにもかかわらず、バリバールもまた、方法論的なヒューマニズムによって囚われており、したがって理論的なヒューマニズムからも自由でなかったようだ。

その一方で、先に言及したジョン・ムーアの場合のように、人間の身体が加工の対象になる生命産業《バイオ》の場合、人間の身体は「労働対象」になったというべきである。これもまた、人間と道具という対概念を、暗黙のうちに労働者と生産手段という区別と同一視することが、いかに不適切かを示す一例であろう。要するに、労働者と生産手段、労働者と非労働者を区別すること自体が、いやそのような範疇を設定すること自体が実はすでに生産の歴史的形態に属するのだ。それらの諸要素は、形態分析のための不変な要素ではなく、歴史的形態にしたがって変わっていく可変要素なのだ。したがって、それらもまた歴史的形態から充分に抽象化された抽象的概念だとは言えない。これでは、マルクスが指摘したように、特定の形態を一般的なもの、不変のものとして仮定してしまう危険を避けることは難しい。

もう一つ指摘すべきことは、このような諸要素とそれらを結合する「連関」(所有の連関と領有の連関、あるいは労働と所有の関係)が、「点的なもの」であるということである。彼らにとって生産様式なるものは、所有および領有の連関による不変な諸要素の結合形態、あるいは労働と所有の関係の中で個人と共同組織、生産手段の結合形態なのである。例えば、テーケイの描く図表の数々において、線で表示される労働と所有の諸関係は、点で表示される諸項の間をつなぐ。すなわち、点から発し点に至るという点で点的であるのだ。社会関係や生産様式が安定的に再生産されているように見える時ですら、実は幾つもの変形の諸ベクトルが作動し形成する過程の中にある。このことを考慮するならば、点的なものを流れや過程という線的なものの中で捉え扱う「線的な」抽象化が必要ではないか。

歴史的形態から完全に抽象するには、歴史の共通要素を探すよりも、むしろ歴史以前に遡る方が良いのではないか。歴史的形態の生産と歴史以前の生産を横断し、それらをひとつに括ることを可能にする地点へと進まなければならないのではないか。歴史以前の生産、それはこのような点で、「起源以前の起源」であろう。それは、歴史に属しないものであるという点で、「歴史以前」であるが、より正確に言えば歴史の「外部」だと言わねばならない。歴史に属するものと歴史に属さないものの間を自由に往来し、ひとつに括る、そうした横断的抽象化が必要ではないだろうか。

4．歴史以前の生産

歴史に問いかけるマルクス／エンゲルスは歴史の外部、歴史以前の歴史へと遡る。『ドイツ・イデオロギー』において、それは歴史が歴史以前のものから分岐する地点を問うことである。「歴史の前提」について質問を投げかけるやり方で彼はそれを追跡している。ここでの歴史とは、相異なる諸社会形態が出現してはとって代わられる過程であるという、通常の意味のものである。歴史を把握するということは、相異なる形態の諸社会が、どのように区別されるか、それぞれいかなる方式で作動し存続するのかを把握するということである。それは、多様な諸社会をひとつに括ることを可能にする形態的本質を探し出すことであり、そうすることで他の種類の社会と区別するのであり、そのような諸社会の作動様相を時間軸にしたがって配列するのである。したがって、諸社会形態あるいは「分業の多様な諸発展段階」の区別をするために、例えば所有形態の違いに注目することは非常に自然なことである(18)。

しかしながら、それ以前に、歴史の「前提」を問うという点に再び注目する必要がある。なぜなら、歴史の前提を問うということは、歴史以前を問うことである。また、それは歴史的起源にさえ先行する条件を、歴史的起源以前を問うことであるからだ。歴史の前提、それは歴史の起源よりも先行することであり、したがって歴史の起源以前の出発点である。マルクス／エンゲルスは、自らが投げかけたこの質問に明確に答える。すべての歴史の前提、それは「生きた人間諸個人の生存(Existenz)」である(19)。生存のために生存手段を求める活動が、その歴史の前提に属する活動である。決して人間に限られたものではない、こうした活動のことをマルクス／エンゲルスは「生産」と名付けている。それは二重の意味で生産である。一方では生存手段を探し出すことであり、もう一方では生存手段を消費することで、自らの生存および身体的生命を生産することである。

このような生産は人間だけに固有なものではない。これは人間の歴史が始まる以前からのことであるという意味で、人間をも含んだ「自然」に属する生産である。人間の生産と人間でないものの生産をひとつに括ることを可能にする、そのような生産である。人間の生産と自然の生産、経済学的生産と自然学的生産を自由に往来することを可能にする生産である。歴史以前の生産や生産概念が、全ての歴史的形態から抽象化されねばならない地点はここであろう。それは、労働者もいなければ、非労働者もいない生産であり、生産手段が存在するかどうかも不確かな生産である。つまり、労働者や非労働者、生産手段といった諸要素が区別されて存在する、それ以前の生産である。このような生産は、実際のところ生存手段の消費である。ところが、すでに見たようにマルクス／エンゲルスはこれを生産という包括的概念で把握する。そのような消費さえ、実は生存の維持を可能にする力とエネルギーの生産であり、したがって生命の生産だと言わねばならない。

人間の生存、それは歴史の中に存在する全ての諸社会が作られる目的である。「『歴史を創る』ことができるためには、人間たちが生活できていなければばならない」のだ(20)。生命を維持するためには、人間は物質的な生存条件を生産しなければならない。生存と結びついた欲求を充たす手段を生産すること、それが「最初の歴史的行為」である。なぜなら、それは生命の維持という、起源以前の起源、全ての活動の直接の目的であるが、同時にそうした物質的な手段の生産は、必然的に、なんらかの社会的関係や社会的形態をともなうことになっているからだ。それは歴史へと進んでいくなかで越えるべき閾《しきい》なのだ。

生命を維持するための、もうひとつの契機は生殖ないし繁殖である。「自らの生を日々更新する人間たちが他の人間たちを作り始める、つまり繁殖を始めるということ」である(21)。これもまた社会形態以前の生物学的個体としての人間の行為であるという点で、歴史以前に属する。やはりこれも人間だけに属するものではない。それは「自然」に属する。また、それは、非労働者はもちろん生産手段も、労働者もない生産である。しかし、人間の生殖ないし繁殖は、特定の家族関係のなかで、つまり「はじめの唯一な社会的関係」のなかで成立するため、やはり歴史に属する。これもまた「最初の歴史的行為」なのだ。

このような点で、歴史以前の「起源」に折りこまれた生産と生殖という二つの契機が歴史の出発点(「起源」)を形成すると言えるだろう。それは歴史以前の起源であると同時に歴史の起源である。労働の中で自らの生命/生(Leben)を生産すること。それがまさに「生の生産」である(22)。これが全ての生産に共通するある普遍の要素や元素のようなものではないということに多くの言葉を割く必要はないだろう。だからと言って、全ての生産に共通する何らかの普遍的本質でもない。それは、ただ「所与」として、与えられた事実であるに過ぎない。それは生産の具体的な諸様相が展開され、分化される以前の生産そのものである。生産の本質とは、この「与えられた」事実が、条件に従って「どのように生産されるのか」に従って規定されるものだ。本質とは、このように歴史の中で規定されるものであり、歴史の変化に従って、やはり変化するものなのだ。それは、例えば斧という事物が、そうして「与えられた」物が、どのような関係の中でどのように使用されるかに従って、道具にもなり、武器にもなり、資本にもなり、そうするなかで、その本質を変えることと同じことなのである。マルクス/エンゲルスが本性を問うとき、それが「何であるか」ではなく、「どのように」を問うように質問の仕方を変えたのはこのような理由によるものであった(23)。

歴史の中で繰り広げられる生産の様相、すなわち生産様式(mode of production)とは、この抽象的生産が条件にしたがって変形する様相、変形する様態(mode)である。このような意味で生命の生産は歴史的変形のための質料だと言っても良いだろう。生活手段の生産と生殖の生産という二つの契機はいずれも、生命が生産という質料を、その時ごとの条件に従って加工、変形させることで作られる生産の諸様態として繰り広げられるのである。生産様式の質料的な「起源」もまた、起源以前の起源である。おそらく、ドゥルーズ／ガタリならば、このような「起源」について躊躇することなく「器官なき身体」という言葉を使ったであろう(24)。生産の器官なき身体、それは生産の具体的な様相として繰り広げられ、分化される以前の未分化の状態であり、すべての器官の分化が拠って立つ質料的「起源」である。

生命の生産というこの質料的「起源」を通じて、私たちは経済学的生産と自然科学的生産を分かつ壁を乗り越えることができるのだ。そして、「一般化された」生産の概念を通じて、一方では細胞以下のミクロの層位に潜り込み、他方では生態学的群体までをも変形させ破壊している資本の生産と搾取の問題を扱うことができるだろう。また、生産が常に生命の生産であることを想起することで、資本の生産が単に生産の結果物を搾取するのみならず、生命の生産自体を変形させ破壊する様相について思考し、そこから脱出するために闘争し進みゆく方向を概念化することができるのだ。そして、このような生命の生産がそれ自体で〈つねにすでに〉分割可能な諸要素の集合体であり、共同体である生命の概念と結びついていることに注目するならば、このような生産の抽象機械が共同体やコミューンの問題を、一般化された生産の概念の元で扱うことができることを知覚できるだろう。

さらに付け加えるならば、生命の生産という抽象機械を通じて生産の問題を、生産様式という具体的な歴史を把握しようとするこのような立場は、最も分化が進んだものを通じて、分化の進んでいないもの、未分化なものを把握しようという抽象化の方法とは反対のものである。最も分化が進んだものをモデルにして、未分化のものや分化の進んでいないものを把握しようとする抽象方式は、必然的に最も分化したもののある要素を尺度にして他のものを認識することになる。この抽象方式では、かつて存在したものに自らが見慣れた現在のものを重ねて見ることを避けられないだけでなく、分化したものを完全態とみなし他のものを未完全なものとみなす。また、その類似性の程度にしたがって、未開と発展というヒエラルキーを付与する。つまり、このやり方は、そのような危険を当初から抱えることになるのだ。さらに、尺度とするものを、より分化の進んでいないものの未来とすることで、未分化のものに存在する潜在性を削除する危険も内包することになる。

このような理由で、人間の解剖学がサルや他の動物の解剖学を可能にするという、明らかに十九世紀の生物学と進化論に源を発したマルクスの言葉は、訂正されるべきである。資本主義の社会の解剖学が以前の社会の解剖学を可能にするという言葉もまた同様である(25)。なぜなら、そうした言葉には、猿や動物に対して特権的に人間を〈つねにすでに〉尺度化し、すべての社会構成体に対して資本主義の社会構成体を特権化する危険が避けがたく宿っているからである。キュヴィエの比較解剖学や、十九世紀の進化論から派生する通念に反して、最も分化されたものではなく最も未分化なものを通じて、すべての分化以前のものを通じて、分化されたものを分析しなくてはならないのだ(人類学が「原始社会」の分析を通じて現代社会を理解しようとすることは、このような脈絡で理解できるだろう)。これらの理由から、そして、マルクスの限界にもかかわらず、私は次のように信じるのだ。「生命の生産」というマルクスの抽象機械――すべての個体が〈つねにすでに〉共同体であり、したがって共同体として生命を生産しなければならないということを出発点とする生命の抽象機械――が、生命の生産や共同体の生産のみならず、資本主義的生産から生命工学の経済学に至るまでを横断できる、解剖学的な抽象機械を提供してくれるのだ、と。

5. 生命の抽象機械

先に述べたように、マルクスは歴史の外へと抽象化を推し進めた。起源以前の起源、それは人間の生存であり、その生存のための生産と生殖であった。生存のための生産と生殖、これは生命体が自らの生命を維持するために必要なものを取得し（物質的な生産）、生殖をするという点で、「生命の生産」として要約できる。しかし、このような意味で、生命の生産は単に人間だけに固有のものではない。生命を持つすべてのものが、そうなのである。

しかし、マルクスはここで生産によって、人間と他の動物を区別する。「人間自身は、自らの生産手段を生産し始めるや否や、自らを動物から区別し始める」(26)。しかし、本当に生産手段の生産は、人間の動物からの区別を可能にする弁別的基準たりうるだろうか。このような思考が不適切であることは、マルクスが接することのできなかった、動物行動学によって数多くの事例とともに示されている。例えば、アリはアブラムシを育てる「農場」を作る。作為的に育てるのではないとしても、すべての動物は生存の持続のために自らの食べ物を生産しなければならない。狩りをするにせよ、食用の植物を探すにせよ。餌を口にくわえて運んだのちに貯蔵するにせよ、あるいはアリのように何かを育てるにせよ。こうしたことは人間の行動と全く違わない。また、生産することが動くことと同じであると見なすことの不当性を認めるのなら、二酸化炭素と日光によってエネルギーを作り出す植物の光合成もまた、生産であると言うべきである。植物でも動物でもないバクテリアや微生物全般もやはり同様である。

このような点で人間と動物を区別する人間学的通念は、生産の抽象機械が本格的に作動し始める出発点ではない。むしろ、それはかつて乗り越えた境界の内側に自分からすすんで閉じ込められ無能になってしまう地点だと言えるだろう。生命の生産は文字通り、生命あるもの全てをひとつに括ることのできる方向へと進まなければならない。人間の労働、人間の生産という観念を超えて、生命体の生産あるいは生命の維持そのものを生産という一般的な概念によって扱うことのできる方向へと進まなければならない。それは諸生命体の活動の全て、諸生命体の自らの生存を維持するための生産として「一般化」されなければならない。生命の生産の、もう一つの契機である生殖はいうに及ばない。近代社会においての異性愛がそうであるように、通念のなかで特権化されている有性生殖という観念に縛られさえしなければ、個体の生命を自らの子孫を通じて持続しようとする活動は、すべての生命体に「共通の」ものである。したがって生命の生産という「歴史の前提」は、起源以前の起源である「質料」としてすべての生命体に同等に適用されなければならない。生産の平面は、すべての生命体に開かれていなければならない。

ところで、このような生産は自らの身体を維持するために、別の隣接した身体を直接、あるいは加工して摂取し、利用することである。「第一に確定されるべき構成要件は、それゆえ、これら諸個人の身体組織と、それによって与えられる身体以外の自然に対する関係である(27)」。すなわち、個人は自らの身体をとり囲む、自ら以外の(übrigen)自然——しばしば「環境」と呼ばれる隣接した諸身体の集合——との関係の中で自らの生命を生産する。この場合、生産するということは、感情を排して言うならば、隣接した生命体を「消費/摂取」し、自己化(領有 Aneignung, appropriation)することである。あるいは、様々な共生体の場合のように、互いに必要なものを「交換」することである。顕花植物が自らの生殖のために周囲の諸動物に必要なものを分けあたえることには、「分配」という言葉を使うことが出来るだろう。生産だけでなく、消費や交換、分配も、やはり人間の経済を超え、こうして一般化することができる。ならば、生命の生産とは、このような生産、消費、交換、分配全てを包括する過程だとも言えるだろう。

また、生態学が明確にしたように、食物連鎖の食う食われるという「生産」の連鎖であれ、動物と植物のように互いの分泌物を受け取り分かち合う関係であれ、こうした生産の連鎖はひとつの循環系を形成する。すなわち、生命のために摂り摂られる連鎖は、ひとつの円環を成し循環する。そして、このように循環系を形成する場合、実際には自ら以外の自然を消費することを意味する生命の生産が、限定性の壁を越えるようになる。食い食われる生命体の連鎖全体という観点、すなわち循環系という観点から見れば、それぞれの生命体はその循環系という大きな連鎖の中のひとつの「環《リング》」を成すに過ぎない。そして、その「生産」は巨大な循環の一部に過ぎない。いや、循環系の全体であると言わねばならない。つまり、生産とは循環の中にある無数の「環」であり、循環とはそうした生産の「環」の集合である。広い意味での生産が消費、交換、分配を包括するように、循環はこのような生産すべてを包括する。

このような循環系の中で生産は行われるために、有限性の障壁すなわち熱力学的な死という宿命を避けることができる。すなわち、生命体の消費に覆いかぶさって来る有限性の審判を、循環系を通じて構成される非平衡的恒常性が際限なく延期するのだ。マンフレート・アイゲンは、ループを形成する触媒の循環系によって、「循環系」自体がこのような審判を無限に延期する力を持っていることを示した。それは新しいエネルギーの飛躍的な創発を生産する。これはシュレーディンガーの生物に対する見方とは異なるものである。エントロピーの増加に逆らうことによって、自らを維持すること。それが生命の本質であると、シュレーディンガーは定義した（これを彼は負のエントロピーという意味で「ネゲントロピー」と名付ける）(28)。そして、そのような生物の身体内の局地的な減少が環境の全体的なエントロピーの増加を引き起こすため、結局はエントロピーの増加につながるのだと彼は考えた。それに反して、循環系の生産は局地的にエントロピーの減少を引き起こし、新しいエネルギーを生産する（この場合の「生産」は生産一般ではなく、循環系による「特殊な」生産である）。

熱力学的な平衡、すなわち熱的な死に反し「ネゲントロピー」を創造し、創発するものが生命であるというシュレーディンガーの命題を、循環系としての生命についてのアイゲンの概念と結合させれば、生命とは循環系を形成しネゲントロピーを創造するひとつの系だと言うことができるだろう。生命とはこのように複数の〈下位－個体〉たちが集まり、構成される集合的な循環系なのだ。循環系を形成する形で個体化された共同体、それが生命なのだ。生存とはこのような循環系の持続、非平衡的恒常性（homeostasis）の持続を意味する。これは有機体のような生命についてだけでなく、有機体以下の〈衆－生〉的生命体についても、また、有機体以上の集合的共同体についても同じように言える。言い換えれば、循環系を構成する集合的な諸要素の共同体、それが生命体なのだ。

したがって、私たちは生命の生産を二つの層位で定義することができる。一つはマルクスの命題から導き出したもので、それ自体で集合的共同体であるひとつの個体が自ら以外の、すなわち自らの外部の何かに作用し自らの生存のために利用出来る対象へと変換（加工）し、領有（自己化）するものである。もう一つは、そのような共同体内部に作られた循環系を通じて共同体を構成する〈下位－個体〉たちが直接的には隣接した下位個体を加工し領有するやり方で生産することが、ひとつの循環系を形成し、そこで得られる「循環の利得」をプラスサム（plus sum）に変えるのだ。このような循環がプラスサムであるのは、その共同体の外部（環境）から何かが流入するからでもあるが、より根本的なのは、そのような循環系自体が生産する新しいエネルギーの創発によるものだということである。共同体の中での、〈下位－個体〉たちの「生産」が相互間の敵対的生産に帰着しないのは、このような循環の利得によって、必ずしも隣接した個体を解体せずとも利用／消費できるからである。このような諸個体の二つの生産は一定の相同性を持っているが、それは循環を通じて結合、交換、分配される。しかし、このような循環系は決して閉じられた閉鎖系をなすのではない。なぜなら、環境からのエネルギーの流入、あるいは隣接した対象の領有という外部からの流入が恒常的に進行しているからであり、それなしに生命を持続することは難しいからである。

ひとつの個体へと個体化する循環の流れ、あるいは共同体内部の諸要素を通過する「生産」の流れを表示する円環のベクトルは共同体の経済、個体化の経済を表したものでもある。これを便宜上、共同体(Gemeinde, G)から発し、その共同体に回帰する矢印で表すことができるだろう。それは循環の利得が生産される循環系の流れを表示するものだと言ってもよいだろう。また、そうして生産されるものが直接的に消費される回路を表示するのだと言うべきだろう。これが生命の生産全体だとは言えないだろうが、その最小値であり、かつ最も中心的な回路であるということは明らかなようだ。他方で、そのような共同体が、それ自体以外の外部(「環境」)を変化させ領有するベクトルを、空白へと開かれた円環の形をなす二つの矢印によって表示できるだろう。これも活動の流れ、生産物の流れ、エネルギーの流れを表示する流れのベクトルだと言えるだろう。とするならば、生命の生産過程を表示するベクトルは、共同体の外延を画く一つの円環的流れのベクトルと、外部に向かって開かれた二つのベクトルによって表示できるだろう。これは循環的な共同体を全ての歴史的な形態から抽象したものであるという点で、「循環的な共同体の抽象機械」だと言えるだろう。これはまた、それ自体でひとつの共同体である生命体が自らの生命を生産す

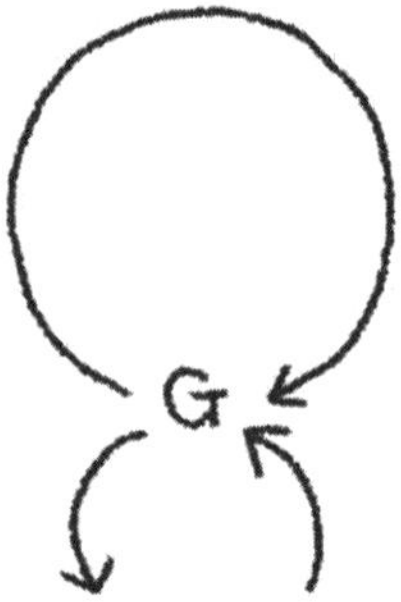

（図 1）生命、あるいは生産の抽象機械

ることを、全ての歴史的形態から抽象した方式で構成したものであるという点で、「生命の抽象機械」であると言えるだろう。あるいは、生命の生産を通して捉えた、最も基本的な形態の「生産の抽象機械」であると言ってもよいだろう。

このような循環的共同体、そして、その内部的循環と外部的生産を通じて、私たちは生命を生産する集合体一般を抽象的に定義できる。人間と動植物はもちろん、全ての生命体を包括する、このような循環的共同体を通じて歴史以前の「社会」を定義することができる。しかし、これは社会的関係の一切を抽象した定義であり、したがって、そのまま社会的関係の中の人間に直接適用できないものである。さらに、「自然人」のある行動や本性を説明しようとする瞬間、根本的な誤謬を犯すことは避けがたいだろう。マルクスの言葉を再び借りるならば、抽象化を通じて到達した一般的概念なるものは、出発点にすぎないのであり、具体化することなしには無意味な図表に過ぎないからだ[29]。最も基本的な生命の生産を超えた全てのものは、上記のような抽象機械を変形させることによって説明できるだろう。

6．生産の抽象機械——その諸変形について

生命の抽象機械は、様々な具体的な歴史条件によって異なる姿に変形され得る。ここでよく知られてい

る生産様式に基づいて、こうした変形の幾つかの例を素描してみるのも面白いのではないかと思う。

生命の生産は特別な剰余の生産を伴わない。生命の持続に必要なものがあれば充分だからだ。もちろん、生産はバタイユの言葉通り、常に「過剰」であると言わねばならないかもしれない。そのような剰余がなければ、若干の危機によっても生命の生産は持続できなくなるからである。そこで、剰余を貯蔵する場合もありうる。しかし、その場合の貯蔵とは、単に後で消費するために残しておくものでしかない。実のところ、それは「消費猶予」に過ぎないのだ。いかなる場合であれ、剰余を目的とした生産はない。そして、ポトラッチ（potlatch）が行われる多くの原始社会で見られるように、意図的に剰余を破壊したりもする[30]。自然発生的な剰余の累積が持続する場合、その剰余がストックに転換され異なる様相の関係に転換されることを予感し、防止するためであるという[31]。したがって、生命の抽象機械において、生産の循環はそれ自体で消費の軌跡を表示し、別途の分配の流れを持たない。

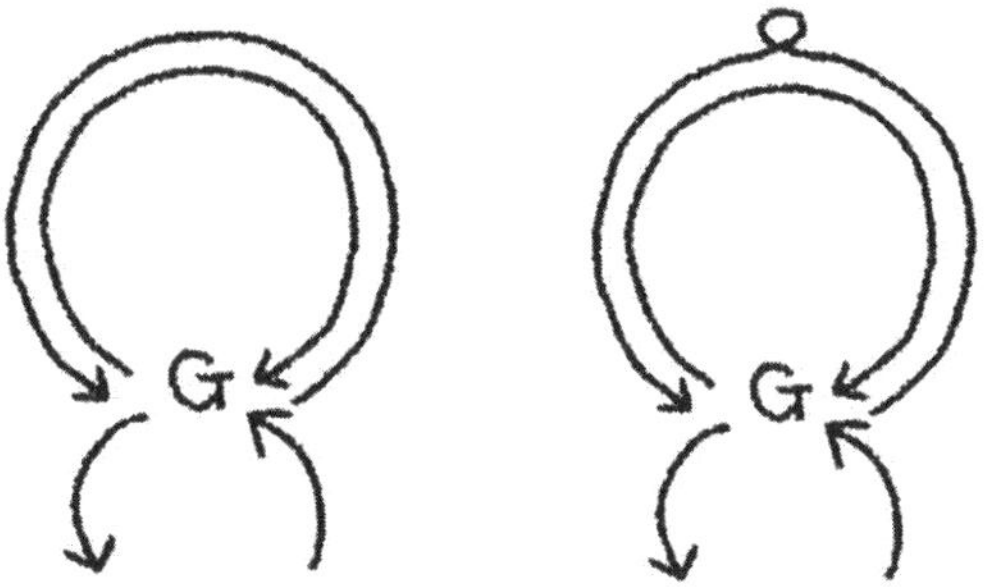

（図2）基本的な生産様式の抽象機械

　しかし、耕作する場合、剰余を特に私的に所有しなくとも次の年の耕作のためには種の備蓄が必要である。それは、直接的な消費を超えて、ある剰余がストックとして備蓄されることを意味する。そのように備蓄されたストックは、耕作のために分配されなければならない。このような分配は生産とは反対の方向に循環する。すなわち、分配の流れは、生産の流れが集まった場所から発し逆方向へ向かうベクトルによって表される。言いかえれば、私的所有や非生産者の領有がない場合にも、生産様式は生産の流れの逆方向に回るもう一つの流れのベクトルを必要とする。これは、具体的な分配の様相や、それが生産の流れを変形させる様相についての、いかなる特定の歴史的形態にも限定されない、最も基本的な生産様式の抽象機械を構成する。

しかし、耕作のためのストックの備蓄だけでも、すでにストックの備蓄とその分配をとりまく新しい関係の可能性を暗に含んでいる。備蓄されたストックを耕作とは異なる方式で使用できるようになった時、そしてストックを備蓄した人がそのストックを提供する対価を私的に領有できるようになった時、ストックの分配方式はもちろん、生産様式自体が根本的に異なったものに変換される。これは、ストックの私的な領有を前提にするものである。これを耕作のためのストックと区別して、先に私たちは「二次ストック」と名付けたのだ。

このような私的領有と私的使用の発端は、ストックの私的備蓄にある。しかし、私的な備蓄がつねに私的領有や使用につながるのではない。なぜなら、ほとんどの場合、すでに共同体的な使用の諸規則がそのような私的使用よりも優先されるからである。また、このような理由で私的備蓄に対して、原始社会の持つ敵対意識はきわめて画然としている。にもかかわらず、ストックの備蓄自体はすでに二次ストックの可能性を〈つねにすでに〉抱いていると言わねばならない。ストックの私的使用と備蓄は、実は私的所有を前提にし、また逆にそれを促進するものでもある。ストックが二次ストックの閾を超えるとき、生産様式は私的所有の閾を超えることになるのだ。生産物の私的所有が生産手段の私的所有（占有）に転換すれば、

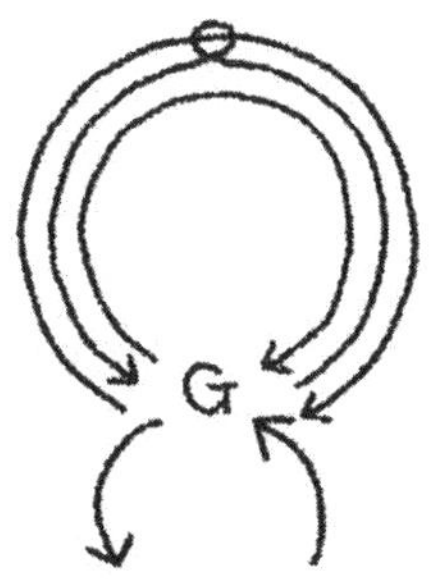

（図3）私的所有における生産様式の抽象機械の変形
—社会構成体の抽象機械

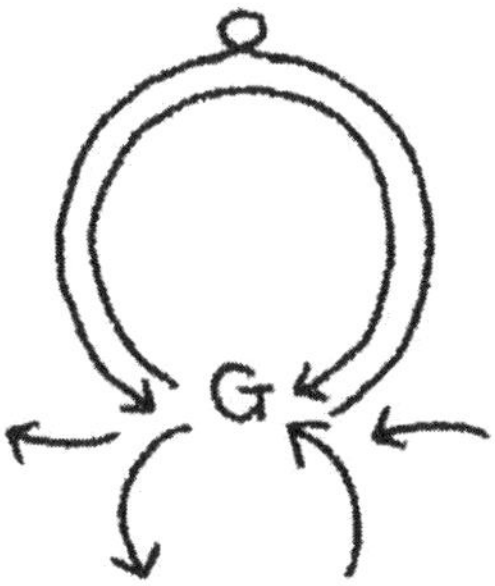

（図4）小商品生産様式
—都市的生産様式

私的所有が生産一般の条件に変換される。

生産様式のこのような変換は、何よりも私的所有者が剰余生産物を領有し、私的なやり方で「分配」（使用）する様相として進行するだろう。このような点で、私的所有が発生した条件を示すためには、生産様式の抽象機械もまた若干の変形が必要だろう。剰余生産物の分配の流れが、所有者の所有という輪の中に帰属し、そこから再び「分配」されること。もし、ここに政治的な権力の流れのベクトルを加えるならば、社会構成体の抽象機械に変形することができるだろう。

仮に生産の共同体が、隣の共同体と剰余生産物を交換し始めるのなら、共同体の図表の「腰」に当たる部分に流入と流出の矢印を付け加えなければならないだろう。これは、小商品生産と呼ばれる生産様式に対応するものと考えられるだろう。そこでの外部との交換は共同体の中心をなす生産と分配の循環自体を大きく変えることはない。それは使用し残ったものを交換するに過ぎないからであり、その交換もまた使用を目的とするものであるからである。あるいは、共同体の間の「連帯」のための贈与や交換もあり得るだろう。これもやはり本来の生産の二重循環に大きな変化をもたらすことはない。

しかし、他の都市との交易を中心に、商品を売るために生産を始めた中世都市の場合には、交易の流れを示す流れが支配的になり、

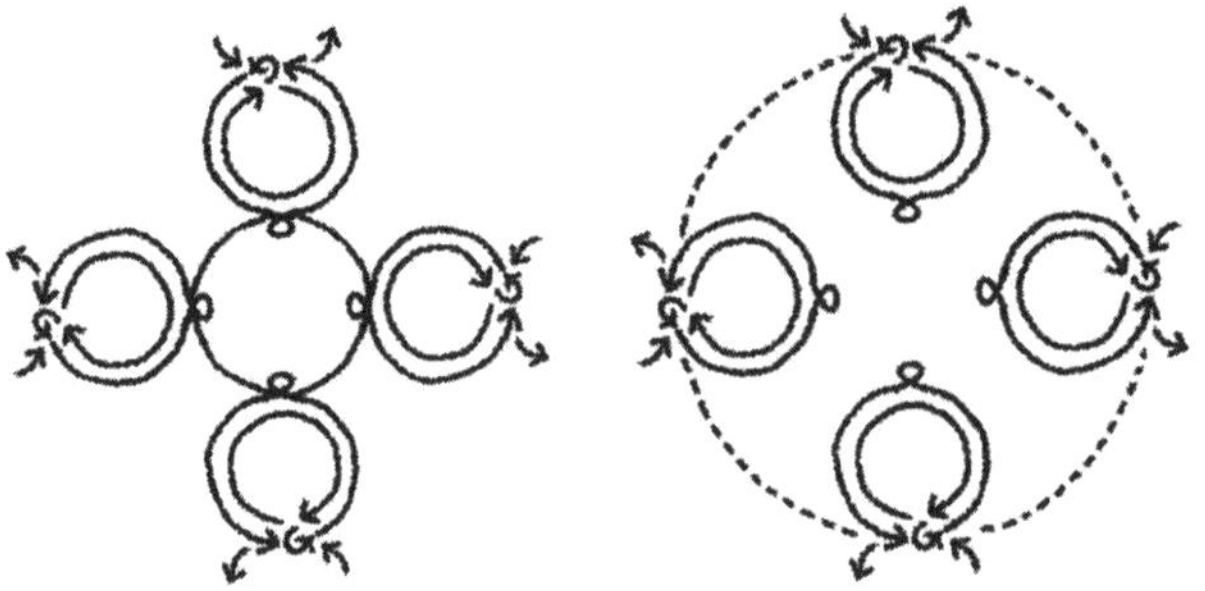

（図5）ギリシャ的形態（左）とゲルマン的形態（右）

生産の二重回路がそれに服従する様相へと変化するのだ。おそらく生産されたもののうち直接的な消費につながる内部の回路は、相対的に大幅に萎縮するであろう。また、所有者の環を通る剰余生産物の回路は、その交易の量に合わせて大きく肥大化するだろう。

一方で、都市的変形の経路とは異なる変形の経路がある。それは、諸共同体の集合である共同体という形で、一つの生産形態が構成される場合である。まず、家長が女と奴隷を所有するオイコス（家庭）という共同体を通じて、彼らの生産物を取得し所有し、そうしたオイコスの複数の家長が集まってポリスを構成する、ギリシャ的な都市国家形態がそれである。それは、私的所有の抽象機械として表示される複数のオイコスと、そのオイコスで剰余生産物の循環を私的に取得する所有者の環を含む、もう一つの円環に「ポリス」と書き込むことで描写できるだろう。

もう一方では、ゲルマン的形態は領主を頂点とする荘園的な共同体が、マルクスによれば、自らの必要に従って他の荘園的な共同体と連合し、より大きな規模の集合体を構成する[32]。こうして、それぞれが私的所有の生産様式の図表である複数の抽象機械を、それらの腹部を連結するもう一つの円で繋ぐようにして変形させることができるだろう。アジア的形態は批判の多い概念ではあるが、同じように複数集まった私的所有の抽象機械が垂直的な中心を通じて一つに結ばれる、三次元的な構造を成していると言ってもよいのではないか。

資本主義であれば、抽象機械はどのように変形させられるだろうか。資本主義では、生産者たちの循環系が資本によって切断され、破壊される。生産の共同体を解体することで資本主義は始まる。そして、そのように破壊された生産者たちを、剰余価値の増殖のための局地化された生産へとかき集め、生産者である労働者たちは資本から与えられる賃金によって生活手段を得る「小循環」の中で生存する[33]。そして、かつての共同体を形成していた集合的生産の循環は、資本の循環すなわち「大循環」によって置き換えられる[34]。そのような、大循環と並行して剰余価値の巨大な循環が、いや、貨幣資本の巨大な循環が作られる。したがって、かつての共同体を表したG（Gemeinde）は、マルクスの言葉通り、その循環全体を掌握した貨幣G（Geld）によって取って代わられる。これは資本の抽象機械の中心である。ここで、Gによって繋がれる二重の循環は、直接的な生産の循環がGから発し、G′に至る資本の一般的な公式（G－W－G′）を表す[35]と同時に、Gから発し、G′に至る貨幣資本の循環（G－W……P……W′－G′）を表し[36]てもいる。一つの資本を表すこの抽象機械は、当然のことながら他の資本との交換を表す複数の線がGへと流れ着き、Gから流れ出ている。そして、この全ては実のところ貨幣が貨幣の外部へと開く二つの足で支えられているのだということも忘れずに記しておくべきだろう。

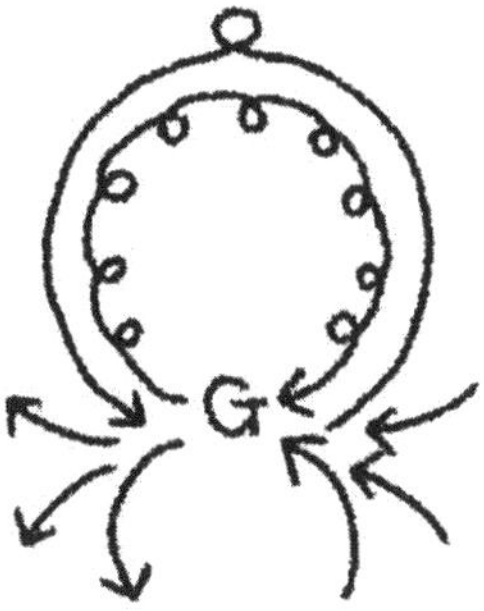

（図6）資本の抽象機械

7．抽象から具体へ

誤解を避けるために述べておくなら、ここで上記のいささか落書きのような図表によってもう一つの生産様式の一般理論を再び定式化しようというわけではない。しかし同時に、これらの様々な生産様式についての図表が示していることは、生命と生産の抽象機械の変容能力が、既存の生産様式の諸概念間の横断を可能にするのではないかということである。それは、共通の要素や、変わることのない普遍要素に還元されない抽象化であり、流れや過程としての抽象化である。また、共通形式としての抽象化ではなく脱形式化する抽象化であり、普遍性への抽象化ではなく横断的な抽象化であり、点的ではなく線的な抽象化である。つまり、これらの図表は、そうした抽象化が、生産様式に関しても充分に可能であることを表しているいると言ってもよいのではないだろうか。

最後に、マルクス主義における抽象化について論ずる際に、欠かさず俎上に載せられる「抽象と具体」の概念について、また「抽象から具体への上向」[37]について簡単に付け加えておきたい。抽象とは、具体的な諸条件を抽象することである。そうすることで、相異なる諸条件を乗り越える「一般性」へと進んでいくのだ。それは、現勢的な諸条件から抽象化された概念を分離し、潜在性の場へと推し進めることであり、そのような潜在性の場において、新しい横断的な出会いを思惟化することで、新しい「生産」の方向を、あるいは新しい生の方向を垣間見ようとすることである。所与の普遍性や自明性の形態をとる、全ての超越的な方向や法則を超えること。そして、隣接した項との出会いとともに変化する方向や本性に従って、その内在性の構図の中で、過去と未来、いや、現在を思惟化する試みなのだ。

具体化とは、潜在化とは反対に、現勢化への線に沿って具体的な諸条件を記入することであり、記入された条件に従って変化する具体的な配置を見ることである。それは同時に、具体的な条件に従って、抽象機械を変形させることである。よって、具体化とは抽象された諸条件を再び代入することではない。また、具体化の経路は抽象化の経路を単に逆方向に戻ることとは根本的に異なるものである。具体的な条件を順に代入することで出発した現実へと完全に戻ることができると考えるわけではない。その現実に戻ってきたように見える時ですら、実は逆にまったく異なる現実へとそれていくという方が適切であろう。それは本質的な関係を通じて捉えられた「総体的な現実」ではなく、あまたの変形と離脱の道によって、当初の様々な道を判別できないほど細切れにした地図なのだ。また、具体化とは、歴史的な経路を論理に沿って復元したものや、論理に沿って歴史を割り当てることとも隔たりがある。それはむしろ、諸々の変形と離脱の線が示された新しい地図を描くのであり、見えない道を見えるようにするものである。それは、普遍的な理念や「抽象的」概念に感覚的な実在性を付与するのではなく、感覚的なものを通じて普遍的で理念的な道を横切るのであり、論理的な推論を根本から再び考えなおすのである。

したがって、抽象化が平面化の方向に沿って進むことであるとすれば、具体化は反対に凹凸化の方向に沿って進むことである。またそれは、その凹凸の様相が、私たちが選択する道によって、変わることを確認することであり、それらの変化した凹凸の中へと生の流れを、思惟の流れを、大衆の流れを呼び寄せることである。それは、抽象から発し、ひたすら前に進む論理的な前進ではなく、前に進むごとに常に起源以前の起源にまで遡り、後ろへと辿っていくたびに、常に到来する未-来を経由して進んでいく、実践的飛躍である。ひたすら力のかぎり上へ上へと飛行を続けるのではなく、上向と下向の間を軽やかに自由に行き来するのだ。コミューン主義の存在論なるものが、あらゆる抽象化が〈つねにすでに〉到達する起源以前の起源だとすれば、存在論的なコミューン主義とは、これら全ての具体化が〈つねにすでに〉経由する現勢的な未来であると言わねばならないだろう。生命の抽象機械と具体性のコミューン主義。

註

(1) ジル・ドゥルーズ、フェリックス・ガタリ、『千のプラトー――資本主義と分裂症』、宇野邦一ほか訳、河出書房新社、一九九四年、五六七―五七一頁。

(2) フランソワ・ジャコブ、『生命の論理』、島原武、松井喜三訳、みすず書房、一九七七年：ジル・ドゥルーズ、フェリックス・ガタリ、前掲書、六六―六七頁。

(3) 李珍景、『노마디즘（ノマディズム）』第一巻、ヒューマニスト、二〇〇二年、二〇二―二一〇頁。

(4) これについては、李珍景、「백남준、기계주의적 존재론과 퍼포먼스의 정치학（ナムジュン・パイク、機械主義的存在論とパフォーマンスの政治学）」（『부커진 R（ブッカジン R）』三号、グリンビー、二〇一〇年）を参照。

(5) おそらく、ドゥルーズ／ガタリならばこれを「一貫性の平面」（plan de consistance）と呼んだだろう。〔訳注：日本語訳では「存立平面」と訳されている。この概念の訳語は著者の解釈に従った（ジル・ドゥルーズ、フェリックス・ガタリ、前掲書、二八九―二九〇頁）。〕

(6) ドゥルーズ／ガタリは、標準的人間によって一律的な方式で持ち上げたり、引っ張ったりする力の一定した平均値を定義したことを問題として指摘しながら、抽象的労働の主体となる標準的人間が生まれたのはアダム・スミスのピン工場ではなく、国家の公共労働と軍隊で誕生したのだと述べる（ジル・ドゥルーズ、フェリックス・ガタリ、前掲書、五四六頁)。

(7) カール・マルクス、『資本論草稿集① 一八五七―五八年の経済学草稿第一分冊』、資本論草稿集翻訳委員会訳、大月書店、一九八一年、二八頁。

(8) 同書、二九頁。

(9) 同書、二九―三〇頁。

(10) 同書、三一頁。

(11) 同書、四八頁。

(12) 同書、四八頁。

(13) これは事実、還元論的方法論として、繰り返し出現する原子論的な思考方法に正確に符合する。

(14) エティエンヌ・バリバール、「史的唯物論の根本概念について」、アルチュセール他、『資本論を読む』(下)、今村仁司訳、筑摩書房、一九九七年、四九―五〇頁。〔訳注:relation は今村訳では関連と訳されているが、著者に従って連関と訳した。〕

(15) テーケイ・フェレンツ、『社会構成体論:マルクス歴史理論の研究(I)』、羽仁協子、宇佐美誠次郎訳、未来社、一九七七年、八七―八八頁。

(16) 同書、九三頁。

(17) 同書、一三八頁。

(18) マルクス、エンゲルス、『ドイツ・イデオロギー』、廣松渉訳、小林昌人補訳、岩波書店、二〇〇二年、一三〇頁。

(19) 同書、二五頁。

(20) 同書、五一頁。

(21)同書、五四頁。
(22)同書、五四頁。
(23)これは「外部による思惟」として史的唯物論を定義するものである。マルクスの思想における、このような新しい思惟方法の形成については、以下を参照されたし。李珍景、「외부에 의한 사유, 혹은 맑스의 유물론（外部による思惟、あるいはマルクスの唯物論）」、『미-래의 맑스주의（未-来のマルクス主義）』、グリーンビー、二〇〇六年。
(24)ジル・ドゥルーズ、フェリックス・ガタリ、前掲書、一八二頁など。
(25)カール・マルクス、『資本論草稿集①一九五七―五八年の経済学草稿第一分冊』、資本論草稿集翻訳委員会訳、大月書店、一九八一年、五七―五八頁。
(26)マルクス、エンゲルス、『ドイツ・イデオロギー』、廣松渉訳、小林昌人補訳、岩波書店、二〇〇二年、二六頁。
(27)同書、二五頁。
(28)エルヴィン・シュレーディンガー、『生命とは何か?』、岡小天、鎮目恭夫訳、岩波書店、一九五一年、一四一―一四三頁。
(29)このような理由で、「社会生物学」がまさにこうした誤謬を繰り返していると私は考える。それは人間と人間でないものたちの間を自由に往来する抽象的な諸概念によって、人間の具体的な行為を説明しようとすることである。そうすることで、社会生物学者たちは自らの観念の中にある人間を、政治経済学者たちが生産についてそうしたように、自然法則化しようとするのだ。
(30)マルセル・モース、「贈与論」、『贈与論 他二篇』、森山工訳、岩波文庫、二〇一四年、二一八―二二一頁。
(31)ピエール・クラストル、『国会に抗する社会』、渡辺公三訳、水声社、一九八七年 : ジル・ドゥルーズ、フェリックス・ガタリ、前掲書、四八七―四八八頁。
(32)カール・マルクス、『資本論草稿集②一九五七―五八年の経済学草稿第二分冊』、資本論草稿集翻訳委員会訳、大月書店、一九九七年［九三年］、一三一—一三三頁。「自らの必要に応じた連合」であるため、点線によって表示した。
(33) カール・マルクス、『資本論草稿集①一九五七—五八年の経済学草稿第一分冊』、資本論草稿集翻訳委員会訳、大月書店、一九八一年、三三七—三三八頁。
(34) カール・マルクス、『資本論草稿集②一九五七—五八年の経済学草稿第二分冊』、資本論草稿集翻訳委員会訳、大月書店、一九九七年［九三年］、三五七頁以下。
(35) カール・マルクス、『資本論』第一巻a、社会科学研究所監修、資本論翻訳委員会訳、新日本出版社、一九九七年、一二五一頁。
(36) カール・マルクス、『資本論』第二巻、社会科学研究所監修、資本論翻訳委員会訳、新日本出版社、一九九七年、九四—九五頁。
(37) カール・マルクス、『資本論草稿集①一九五七—五八年の経済学草稿第一分冊』、資本論草稿集翻訳委員会訳、大月書店、一九八一年、五〇頁。

III部

生産の社会学、生命の政治学

第五章

歴史のなかのコミューン主義──歴史の外部としてのコミューン主義

1. 共産主義とコミューン主義

社会主義体制の崩壊以降、「共同体」や「共産主義」の夢が消えたと信じることは、社会主義体制の誕生以前にそのような夢がなかったと信じることと同様に愚かなことである。そのような夢は、共同体が生の支配的な形態である時期にさえ明示的に存在したのだ。また、それは共同体が全面的に瓦解した資本主義の時期であれば、どこにでも存在した夢であり、さらには社会主義革命の後でさえも決して消えない夢であった。より良い生への夢が消えることのない限り、それは決して消えないと私は確信する。ましてや、絶えず計算をしなければならない近代的な生の方式が消えない限り、また、利益と利潤への欲望にかき立てられた競争によって、ありとあらゆる生の余白が埋められる危険にさらされている限り、そしてそのような欲望によって私たちが生きる地球が絶えず破壊されていく限り、そのような生気を失い疲弊した生の外部を夢見ることが無くなるなどとは到底考えられないからである。

コミューン主義とは、いかなる時代にも存在した、そうした夢の名である。かつて近代的な歴史の観念の支配のもとに、資本主義あるいは近代以降に到来する世界として理解された「共産主義」――そのために資本主義の転覆という全社会的な革命へと大衆たちを突き動かした理念としての「共産主義」(communism)は、コミューン主義の十九世紀版であると言わねばならないだろう。産業革命以降の荒廃した世界の中で夢見た「外部」が、資本主義の歴史の後に来るべき歴史の目的であるという、十九世紀に支配的であった歴史哲学的な形式に作り上げた理念であるという点において。周知のように、多くの人々が、この夢と希望に科学的根拠を付与しようとした。そのため彼らが近づこうとしたのは「空想」と対比されるべき「科学」としての共産主義であった。歴史の中で、共産主義の位置を確固たるものにしようと試み、そのような歴史に科学の名に値する、ある普遍的な法則を付与しようとした。しかし、一つの社会、一つの時点に、ただ一つの生産様式や社会構成体を対応させる、十九世紀歴史哲学の、線形的な時間概念を脱却しない限り、それは無限に延期される未来のために、今ここでのより良い生に対する夢を封印し放棄させる閂《かんぬき》になってしまうだろう。

ところで、奇妙なことにこの線形的な歴史的時間は国家単位で流れることになっている。そこで共産主義もやはり常に国家的なスケールで、国家的な単位でその時間の中で把握されてきた。そこで出てくるのが、国家的スケールでなければ、革命とは局地的なものに留まるに過ぎず、したがって、いかにラディカルなものであっても決して充分ではない、という観念である。このような観念は、「社会主義」の没落以降、新たに試みられてきたコミューン主義的な実験に対して提起されたマルクス主義的な批判において繰り返し出くわすものでもある。国民国家のスケールに至らない限り、コミューンや共同体を構成しようとする試みは、いかに成功的なものであっても、「自分たちだけの天国」であり、局地的ゲットーであると見なされる。

　このような空間的な観念はほとんどの場合、「国家」を掌握し、それを「共産主義的」な変換へと引き入れなければならないという、国家的な政治の観念に帰着する。ここに国家の掌握なしに、革命は不可能であるという発想を、再び見出すのは造作ないことである。しかし、これは近代的な国民国家の空間的条件に囚われている我々の空間観念に起因すると言わねばならないのではないか。コミューンとは、そもそも国家とは異なる方式の政治を構成しようとする試みであったし、そのために国家とは異なる層位で、国家的なスケールの前提を脱して、思惟化されねばならないのではないか。それは、国家の掌握や「消滅」後でなければ夢見ることの出来ない未来ではなく、国家が存在する場合にも実行されねばならない「現実的な移行運動」であり、現在時制の中で現実を構成することだと言うべきではないか。

　コミューン主義的な思惟にとって、国家的なスケールや国民国家的な外延のなかにはめ込んだ「革命」の形象は、余りにも大きすぎると同時に余りにも小さすぎるものである。国家的なスケールの「コミューン」が大きすぎるのは、それが相生《そうじょう》的な生が構成される実質的な範囲ではなく、一つの「単位」を形成する同質的な空間として想像された境界の表象であるからである。そのような国家的スケールのコミューンは、不可能でなくとも現実的に諸個体が出会い活動する実質的な共同体だとは言えないだろう。そのような共同体とは、実際に出会い接触し活動し関係を結ぶ実質的なものではなく、ベネディクト・アンダーソンの言うように、十九世紀に出現した「想像の共同体」に過ぎない(1)。その反対に、国民国家のスケールで想像される共同体なるものは、相生の生の思惟にとってあまりにも小さいものである。プロレタリア国際主義によって、その境界を地球的に拡張するにしても、それすら国民国家単位の組織の連合、あるいは諸国家間の連合として想定されるという点で、国家的な想像力の変形から大きく抜け出るものではない。この狭い視野から抜け出て、宇宙的なスケール、いや最小限でも全地球的なスケールで相生的な生を、コミューン主義を思惟化することは出来ないのだろうか。このような面において、私は塵一つの中にも宇宙を見る、存在論的な思惟のスケールを再び喚起したい。そのような思惟を通じて、国家的な単位で表象し考える、制限的な想像力からの解放を提唱したい。

その一方で、よく知られているように、共産主義とは、まず第一次的に資本主義の生産様式を代替する、ひとつの物質的な生産様式として定義される。それは賃労働の関係が支配する社会に取って代わる——能力に従って働き、必要に従って分配を受ける——社会であると理解されたのだ。また、そのためにそれを物質的に支える生産力の発展と高度の生産性が存在する時にのみ可能であるひとつの生産様式であると見なされた。それは明らかに経済的な審級が第一であることを想定し、社会的な関係の諸様相がそれに還元されるものであると判断した、旧式のマルクス主義の経済学的な観念、いや経済主義的な思考方式の産物であろう。そのような観念の中にとどまる限り、共産主義という概念を通じて、共同体を考慮する場合ですら、それは経済的な生産組織として想定されるに過ぎないようである。また、communism という言葉を「共産主義」と翻訳したことも、やはりこのような経済主義的な観念の一つの表れだと言えるだろう。

私たちはコミューン主義が「コミューン」という言葉から出てきたものであることを、再度強調したい。コミューン主義は、何よりもまずコミューンという概念によって想定される、ある関係や構成体を志向する、

「理念」である。コミューンとは、単に経済的な意味における生産組織の形態のみならず、諸個体間の微視的な関係の中でさえ常に作動する実質的な関係を意味する。それは、交換的な経済の観点に先立って存在する実質的な関係であり、生産に限られない日常的な生の構成方式である。その意味で、コミューン主義は生産と分配の尺度を何にするかという問題に先立って存在する実質的な関係として定義されなければならない。現実化した社会主義体制を目にしつつ、その未来である「共産主義」との緊張の中で、コミュニズムを再び思惟しようとした数々の試みが拠って立つ場は、まさにこの地点であろう。例えば、マルセル・モースが述べたように、贈り物によって構成され、維持される関係である。そして、それは多くの場合、贈与と答礼の義務という形で強制され、拡散し、維持される関係であろう(2)。

しかし、より根本的な地点から見るならば、コミューン主義という概念は循環の体系の中で形成され持続する関係を通じて、再び定義されなければならないと私は信じる。そして、その循環系は与えるとか、受け取るという考えもなしにやり取りするような、あるいは「贈り物」であると敢えて言わなくてもよいようなものである。生命の生産や搾取のことを取り扱えない「政治経済学」が無力であるのと同様に、資本や搾取のことを知らない生態学は無力である。循環系的な共同体の稼働を捉えるには、生産の抽象機械がこれら両者を横切り、ひとつに括ることのできる思惟の平面へと進まなければならないのだ。ここで試みられているのは、単にアカデミックな総合であるというよりも、境界を越えることなのである。

本章では、このような抽象機械を再び稼働させ、生命と生産を横断する共同体の概念について再び論を進めるだろう。そして、私的所有と剰余価値、あるいは資本主義と搾取を、このような共同体の概念の上で再び定義しようと思う。そして、資本主義が共同体の破壊によって始まったことは歴史的な事実(「本源的蓄積」）であるが、そのような資本主義による破壊は単に人間たちによる生産の共同体に限られたものでないということを明らかにしようと思う。資本主義の歴史は、生命の歴史はもちろんのこと、人間の「歴史」と比較しても、非常に短い期間に過ぎない。周知のように、それが類例のない速度で生命の共同体を破壊し絶滅に至らせているのである。

コミューンあるいは共同体を、生命と生産の全体を形成する地点から、資本主義から社会主義に至るまで一貫して扱おうと思う。ここで明らかにしようとするのは、一方ではそれが全ての社会の「質料的な前提」であり「起源以前の起源」でありながら、他方ではそれが存在する全ての社会的関係の中に作り出さなければならない「外部」でもあるということである。つまり、歴史や社会を扱う最も通常の諸概念との関係において、コミューンは二重の意味で「外部」であると言えるだろう。それは全ての歴史の中で、その歴史の外部として存在するのだ。

2．共同体の「経済」と資本

(1)　生命の生産と共同体

人間は自らの生存のために、自分ではない諸々のもの、あるいは自らをとりまく世界である「自然」と関係を持ち活動する。人間だけがそうなのではない。生きているすべてのもの、あらゆる生命体は自らの生存のために自らをとり囲む世界である「自然」と関係し生きてゆく。より精確に言うならば、人間も、あらゆる生命体も自然のなかで、自然の中の他の諸要素と関係を持って生きている。人間はもちろんの事、あらゆる生命体が生存のために行う活動のことを、私たちは生産という「一般的」概念で定義してきた。生存のために欲求を充足させる手段を生産し、生物学的な再生産（生殖）をする。「経済的」生産と「生物学的」生産が分岐する、いや合流するのだと言うべき、この一般化された生産の概念は、さきに『ドイツ・イデオロギー』の概念を借りて、「生命（Leben）の生産」と定義したものである。

「共同体」はまさに、経済学的な生産と自然学的な生産が合流するこの地点にあるのだ。人間であれ他の生命体であれ、常に他の個体——同種だけでなく異種の個体をも含む——との〈協ｰ力〉によって生産する。つまり、生産は〈つねにすでに〉共同体のなかで成されている。経済人類学者や歴史学者たちが過去の人間の経済的生産を扱うために「共同体」という概念を使うように、生態学者たちもまた相互依存的な協力のなかで成立する生命体たちの生産活動を扱うのに「共同体」（community）という概念を一般的に使っているが、このことは非常に示唆に富んでいる(3)。もちろん、この共同体にはよく知られているように、協調や協力と同じように、競争や敵対も介在するのである。しかし、食物連鎖の食う食われる関係があるように、生態学者たちによれば、生物間の関係は敵対的な関係さえ相互依存的なのである。反対に敵対は相互依存的関係にさえも含まれていると言ってもよいだろう。ここで重要なことは、敵対であれ協調であれ、いかなる生命体も他の生命体に縁って存在し、そのような点で他者たちと相互依存関係のなかで存在するという点である。共同体からある種の善意と協調の意味をとりはらうならば、このような相互依存的に縁りあって存在する生命の世界を「共同体」という概念で指し示してもよいだろう。このような点で、全ての生命体は〈つねにすでに〉共同体の一部として存在し、活動する。人間たちが作ってきた様々な形態の共同体は、この一般化された共同体と根本的に同じ地盤の上に存在する。

同質な個体だけでなく異質な個体を含む二重の共同体——それは全ての生命体が自己とは異なる数多くの個体との共生関係のなかで存在することを意味する。シラカバとモミの木は十種類以上の菌類共生体を共有しており、土壌中の巨大な菌糸ネットワークは地上の数多くの木々がお互いに必要なものをやりとり出来るように連結している。地球大気の比率の場合であれば、二酸化炭素を利用して光合成を行い酸素を排出する微生物や植物たちと、その反対に酸素を利用して活動し二酸化炭素を排出する動物や好気性微生物たちの巨大な連結網によって、それは非平衡的恒常性を維持している(4)。

共生とは、それぞれの要素が縁りかかる他の諸要素に、それらに欠けているものを提供することである。多くの場合、自らには必要のないものや、過剰なものを他のものに提供することで利益を提供する。植物は動物に食物を与え、草食動物は肉食動物に獲物を提供し、動物は死んで微生物にエサを与え、微生物はそれを分解して、また植物に養分を与える。ここで「やりとり」という言葉を使用するために「意図」や「利他性」を仮定する理由は全くない。自らの身体を他の動物に与えること、それは生き延びようと、のがれようとしたにもかかわらず食べられることなのであり、意図とは徹底的に反する過程である。しかし、意図がどうであれそれは食べる動物には与えられるものであり、そのような動物がいるという事実自体が生命の持続のための条件である。それは人類学者の好む表現を借りるなら、一種の贈り物である(5)。しかし、それは意図と関係のない贈り物であり、答礼の義務がない贈り物であり、対称的《シメトリカル》な交換の方へと逆戻りさせようとするのではない贈り物である(6)。もちろん、生命体の相互依存関係には単に相互の利得になるような共生のみがあるのではない。一般的な寄生的関係もあれば、有機体のように多様な質料を体系的に加工・伝達する体系もあれば、生態系のように食う食われる食物連鎖型の相互依存もある。

相利共生（mutualism）や有機的循環系はもちろん、生態系の食物連鎖のように食う食われるという敵対を含んだ循環系でさえ、お互いに縁りあって存在し、ひとつは他のひとつに何か必要なものを与え、他のものから自らが必要な何かを受ける。重要なのは、生命の持続が何らかの外部に依存するほかないかぎり、生命という過程ないし活動は、尻尾を互いに咥えあっているような循環的関係の中で相互依存的に進行するという点である。共同体とは何らかの利得を生産する、そのような循環系である。これは相異なる個体たちが循環系を構成する瞬間、発生する利得である。これを「循環の利得（benefits of the circulation）」と呼ぼう。循環の利得、それは意図なしに与える贈り物のもう一つの名前である。ひっくり返して言えば、共同体とはこのような贈り物の循環系なのだ。意図を伴わないこのような質料の流れのことを、誤解を避けるために「贈り物」というよりは「循環」と呼ぶ方が良いのかもしれない。循環の利得をめぐって進行する出来事の様相を「経済」と呼ぶことも出来るだろう。しかし、それは希少性を前提にしないという点において、「経済」以前の経済であり、「経済の外の経済」である。「自然史的」条件の中での共同体の「経済学」があり得るならば、たぶんそれはこのような「経済」を対象として扱うものであるはずだ。

(2)　資本と剰余価値

生命体は全て自らが属する循環系のなかで循環の利得を得て生きていく。先に述べたように、そのような循環の利得を獲得する活動、あるいはその利得をより一層拡大するための活動のことを、一般化された「生産」という。人間はこのような利得を拡大するために、あるいはもう一度言い直せば、直接的な利得以上の剰余を得るために、自然の循環系を人為的に制限し縮小する。例えば、耕作はそのようなものである⑺。土から自然に育ってくる様々な個体を人為的に除去し、自らが必要とする、すなわち自らに利得を与える作物を栽培し、そのような栽培をより容易にするために動物や道具を新しく導入したりもする。このように、循環系の変形を通じて獲得される生存に必要な最小値を超過する剰余分の利得を「剰余利得」と呼ぼう。

このような剰余利得が発生するにつれて獲得した利得を別の種類の剰余利得と交換することの出来る可能性が出てくる。ほとんどの場合、このような交換は相異なる循環系の間で発生する。共同体ないし循環系の間の交換は新たな次元の剰余利得を創出する。ある財貨や事物がひとつの循環系の中で持つ「使用価値」は、それが新しく入り込んだ循環系の中では異なる「使用価値」を持つためだ。例えば、カナダやロシアの人々にとって鹿の角はほとんど使い道のない物であるが、それが韓国では鹿茸《ろくじょう》という非常に重宝される薬材になるということはそうしたことである。このように既存の循環系の中に入ってきて飛躍的な循環の利得を発生させるもの、つまり使用価値の「飛躍」を生むものこそが、交換の第一の対象となるのだ。こうした使用価値の飛躍は、あるものの「地位」と用法が既存の循環系の外では変わってくるということから発生する。このようにして発生する「価値」の変化は、追加的な剰余利得をともなう。このような剰余利得のために、相異なる共同体の間の交換を一般化するために貨幣が導入される。そして、このような貨幣を通じて剰余利得は「価値」の形態、より正確に言えば「剰余価値」の形態をとるようになる。循環系の間で循環系の置換によって発生する剰余価値は、循環系ごとに固有なコードの変換によって発生するものであるという点で「コード変換（transcodage）の剰余価値」であると言える。

貨幣を通じた交換は、循環の利得が当初の発生地点、当初の循環系から脱領土化され移動する可能性を創出し拡大する。市場はこのような脱領土化の場が、体系化される空間を提供する。交易の媒介物として作られた貨幣は、このような交換の結果を別の商品と代替可能な一般化された価値に変換する可能性を提供する。こうしてコード変換の剰余価値は、単に増殖した使用価値ではない「普遍化された使用価値」へと、つまりある別の物と代替可能な抽象的な「価値」への変換が可能なものになる。これは循環系のなかのどのような地点にも入り込むことができ、循環系のなかのどのような地点でも必要な形態に変身する可能性を持っていることを意味する。特定の使用価値ないし物質的形態から脱コード化されるに従い、代替不可能な異質な諸利得がひとつの一般形態に統合され累積可能になる。

剰余利得が剰余価値化し、循環の利得一般が価値化することで、決定的逆転が発生する。かつては剰余利得を交換しようとしたとするならば、今や剰余価値のために剰余利得を生産しようとする傾向が発生する。循環の利得が価値へと一般化された条件において、貨幣がこのような剰余利得や剰余価値の生産のために投与されうるからだ。循環系の自然発生的な利得の生産ではなく、貨幣と交換するための利得の生産が起こる時、いや、そのような剰余利得あるいは剰余価値のために貨幣が使用され始めるとき、貨幣は資本になる。「カネになる」利得の生産のために、循環系のなかの利得の局地性によって循環系の安定性が壊される。つまり、その局地的要素の過剰生産のために循環系の生産が変形を余儀なくされるのだ。このため、それ以上循環の利得を得られない諸要素が生じる。そして、それらの要素は共同体を志向していた過去の循環系から排除される。その局地的な剰余利得の生産に有用な諸要素は生き残るが、それはまさにかれらの活動が剰余価値の生産に有用な限りでしかない。資本はこのように共同体において発生する循環の利得、または剰余分の利得を剰余価値形態として搾取する。剰余価値とは共同体的関係において発生する利得の搾取のことである。資本は共同体を搾取する。共同体のなかで循環の利得をやりとりしつつ共生する個体たちの共同性を搾取するのだ。剰余価値の搾取のために循環系を破壊し、局地化された剰余利得のみを生産する最小限の共同体へと変形させる。

マルクスはすでに、貨幣とは共同体の解体を意味する、その点で共同体は貨幣的な関係あるいは交換関係によってとって代わられる、と述べている[8]。かつての共同体が共同体間の交換に使用されていた貨幣の内部への流入を防ぎ市場の拡大を阻止しようとしたことや、共同体の外部者や奴隷に限って交換を担わせようとしたことは、こうした危険が実際のものであったことと無縁ではないだろう[9]。他方、本格的な資本主義の生誕の地とも言うべき、いわゆる「本源的蓄積」が既存の共同体的関係に対する広範囲な暴力的解体を意味するものだったという事実も、やはりこのことと直接に関連している。人間たちの共同体が存在する限り、個人がわざわざ工場に赴いて労働者になる理由はない。それがために、資本主義は共同体の解体を前提とするのだ。マルクスが「生産者と生産手段の分離」と述べたのは、まさに生産手段を共有し生産を実質的に組織する共同体の解体を意味するものであった。これは植民地主義者たちが、他の大陸の先住民たちを賃労働に引き込むために真っ先にしたことと同一であった――「たとえば、入植者は人為的に食糧不足をつくりだすために、パンノキを切り倒すこともできるし、先住民に労働を提供せざるをえなくするために、小屋税を課すこともできる。いずれの場合も、その効果は、放浪者の群れを生み出したテューダー朝の囲い込みの結果と同じである」[10]。

コミューンもまた「贈り物（munus）によって結合（cum）」する集合体であり、個体たちの相互依存的総合によって発生する個体化の中で作動し、そのような個体化の中で循環の利得を通じて、いや、利得の循環を通じて作動し得るという点で、共同体と同一な地盤を共有する。コミューン主義とは、剰余価値の搾取のために循環系を解体縮小し、剰余利得のために利得の循環を中断させ、共同性を搾取する資本の運動への対抗・対決なしには不可能である。したがって、コミューン主義にはあまたの形態があり得るが、資本に対する闘争、搾取に対する闘争のないコミューン主義はコミューン主義ではない。このような理由からコミューン主義を定義する最も核心的な要素は、「価値の公正な分配のための闘争」ではなく、「価値法則に反する活動の生産」となる。

しかし、コミューンを創案し構成しようとするコミューン主義的な試みは、資本主義以前に広い範囲で存在したかつての「共同体」に帰ろうと提案するものではない。私たちが資本以前の共同体を、それも「原始的なもの以前」のものまでも引き合いに出したのは、共同体が破壊される以前の世界、ハイデガーの述べたような「故郷喪失」へのノスタルジアのためではない。それは資本が搾取するものが、循環の利得を互いに提供し生きていく共同性であり、コミューン主義とはまさにそのような生の共同性であるということを述べるものであり、また資本が支配し搾取するこんにち、この瞬間にも私たちはそのような共同体的循環系の中で生きており、そして互いに縁りあって生きる生の新たな可能性を探していくうえでの現実的な資源を提供できるのは、コミューンであるということを述べるものであった。

同じように、生命の循環系に注目して思考しようとするコミューン主義的試みは、自然発生的共同体として「生態系の保存」を社会的次元に拡大しようと提案するものでもない。逆に、ある与えられた状態の「保存」という観念に頼らずに、生命の循環系あるいは生態系的な生の循環性を思考し得る可能性を模索すべきことを主張するものである。そして、保存の観念にともなう「外部者の排除」、「同質化による安定性」

を超えて、動的な安定性、新たな非平衡的恒常性を探さなければいけない。事実、既存のいかなる生態学的な循環系も、そしていかなる生命体の進化も、そのような異質性の流入とそれに従った変異の結果として存在するのである。それゆえに、内外の変化にもかかわらず、そのような恒常性を維持できたのだ。さらに推し進めて、共同体的な循環系がマルクスの言葉通り生存あるいは生命を維持するためのものだとしても、その内部に非－生物が含まれていることに注意しなければならない。その意味では共同体の基礎である共有地も、人間が使用する道具も、鳥たちが巣を作るさまざまな材料も違いはない。より根本的な次元で見るならば、分子生物学や現代遺伝学は遺伝という生命の基本的なメカニズム自体が機械状であるということを示している。特にこんにちのように機械が欠くことのできない私たちの生の一部分であり、私たちの身体の延長となった条件のなかでコミューン的循環系を構成するには、機械と生命の対概念を越えなければ不可能であろう(11)。

3．資本主義とコミューン主義

マルクスは、資本主義の最も決定的な前提とは直接生産者の「二重の解放」だと指摘している(12)。それは、一方では生産者が直接に生産手段から解放されること、つまり生産手段を失い無産者となることであり、もう一方では身分的隷属から解放されることである。これが共同体単位で領有される土地の私的占取、そして共同体的関係の解体を通じて進行されたことは、すでに周知の事実である。したがって、「二重の解放」とは共同体からの「開放」、つまり共同体の解体を意味するものでありもする。自由な労働力の流れはこのような二重の解放の結果つくられる。このような二重の解放をドゥルーズ／ガタリは一方では生産者が土地から脱領土化されるのであり、もう一方では身分的なコードから脱コード化されるのであると言い換えている[13]。このように脱領土化され、脱コード化された労働力の流れが資本の流れと結合する時、資本主義が誕生する。資本も労働者も資本主義以前から存在したが、資本主義の時代がそれ以前と根本的に違うのはこうした大規模な流れの結合を通じて作動するという点にある。

このような点で、資本主義社会は脱領土化され、脱コード化された流れに基づいた社会だと言える。しかし、直接、生産者を縛り付けて統制する二重の縄あるいは拘束が無くなったとき、何によってかれらを統制し、何によって彼らを再び生産に引き入れ搾取し得るのだろうか。それは、労働者自らが生産の場に出てくるようにし、生存するためには自ら統制するようにする新たな規則である。例えば「働かざるもの食うべからず」という規範、「自らが生産した価値は、自らが労働した時間に相応する」という規範、「全ての商品は価値にしたがって交換される」という規範などである。これらは以後、経済学者たちによってより洗練された形態を取るようになる。「労働のみが価値を生産する」、「生産なしには分配もない」、「生産された価値の尺度は労働時間である」などなど。もちろん、正確に言えば、ここに労働力の交換や販売に対する規則が加えられなければならないし、他にも今では当たり前のことのように私たちが何も考えずに過ごしている、多くの規則が加えられなければならない。

ところで、このような規則が労働者だけに適用されるなら、それはもう一つの身分的コードに過ぎないだろう。資本主義において、このような規則は「全ての人」に同一に適用される「普遍性」を持つ。そのため、資本家たち自身もこう語る——私たちも労働者だ。私たちも労働をしている（＝働かなければ、食えない）、私たちも労働を通じて価値を生産し、生産した価値だけを受け取る、など。もちろん、実際に彼らがもらえるのは、自らの労働に対する賃金だけではない。彼らには、投与した資本に対する利潤がある。しかし、カネを貸して利子を受け取り、土地を貸して地代を受け取ることなどは、労働して賃金を受け取ることと根本的に違わないものだと彼らは思っている。そして、曰く――労働者の皆さんも、今は工場で働いているかもしれませんが、お金があれば誰でも、皆さんでも、同じようにできますよ……。そういうわけで、形式的にはいかなる不平等もなく、いかなる身分的差別もないことになる。但し、おカネがなければ、どうするのか。曰く――何の因果か貧乏なご両親のもとに生まれてしまったせい。それでなければ自分が一生懸命勉強しなかったせい。だから仕方がない……。

資本主義において、法が普遍性の形式をとるのはこのようなことと無関係ではない。身分的差別がある社会で、例えば、貴族と農奴に等しく作用する法など元より不可能である反面、資本主義はすべての人間に同じように作用する普遍的な法の形式をとる。規則を守らない場合、かつての身分社会においては直接的な暴力が加えられたが（「経済外的強制」といわれる）、資本主義では飢え死にするか、悲惨に生きるしかないため、嫌なことでもやらなくてはならない（経済的強制、経済的暴力）。自由主義者たちが口を開きさえすれば出てくる「市場」はこのような経済的暴力の実行装置である。

このように身分的脱コード化の上に、全ての人間に適用される普遍的規則のうち、別の規則の根拠になる核心的な規則をドゥルーズ／ガタリは数学的な語法を借りて「公理」と呼ぶ。交換の公理、生産の公理、尺度の公理などである。資本主義は、そのような公理的諸規則に基づき、それらによって推論され作られる別の規則群を全ての人々に適用する。そうすることで、脱コード化され脱領土化された人々を統制し、定着させ働かせるという点で、資本主義は「公理系」であると言える(14)。ところで、階級闘争や抵抗、拒否しがたい強力な要求などによって、既存の公理から推論できないある規則を受け入れる場合(例えば「福祉の公理」のようなもの)があるが、それもまた公理として追加されるのだ。数学的公理系が既存の公理群に別の公理が追加されることで新たな様相を持つよう変化し維持されてきたように、資本主義の公理系もまたそうなのだ。

しかし、数学者ゲーデルは、いかなる公理系にも与えられた公理だけでは真偽を決定することのできない命題(決定不能命題)があるということを証明している(不完全性定理)。数学の形式化に決定的基礎を提供した集合論でさえ「連続体仮説」のように決定不可能な命題を含んでいるだけでなく、「カントールのパラドックス」のような矛盾を含んでいる。これはいかなる公理系も自己矛盾的であるもの、言い換えれば公理系に対して「外部的な」ものを含んでいるということを意味する。もちろん、この決定不可能な命題をもう一度「公理」にすることはできるが、そのようにして構成された公理系はまた別の決定不可能な命題を含んでいる。したがって、公理系から脱した諸要素を排除した完全な公理系、あるいは閉ざされた公理系は存在しない。既存の公理に還元されない、あるいは既存の公理に矛盾する新たな諸要素が公理系の中に発生することは防止できないのだ。

これは数学だけでなく資本主義の公理系についても同様である。もちろん、そうした決定不能な諸要素が強くなり、全面化する場合、それら新たな公理として資本主義の公理系に包摂され得るが、その場合にも新たな要素、異質的な諸要素が発生し得ることを意味する。このような点で資本主義は、外部を閉め出し得ない社会であり、外部が形成される可能性に対して閉鎖することのできない社会、その外部に適応して絶えず変化するほかない社会である。これは資本主義公理系の内部でその公理系の外部、その公理群とは異なる方式で作動する活動と生産、生の方式が〈つねにすでに〉存在し、極めて多様な様相で創造され形成され得ることを意味する。

付け加えるならば、数学的公理系において、ひとつの公理を別の公理に置き替えることは言うまでもなく、新たな公理をひとつ追加することも公理系の様相に大きな変化をもたらす。例えば、ユークリッド幾何学の平行線公理を別の公理によって置き替えると、それは非ユークリッド幾何学の公理になってしまう。カントールの集合論で連続体仮説を公理に採択すれば、そうでないものと大きく異なる公理系が構成されてしまう。資本主義の公理系でも同様のことが言える。「福祉の公理」を採択することは、たとえ資本主義の枠から外れるのではないとしても、資本主義全体に大きな変化をもたらす。レギュラシオン学派の概念を借りるなら、これは「蓄積体制次元での転換」を意味する。それにより節約と蓄積だけを強調したかつての禁欲的資本主義から(15)、国家の財政によって人民の有効需要を創出して、節約ではなく消費が美徳になる資本主義に変容する(16)。

ところで、「交換の公理」あるいは価値法則の公理を贈り物の公理のようなものによって置き替えるとするならばどうなるだろうか。あるいは、労働だけが価値を生産するという「労働の公理」を労働のない生産の公理やバタイユの言う「消尽の公理」で置き替えるとするならどうだろうか。もはや資本主義だとは言えない公理系が出現することは間違いないだろう。

もちろん、全世界的な範囲でこのような公理系を構成することは、そのような公理の置き替えを阻止しようとするブルジョアジーの抵抗や国家政治による弾圧と必然的に相対することとなる。革命はこのように資本主義の根本的な公理を置き替えようとする闘争だと言えるだろう。しかし、このような公理の置き替えが、必ずしも全社会的な層位で進行する理由はない。資本主義がひとつの公理系であるということは、私たちが生きる生の領域において異なる種類の公理系を構成することを阻止できないということを意味する。はたして資本主義が転覆されるまで、新しい生の方式、新たな公理系の構成を延期するべき理由はあるのだろうか。ないとするならば、資本主義のなかで必要な最小値によって資本主義と繋がっていても、資本主義とは異なる種類の公理系を構成できる、いや、構成すべきである、ということを意味するのではないか。

このように資本主義の中で存在するにもかかわらず、非資本主義的な公理系のことを「資本主義の外部」であると言えるだろう。ならば、コミューンとは資本主義のなかに存在する、そのような非資本主義的公理系だと言えるだろう。資本主義がひとつの公理系であるということから、私たちは資本主義のなかに存在する非資本主義的コミューンの存在可能性を導出することができる。複数の要素が、資本の論理に外部的な或る原則（公理）に従って、或る循環の利得を生産しそれらをやりとりするようなやり方でひとつの循環系を形成する時、私たちは資本の外部を構成したと言えるだろう。資本主義のなかで構成する、このような集合的循環系もまた、ひとつの共同体であると言えるだろう。これは〈つねにすでに〉与えられたものとしての、また資本によって搾取されるものとしての存在論的共同体とは別のものである。その意味で、これを「コミューン」と呼ぼう。これは今現在の時制の中で実践的に構成されなければならない何かなのである。そして、資本の論理に反する、あるいはそれと対決する方式でコミューンを構成しようとする試みについて「コミューン主義」という一つの一般化された名称を使うことが出来るだろう。

コミューン主義とは、資本主義の中でこのような外部、つまり資本主義ではない生の方式や生産方式や活動の仕方を創案しようとする試みを意味する。つまり、等価交換の規則とは異なるやり方で生産の成果を取り交わす生産の方式、価値法則とは異なるやり方で活動やその成果を分かち合う活動方式、カネに還元され得ない価値を創案し、増殖へと帰着しない貨幣の使用法を創案することなどである。資本と対決するこのような様々な試みが、一定の〈自己‐組織化〉を通じてそれなりの境界を形成するとき、それは生命力のある新たな循環系を、広い意味で「共同体」と呼ぶことのできる外部地帯を構成したのだ、と言えるだろう。そして、ここからさらに進んで、私たちは資本主義社会の中でこのような非資本主義的あるいは反資本主義的な外部を増殖させることができるだろう。そうして、資本主義社会を非資本主義的な外部によって充ち満ちるようにできるだろう。そうすれば、穴だらけの「メンガーのスポンジ」のように、コミューン的な穴の総和の体積が元の体積を代替するような立方体を想像できるのではないか。それは、通常の資本主義を転覆し「打倒」するような形とは異なり、まるで穴によって元の立方体である資本主義の体積がゼロに収斂していくようなやり方で資本主義を「撤廃」、より正確に言えば「無効化」する方法であると言えるのではないか。

資本主義の内なる外部の存在は、資本主義とその外部との間に何らかの機会と危険があることをも暗に意味している。非資本主義的あるいは反資本主義的コミューンが資本主義撤廃以前に存在すること、すなわち資本主義の内部に存在すること――それはコミューンが資本主義と共存できるある公理を含むことを意味する。その公理によって、私たちは資本主義の公理系とその外部である非資本主義的公理系の間を横断する。その公理群は資本主義にも、非資本主義にも共通の、ある公理群であろう。したがって、そこには非資本主義的な公理群が資本主義のなかに浸透し、新しい決定不可能な命題を作り出す可能性があるが、同時に非資本主義的公理系に資本主義的な公理が浸透し得る経路になる可能性もある。

よく知られているように、運動や抵抗あるいは闘争は、資本主義をして非資本主義的な公理を採択させる。そうした例として、社会主義運動がいわば「福祉の公理」を採択させたことや、エコロジストたちの抵抗や運動が資本主義的な開発を阻止する「環境保護の公理」を決定不能な命題として浮上させ、無視できない力を発揮させていることが挙げられる。「福祉の公理」が「有効需要」の経済学を作り出したように、「環境保護の公理」がかつての労働価値論では経済学的価値の付与されなかった生態学的な諸要素に対して「環境財」としての価値を付与する「環境経済学」を作り出したことは、変化の徴候だろう。もちろん、「家事労働」のように「環境財」の概念もまた価値化しなかったものが価値化したということは、それが資本主義の経済の一部に編入したことを意味する。しかし、それは資本主義の公理の中に入る限り、避けることのできない代価であろう。二酸化炭素の規制、酸素税のような諸概念もやはり、資本主義の公理系の中に別の公理として環境運動やエコロジー運動がつめ込んだ決定不能な命題と結びついていることだろう。

その反対に、資本主義の中で存在するほかないという点において、非資本主義公理系あるいは様々なコミューンが必然的に採択する公理群は、コミューンに資本主義的諸要素が自然発生的に浸透する経路となる。例えば、価値法則に反する活動と交換の公理を採択するにしても、コミューンの構成員が資本主義的な賃金を受け取って自分やコミューンの生活の糧を得なければならない限り、労働の公理や交換の公理から脱することは難しい。すなわち、それらの公理群は暗黙的に決定不能な命題として、コミューン的な公理系に含まれているのだ。計算の公理もやはり同じである。コミューンの空間や必要な物資を資本主義の公理系から購入しなければならない限り、計算の公理を避けることは難しい。暗黙的に作動するこうした決定不能な諸命題を意識し、それを制御する何らかの方法や慣習を作り出すことができなければ、これらの資本主義的な公理群が非資本主義的公理系を変換させ解体してしまう可能性は、排除できない。

したがって、コミューンではこのような資本主義的な公理の稼働に対して意識的に対決し、それを乗り越える新しい公理を作り出し、それが実質的に作動し得るようにすることが重要である。このような点で、資本主義の外部を創案するために重要なのは労働価値論の擁護ではない。より重要なのは、活動を「価値化」し、循環の利得を価値化する「労働」の観念に対する批判的な距離である。それが資本主義の外部を創案する際に重要になってくるのだ。また、あらゆるものの価値を、その生産に投与される「人間の」労働時間によって規定する人間中心主義的観点から脱しなければ、コミューンによって作り出されるべき「共同性」に充分に到達できないだろう。そして、共同体という観念につきまとう同質性と内部性の観念を脱しなければ、共同体と呼ぼうがコミューンと呼ぼうが、共同体を構成しようとする試みを通じて、もう一つの排他的な暴力が産み出されることになるだろう。それに反して、異質性に対する開放として、異質性や差異の肯定としての外部性を核心的な原則にしなければならない。また、生産力とは投入量に対する産出量の比率である生産性のことであると見なす通念、即ち、効率性を生産的な能力と同一視するこのような功利主義的観点から脱け出さなければ、資本主義との根本的な断絶としてのコミューン主義、あるいはコミューン主義的生産ないし生産能力という概念を、理解することはできないだろう。

すでに私たちが指摘したように、生産力は「人間と自然の間の関係」であるというマルクスの定義によれば(17)、資本主義における生産力であれコミューン主義や社会主義におけるそれであれ、生産力が単に生産性という指標の量的な差異に過ぎないという考えほど不当なものはない(18)。さらに付け加えれば、自然と人間の間の関係を根本的に変革するということは、単に両者の敵対的関係を相生《そうじょう》的な関係に変えようというような単純素朴な逆転ではないはずだ。それは、自然に対する観念、そして人間に対する観念そのものまで根本的に変革するということを意味する。人間と自然の対立、人間と非人間の対立、生産者と生産手段の対立、目的と手段の対立、そしてこれらの対立を基底から支えている生命と機械、生きたものと死んだものの対立を越えることなしには、そのような根本的な変革は不可能であるからだ。それを越えない限り、そして人間が中心に位置するという特権を手放さない限り(19)、実際には生きたものと死んだもの、生命と機械などの区別さえも模糊としたものにして作動する異質的な諸要素の巨大な循環系とその共同性を、そして、その共同性に〈つねにすでに〉含まれている外部性を理解できないからである。循環の利得をひたすら人間の観点で「価値化」する限り、価値化に〈つねにすでに〉前提されている「剰余価値化」を、剰余価値を得るために循環系を変形させ搾取する資本の作動を、その酷い効果を充分に把握できないからである。

コミューン主義は来たらざる未来時制——資本主義の後の社会主義という遠大な以降の時期を経ていつの日か到達するであろう、しかし実際は無限に延期されるために、自らの生の現在性では「ない」何かになってしまう未来——のものではない。反対に資本主義が支配する世界のなかでも、いつでも構成可能なものであり、資本主義のなかで資本と対決しつつ作り出す資本主義の外部である。それは未来のいつかへと留保したり、延期したりするものではなく、今ここで自らの現在的な生を変革し構成してゆく移行運動として、現在時制の中で進められる「現実的な移行運動そのもの」なのだ。

4・社会主義とコミューン主義

資本主義の第一次的な成分は資本の増殖欲である。それは資本主義の様々な公理をまとめてひとつの公理系に仕立て上げる。より増殖した資本になろうとする資本の欲望、別の言い方をすれば、資本を増殖させようとする資本家の欲望である。マルクスはこれを「資本の一般的公式」を通じて非常に簡明に表現している：G―W―G´（G´＝G＋ΔG）[20]。貨幣に始まり、売り買いを反復する資本のこのような運動において決定的なのは、増殖した貨幣を表示するΔGである。周知のように、これは「剰余価値」を意味する。しかし、この公式で重要なのは、数学的な意味で量が増加するという事実よりは、資本の運動が正にこの剰余価値に対する欲望によって、増殖欲によって稼働しており、これが貨幣と区別される「資本としての資本」を規定するという点である。危険にもかかわらず遠く他所の土地まで出て行き商品を売り買いしようとする欲望も、他人の労働を利用して生産しようとする欲望も、全て資本の増殖欲が異なる形で表れたものに過ぎない。資本間の競争も、競争的な条件による「等価交換」も、そのような交換の場である市場を拡大し維持しようとする欲望も、全て資本一般のこのような欲望によって作動する。そして、このような資本の欲望が局地的な労働や局地的な市場を越えて一般化するとき、資本主義が誕生したと言えるのだろう。

　資本の欲望、それは資本主義の公理系を稼働させ維持する核心的な動力である。しかし、この裏面をひっくり返してじっくり見れば、資本主義の公理系に従って「思考」し、判断し、行動するかぎり、あるいはより正確にはその公理群に従って欲望し行動する限り、誰であれすでに資本の欲望の中にいると言える。

これはその者がすでに現実的に「資本の担い手」であることを意味する。すなわち、食べていくのに必要な量を上回る一定量の貨幣がこの者に与えられることが、増殖のために使おうとする（投資！）欲望を持つということになるのだ。したがって、すでにこの者は潜在的に資本家あるいはブルジョアだということになる。実際に私たちの周りのほとんどの人々は、このような欲望を持っており、カネが余れば株やファンド、不動産などでそれを増殖させるために懸命になって動き回るのだ。

資本に対するマルクスの定義が妥当であり、資本家とは「資本の担い手」であるというマルクスの命題が妥当ならば、カネが有ろうと無かろうと、職業が労働者であろうと店員であろうと、増殖欲によって判断し行動する者は全て資本家階級に属すると言える。そのような欲望に従って生きる者は全てブルジョアなのだ。このような者はまた、職業が労働者だろうと農民だろうと、財産が有ろうと無かろうと、ブルジョア的「政策」つまり資本増殖に有利な条件を作り出す政策やそのような方向性を持った政策を支持するだろう。この者の思考や行動は経済的にも政治的にも、あるいは文化的にも、ブルジョアジーのそれに従うだろう。資本主義社会の人口比率でいえば、職業や地位がブルジョアに属する者よりも労働者に属する者の比率が圧倒的に高いのにもかかわらず、選挙でほとんどの場合ブルジョアジーが勝利し、国家権力をほとんどの場合ブルジョアジーが掌握しているのは、このような理由からだろう。資本に包摂され、資本家が要求するままに考え行動する労働者が「可変資本」に過ぎないように、資本の増殖欲に包摂されブルジョアとして思考し行動する人は全てブルジョアに過ぎない。どれだけ労働者の数が増えたとしても、このような欲望の転覆や解体なしには革命など遥か彼方のことだろう。先進国になればなるほど、労働者が革命から遠ざかるのは、このようなことと無関係ではないだろう。資本に抗する革命とは、このような欲望を転覆することであり、異なる種類の欲望の配置を作りだすことである。

資本主義の諸公理と資本の欲望の関係を理解するならば、資本主義的公理系が仮定し産出する「普遍的な人間」の形象は、実はブルジョアのそれであることを知るのも難しくないだろう。資本主義社会ではブルジョアジーという唯一の普遍的階級のみが存在するのだ。ブルジョア的欲望によって判断し行動する限り、職業が何であれ所得がいくらであれ財産がいくらであろうと、みなブルジョアジーという一つの階級に属する。資本主義社会にブルジョアジーというひとつの階級だけが存在するということ、それは世界にブルジョアだけが存在することを意味するのではない。ブルジョアジーに属しない、言い換えれば「階級」に属しないものたちが多様に存在する。資本の公理、あるいはブルジョアジーを構成する価値法則の公理に従わない者たち、服従するはずであるブルジョアを持たない者たち、あるいは雇用されていても彼らブルジョアの意思から離れていく者たち……。こうした者たちは単一の階級的規定性を持たないという点で〈非-階級〉に属していると言わねばならない。マルクスによれば、無産者を意味する「プロレタリアート」はこのような〈非-階級〉を指し示す概念である。「ラディカルな鎖に繋がれた一階級……市民社会のいかなる階級でもないような市民社会の一階級、あらゆる身分の解消であるような一身分」、まさにこれがプロレタリアートである(22)。〈非-階級〉とはブルジョアジーがひとつの階級として存在する限り、必然的に存在するほかないブルジョア階級の外部である。

したがって、ブルジョアジーとプロレタリアートの階級闘争は何にもまして、二つの階級間の闘争ではなく、階級と非階級の間の階級闘争である(23)。ブルジョアジーの階級闘争が始まるのは、生産的な能力を生産の条件（生産手段）から分離して商品化しようとする瞬間からである。階級的普遍性の中に入って来ないもの、階級的意思の外部にある全てのものは潜在的敵対のなかで把握される。プロレタリアートの階級闘争は、当初はブルジョアジーのこのような攻撃に対する防御から始まるが、だからといって常にブルジョアジーの対立物となって相手をするのでもなく、彼らの攻撃に受動的な反作用をするのでもない。むしろ、階級的包摂や階級的支配から外れた、あるいは多くの場合、直接的な衝突の形式から外れた活動の場であるという意味での非階級的地帯を創出したり、新しい生の方式、新たな生産の場を創案したりもする。オーウェンやフーリエなどの名で呼ばれる「空想的」だという理由で非難された十九世紀の、あるいは他の時代のコミューン主義的運動の数々はそのようなものであった。それらは資本主義の外部、階級的支配の外部を創造する肯定の運動であった。

しかし、周知のように階級闘争はしばしば革命的闘争という様相で繰り広げられ、ブルジョアジーをひとつの階級として統合する国家権力に真っ向から立ち向かうこともある。多様で互いに異質な諸集団が混ざり合い、ひとつの大衆的流れを形成し、国家装置の障壁を解体し、階級的支配の装置を打ち砕いて前進する。しかし、多くの場合、階級的な境界を解体し破壊しても、その闘争の成果は集約も凝縮もせず、革命の退潮と共に流失してしまう。そして大衆が流れ去った場を、生き残ったブルジョアジーが再び掌握し、階級的支配の諸装置を設置する。そしてブルジョアジーの「反動」が始まる。フランス革命の見せた諸様相はこのような事態の繰り返しであった。

このような経験によってプロレタリアートは、異質的な要素の混合的な流れから抜け出て、ひとつの独立した「階級」へと変換しなければならないという認識に達したであろう。そして、階級的支配そのものの撤廃を求める階級、ブルジョアジーという階級に抗してそれを転覆し解体しようとする、〈反-階級〉

(counter-class)としてのプロレタリアートを構成しなければならないと考えるようになったのだろう。マルクスとエンゲルスの「共産主義宣言」の最後の有名な文章に私たちが見出すのは、プロレタリアートをひとつの〈反−階級〉に変換する革命的創案である。そして、そのために大衆運動の流れを組織し、ひとつの階級に「束ね上げる」組織が出現する。プロレタリアートの党である。それを通じてプロレタリアートは全国的範囲で組織され有機的に統合されたひとつの全階級的概念になる。ブルジョアジーとの敵対的関係の中で対立・闘争するもうひとつの「階級」が誕生するのだ(24)。

私たちは社会主義とコミューン主義をこのような階級闘争の脈絡から出現した相異なる戦略として対比することができるだろう。前者の発生にはブルジョアジーの支配に対する〈反−階級〉化の欲望がつながっているとするならば、後者につながっているのは、階級そのものに反する〈非−階級〉化の欲望である。まず、社会主義は諸個人を社会的集団として組織し、生産の無政府性に反する計画的統制を通じて効率的な体制を樹立しようとする。これは全社会的次元で人民を単一の階級に組織化しようとする党的な企画に即したものである。結局、社会主義は労働者階級がブルジョアジーに代わって社会全体を支配し統制する社会を構成することで、全国家的範囲でひとつの「普遍的階級」として自らを完成しようとする企画だったと言わなければならないだろう。

反面、コミューン主義は、全社会的次元で労働者や人民をひとつの階級に構成しようとするのではなく、階級的欲望の外部、階級的支配の外部を作ろうとする。国家を通じて、全社会を単一の有機的な統合体にしようとするのではなく、それぞれに与えられた条件に従って、必然的に異なる多様な種類のコミューン的共同体を作ろうとする。それを通じて、また異なる〈非−階級〉的実践を触発する。そのようなやり方で、その実践の幅を拡張できるだろう。そうすることでブルジョア的欲望とは根本的に異なる欲望の配置を創案し、階級的欲望（＝増殖欲）の解体を試みるのだ。それは正当な対価の得られる労働をしようとするのではなく、価値化された活動である労働そのものの消滅を追求する。国家に帰属する代行者ないし代理者を通じて全社会を媒介するような政治ではなく、自らの生そのものを通じて、直接的に構成される新しい生の方式あるいは新たな社会関係を構成し、その場にあって資本の公理と対決する実践の体制を構成しようとする。そして、そのような複数のコミューン的構成体の間の接続と横断、あるいは「ネットワーク」を通じて、資本主義が存在するなかで、それを横断する外部地帯を増幅させ拡張しようとする。

しかし、〈非-階級〉としてのプロレタリアートに注目したマルクスが、実際の革命を経験することで〈反-階級〉としてのプロレタリアートの概念を創案しなければならなかったということには、十分な現実的理由があったのだ。よって、これら二つのうち一つを選ぶという容易な選択が出口になることは難しい。資本主義の中でコミューン的外部を作って持続させることが可能だとしても、国家を通じて行使されるブルジョアジーの階級闘争を避けることが出来ない限り、それに対抗する〈反-階級〉の政治もまた容易に放棄することはできないからだ。それは階級と闘争するためには避けることのできない道ではあるが、再-階級化の目の眩むような危険を甘んじて受け入れなければならない道である。結局、革命は〈非-階級〉と〈反-階級〉という、この二つの相異なる概念のプロレタリアートの間で進められるものでしかないのだ。

こうしたことから、コミューン主義と社会主義、コミューン的な外部と社会主義的な運動の連帯を積極的に思惟化することが要求されているのではないだろうか。そのような連帯とは、一方ではコミューン主義が社会主義運動を支持し共に参加することを意味するならば、もう一方では社会主義をコミューン主義的な様々な外部が増殖するよう触発する条件を形成するのだと再定義することを意味するのではないか。これを通じてのみ、社会主義の社会は、資本主義社会からコミューン主義的社会へと移行する移行期になりうるのだと、私は信じる。なぜなら、レーニン的な意味において、「社会主義」が「能力に応じて働き、労働に応じて受け取る」社会、つまり価値法則が解体されないままに稼動している社会であるならば、いくら生産力が発展してもそれは「共産主義」や「コミューン主義」社会に移行する契機などないからである(25)。その移行への契機は初めから「コミューン主義的」なものでなければならない。そして、そのようなコミューン主義的契機を、社会主義もまたその必須の外部として稼動させなければならないのである。社会主義がコミューン主義的外部の増殖を触発し促進する条件となること、それは社会主義とコミューン主義が連帯する最も重要な目標になるべきである。それは〈非-階級〉と〈反-階級〉が相容れないことに比肩するほど逆説的で二律背反的な条件である。しかし、そうした条件においてのみ、自ら消滅に向かって稼動する国家、自らの消滅を推進する移行期という逆説的で二律背反的な社会主義概念が実質的に稼動し得るであろう。

現実社会主義の失敗――それは次のようなことに起因するのだと私たちは信じる。現実社会主義は、〈反-階級〉的革命の「成功」の後、あらためて〈非-階級〉的な新たな生の方式を創案し鼓舞しようとはしなかった。むしろ、そうした動きを「反プロレタリア的なもの」と見なし禁止し排除しようとした。そうすることで、それはブルジョアジーにとって代わるもうひとつの階級に安住してしまった。再階級化にはこのような危険が折り込まれているのだ。したがって、そのような危険に抗う、〈非-階級〉化の戦略、あるいは〈非-階級〉的運動や〈非-階級〉的政治が、社会主義あるいは社会主義運動の中でも稼働できるようにするべきである。そのような時にこそ、革命は現実社会主義の崩壊によって与えられた、暗鬱な展望を乗り越えることができるだろう。〈非‐階級〉の政治学としてのコミューン主義とは、社会主義の中でプロレタリアートの再‐階級化を阻止する、〈非‐階級〉化のベクトルを稼働させる社会主義の外部なのだ。

5．新自由主義とコミューン主義

かつて、テイラー主義的な脱熟練化やフォード主義の画一性の克服であると賞賛された「ポスト・フォード主義」の裏面が「新自由主義」であることが露呈し始めたのは九〇年代半ばのことだったように思われる。例えばトヨタ自動車の「かんばん方式」と「多品種少量生産」などの言葉で要約された生産の柔軟性は、それに対応する物品や資材調達の柔軟性はもちろん、労働者を必要に応じて引っ張ってきて使っては、不要になれば容易に解雇する雇用の柔軟性を前提にするものだった。このために日本経営者団体連盟（日経連）は、一九九五年「新時代の『日本的経営』」という報告書で、「長期蓄積能力型、高度専門能力活用型、雇用柔軟型という三つのグループの非正規雇用」を本格化させ、「労働者を階層化すること」を新たな日本式経営の労使関係モデルとして提案している。終身雇用を要諦とした日本の労使関係に根本的転換を要求する提案だったことになるが、一九九九年労働者派遣法改正を筆頭に、派遣労働をはじめとする非正規職労働者の拡大を惹起した一連の法がつくられる。その結果、二〇〇七年、日本の非正規職労働者は一九〇〇万人に迫り、全体労働者の約三五％に達する(26)。かれらの平均賃金水準は正規職の五〇％程度である(27)。

さらに象徴的なのは、米国発の経済危機の余波だとはいえ、二〇〇八年末に日本で行われた大々的な派遣切りで最も決定的な役割を果たしたのは、トヨタ自動車であったという事実だ。反貧困運動の関係者たちは「大量の派遣切りを進めるトヨタ自動車やキャノンなど日本を代表する大手製造業一六社の二〇〇八年九月末の内部留保合計額は景気回復前の二〇〇二年三月期末から倍増し約三三兆六〇〇〇億円に上っている」ということから見て、これは経済危機による不可避の措置ではなく「企業犯罪」であると批判する[28]。韓国でも一九九七年のIMF「勧告」によって導入された「派遣自由化」以降、非正規労働者が急増し、今や労働者全体の半数を超え六〇パーセントに近づいているということも、やはりこれと同じ流れの中にあると言えるだろう。全てを市場に任せろという美名の下に、資本の柔軟性と効率性のために労働者や民衆を極端な競争と貧困そして不安定さのなかに押し込めた「新自由主義」が、まさにこのような体制の名前であったということは既によく知られている通りである。

このような点で、かつて「国民の総中流化」の達成を誇っていた日本が今では「下流社会」であるとか[29]、「格差社会」[30]、または一度滑り落ちてしまうとどこかで引っかかり助かるどころか、そのまま下まで落ちてしまう「すべり台社会」[31]と言われるようになり、「日本全体が寄せ場化した」[32]という言葉が一般化するようになってきた。安定した職を持てない非正規労働者たちは解雇と同時に生活する住処を失うことになり、ネットカフェを寝食の場とする日雇い労働者やホームレスになることが多く、労働問題がそのまま生活の不可能性を意味する極端な「貧困問題」に直結するようになった。経済的貧困に加えて彼らをさらに困難に陥らせるのは、社会的孤立を意味する「関係の貧困」である[33]。日本人の場合、失業者になると孤立し生活問題を全部一人で抱え込む場合が多いが、これに比べて外国人労働者の場合は大部分が非正規なので貧困に悩まされるが、小さな共同体を作って助け合って生きていく場合が多いという点が対照的だという(34)。

新自由主義は、このような問題を資本や国家が解決するどころか、かろうじて残っている紐帯の枠組みを壊し、問題を「各人の責任」に転嫁してしまう。この場合、貧困のなかに放置され孤立した人々が生きていくことのできる道は、コミューンないし共同体的な関係を通じてであろう。例えば日本で反貧困運動をする人々が孤立した貧民たちを支援するために作った団体（自立生活サポートセンター〈もやい〉）が「もやい」という言葉を選んだというのは興味深い事例であろう。「もやい」とは「共同で働く」あるいは「共同で所有する」という意味を持っているのである。

コミューンや共同体の力と現実性は貧困の極限という特定の条件でのみ有効なのではない。実際に極めて異なる次元で、コミューン的関係は現勢的なものとして作動している。人類学者デイヴィッド・グレーバーは資本が支配している工場においてですら、私たちの日常は多くの場合、コミューン的であることを示してくれる良い事例を挙げている。例えば、工場で働く労働者がそばにいる同僚に「おい、そこにあるスパナをちょっと取ってくれ」と声をかけた時に、「じゃあ、そのかわりにお前は俺に何をしてくれるんだ」とは聞かずに、ただ取ってくれるのだ。このように「お互いが助けるという仮定の下にいちいち私があなたにいくらを贈与し、あなたが私にいくらを贈与したかを計算しない関係を持つならば、それはコミューン主義的関係」なのである。これは友人や恋人、家族などでは一般化している関係だが、コミューン的関係が前に例を挙げたような場合のみに限られていないということを示している(35)。これは日常生活の中で数えられないほど起きることである。コミューン的関係は私たちが知らない間にも私たちの生の中に現実的に稼働しているのだ。

　コミューン主義は非現実的な夢想でもなく、到来しないものに対する虚しい約束でもない。それは私たちの生、生存と生命が〈つねにすでに〉足を踏み入れ、よって立つ地盤であり、今も世界のいたるところで絶えず作られては瓦解している現勢的構成体であり、資本の搾取が酷くなればなるほど人間や生命の生存のためによりいっそう緊要に要請される現実的なオルタナティブである。さきに挙げた諸例は、「人間の本性」であると仮定された私的所有や利己主義に反してコミューン的な活動に加わる積極的な意思を持った多くの人々がいることを示している。このような点で、資本に支配された時代、「新自由主義」という極端な搾取の時代ほど、コミューン主義が現実性を持っているときはないと言わねばならないのではないか。しかし、そのような活動が資本の搾取に領有されないためには、資本が存在しないと思われる場であっても、資本と対決するための強い緊張を忘れないようにすることが必要だろう。

　さらに付け加えるなら、新自由主義的体制が巨大な経済危機によって崩壊したこんにち、信念を持って新自由主義を主張していた資本家たちに、彼らの信念に反して国家が介入して巨額の公的資金を投与するという皮肉な事態を余りにも容易に私たちが容認するのは、企業や資本が生き延びてこそ雇用が生まれ、労働者も民衆も生活できるのだという、資本の論理に飼い慣らされているためであろう。また、資本を媒介にすることでしか生を考えることのできない経済学的な習俗のためであろう。国家の介入や公的な救済を否定する彼らのためには、彼らの信念に反して、あれほどまでの巨大な資金を投与しておきながら、積極的な介入や救済を要請する人々のためには個人的な競争力をつけて耐え抜いてみせろという、この反語的事態を私たちまでが鵜呑みにしなければいけないのだろうか。しかし、そうして投与される資金の十分の一、いや百分の一、いや千分の一を民衆の生のために、例えば「ベーシック・インカム（基本所得保障）」のように労働しなくても生きていける最小限の線を設けるために投与できれば、息を吹きかえすやいなや社会に背を向けるのが目に見えている資本の復活を経由せずに、危機の突破口を探すことが出来るのではないか。巨大な公的資金を危機の主犯である企業や資本家のために使用することに比べれば、公的な資金をコミューン的（「共同」の）目的に合わせて直接利用しようという提案は、決して図々しいことでも、理不尽なことでもないと言わねばならないのではないか。もちろん、コミューン主義はこのような公的資金なしでも充分に可能な現実的代案であることを、逆にそのような資金に依存的になる瞬間、失敗する可能性があるという点を忘れてはならないという言葉を必ず付け加えねばならないのではあるが。

註

（1）ベネディクト・アンダーソン、『想像の共同体』、白石隆、白石さや訳、書籍工房早山、二〇〇七年。

（2）マルセル・モース、「贈与論」、『贈与論 他二編』、森山工訳、岩波文庫、二〇一四年：데이비드 그레이버（デイヴィッド・グレーバー）、『가치이론에 대한 인류학적 접근（価値論への人類学的アプローチ）』、서정은（徐晶恩）訳、グリーンビー、2009.（David Graeber, *Toward an Anthropological Theory of Value: The False Coin of Our Own Dreams*. New York, Palgrave, 2001.）

（3）第二章の註28を参照。

（4）J・E・ラヴロック、『地球生命圏』、星川淳訳、工作舎、一九八四年。

（5）モース、前掲書。

（6）この点で私は答礼の義務を通じて贈り物を交換の一種としてみなすモースやレヴィ＝ストロース（クロード・レヴィ＝ストロース、「マルセル・モースの業績解題」（『社会学と人類学』への序文）、清水昭、菅野盾樹訳、『マルセル・モースの世界』、足立和浩ほか訳、みすず書房、一九七四年、二〇四―二五四頁）に同意しない。また、贈り物に何らかの意図がこめられるやいなや、贈り物でなくなるということにおいて、贈り物は不可能だというデリダの考え（Jacques Derrida, *Given Time: I. Counterfeit Money*, tr., by Peggy Kamuf, Chicago: University of Chicago Press, 1992）にも同意しない。ここでは、その反対に、意図しないものも含めて贈り物であるという、贈り物の持つ一般性を主張していることになる。

（7）ウィリアム・マクニール、『疫病と世界史』、佐々木照夫訳、新潮社、一九八五年。

（8）カール・マルクス、『資本論草稿集①一八五七―五八年の経済学草稿 第一分冊』、資本論草稿翻訳委員会訳、大月書店、一九八一年、『資本論草稿集②一八五七―五八年の経済学草稿 第二分冊』、資本論草稿翻訳委員会訳、大月書店、一九九七年。

（9）カール・ポラニー、『大転換』、野口建彦、栖原学訳、東洋経済新報社、二〇〇九年。

（10）同書、二九八頁。

（11）李珍景、「人間、生命、機械はいかに合流するのか――機械主義的存在論のために」、『マルクス主義研究』（第一三号、二〇〇九年）を参照。

（12）カール・マルクス、『資本論』第一巻b、社会科学研究所監修、資本論翻訳委員会訳、新日本出版社、一九九七年、一二一八―一二三二頁。

（13）ジル・ドゥルーズ、フェリックス・ガタリ、『アンチ・オイディプス――資本主義と分裂症 上・下』、宇野邦一訳、河出書房新社、二〇〇六年。

（14）ジル・ドゥルーズ、フェリックス・ガタリ、『千のプラトー――資本主義と分裂症』、宇野邦一ほか訳、河出書房新社、一九九四年、五一七―五一八頁。
(15) ヴェーバーが分析した「古典的」資本主義がそれである。マックス・ヴェーバー、『プロテスタンティズムの倫理と資本主義の精神』、大塚久雄訳、岩波書店、一九八九年。
(16) ニューディール型の資本主義、ケインズ主義、あるいは「消費社会」やフォード主義蓄積体制がこれと結びついている。
(17) カール・マルクス、『資本論』第一巻a、社会科学研究所監修、資本論翻訳委員会訳、新日本出版社、一九九七年、三〇四頁。
(18) この問題については以下を参照。李珍景、「マルクス主義における生産力概念の問題」、『マルクス主義研究』、第六号、二〇〇六年。
(19) このような点で人間中心主義を越えることはコミューン主義を思惟し、実践するために非常に実質的であり重要な問題である。
(20) カール・マルクス、『資本論』第一巻a、社会科学研究所監修、資本論翻訳委員会訳、新日本出版社、一九九七年、二五〇―二五一頁。
(21) ジル・ドゥルーズ、フェリックス・ガタリ、『アンチ・オイディプス――資本主義と分裂症 下』、宇野邦一訳、河出書房新社、二〇〇六年、七六頁。
(22) カール・マルクス、「ヘーゲル法哲学批判序説」、『ユダヤ人問題によせて ヘーゲル法哲学批判序説』、城塚登訳、岩波書店、一九七四年、九四頁。〔傍点は著者による。〕
(23) 李珍景、『未－来のマルクス主義』、グリーンビー、二〇〇六年、二四七―二四八頁。
(24) これはブルジョアジーという階級の中で、あるいは資本の公理系のなかで進行する「賃労働者」としての階級化と区別される、もう一つの（反）階級化の経路を暗に含んでいる。経済主義と社会主義、改良主義と革命主義、社会民主主義と革命主義の長きにわたる区別はこのような二つの相反する階級化の経路を表現するものであった。

(25) これについては以下を参照。李珍景、『マルクス主義と近代性』、文化科学社、一九九七年、第八章。

(26) オ・ハクス「日本の非正規職現況と労使関係」、ウン・スミほか、『非正規職と韓国労使関係システムの変化(Ⅱ)』韓国労働研究院、二〇〇八年(오학수「일본의 비정규직 현황과 노사관계」은수미 외『비정규직과 한국 노사관계 시스템의 변화(Ⅱ)』한국 노동연구원 2008):宇都宮健児、「反貧困運動の前進」、宇都宮健児、湯浅誠編、『派遣村――何が問われているのか』、岩波書店、二〇〇九年、二一三頁:大久保幸夫、『日本の雇用』講談社、二〇〇九年、二一一頁。

(27) 日本では派遣労働者などを雇用し管理する部署は普通は「調達部」や「購買部」だという。このような点で、派遣労働者は労働者ではなく備品や物と同一な次元で管理されているというわけだ(小谷野毅、「社会運動の一部としての労働組合」、年越し派遣村実行委員会編、『派遣村――国を動かした6日間』、毎日新聞社、二〇〇九年、一六八頁)。

(28) 宇都宮健児「反貧困運動の前進――これからの課題は何か」、宇都宮健児、湯浅誠編、前掲書、三八頁:「派遣村は何を問いかけているのか」、宇都宮健児、湯浅誠編、前掲書、一〇頁:小谷野毅、「社会運動の一部としての労働組合」、前掲書、一七三頁。

(29) 三浦展、『下流社会――新たな階層集団の出現』、光文社、二〇〇五年。

(30) 橘木俊詔、『格差社会』、岩波書店、二〇〇六年。

(31) 湯浅誠、『反貧困』、岩波書店、二〇〇八年。

(32) 寄せ場とは日雇い労働者が集まる労働市場のことであり、東京の山谷、大阪付近の釜ヶ崎、横浜の寿町が有名である。

(33) 宇都宮健児、「反貧困運動の前進――これからの課題は何か」、宇都宮健児、湯浅誠編、前掲書、二一六頁。

(34) 中村かさね、「痛みを理解し合える社会へ」、年越し派遣村実行委員会編、『派遣村』、毎日新聞社、二〇〇九年、二二六頁。

（35）デイヴィッド・グレーバー、『資本主義後の世界のために――新しいアナーキズムの視座』、高祖岩三郎訳・構成、以文社、二〇〇九年。このような関係をサーリンズ（M. Sahlins）は答礼の義務がある「均衡的互酬性」と区別して「一般的互酬性」と呼ぶ。グレーバーはやり取りするものをいちいち計算したり記録したりしないこのような関係とは殆どの場合、持続し続けるものと思われているという点で「無制限的互酬性」と命名する。これについてはグレーバー、前掲書、四七〇―四七五頁（*Ibid.*, pp. 217-221）を参照。〔訳注：ここで引用されている韓国語訳で「無制限的互酬性」とされている言葉は、原著では open reciprocity である。グレーバーは『負債論』（以文社、二〇一六年）で、これを基盤的コミュニズム（baseline communism）と呼ぶ。〕

第六章

現代資本主義と〈生命－政治学〉

1．資本主義と生命の問題

細胞の操作・加工・増殖からクローン作成までを含む広義の生命複製——これはこんにちの社会を表す重要なキーワードの一つではないだろうか。この時代について、ある者たちは科学が生命の秘密を捉え、より有益に利用できるようになった時代であると考え、また他の者たちは科学技術が生命そのものまでも支配するようになった時代であると批判する。しかし私たちが見るに、生命複製の時代とは、生命力が商品化され生命の活動そのものが剰余価値となる時代——言い直せば、資本が生命体を、つまり生命の循環系を、有機体や細胞以下のレベルで搾取しはじめた時代である。生命産業《バイオ》とは、このような搾取が「産業的な」方法で進められていることを示す言葉である。それでは、このような事態を私たちはいかに理解すべきだろうか。このような搾取に対していかに闘うべきだろうか。

このような生命の搾取について的確に思考するために、既存のマルクス主義「政治経済学」(political economy)は何らかの役割を果たしているだろうか。残念なことに、その問いへの答えは「否」というしかないようだ。古典的な労働価値論は生命体の搾取を見て、その作業に従事する人間への「搾取」であると解釈してしまう。だが、例えば乳からクモの糸を作り出すように形質転換がなされたヤギによってもたらされる剰余価値は、その遺伝子操作を行った科学者の労働を搾取したものだろうか。実験のために癌細胞を持って生まれるよう形質転換がなされたオンコマウスから発生する剰余価値は、その遺伝子操作方法を発明した科学者や操作作業を受け持った実験室の大学院生たちを搾取したものだというべきだろうか。もしそうだと言うならば、それは生命の搾取を理解する方法ではなく、生命の搾取を人間の労働によって正当化する方法ではないだろうか。

人間自身の生命力が遺伝子操作によって商品化されるとき、このような難点はきわめて明瞭にあらわれる。ジョン・ムーア(John Moore)の例がそうである。カリフォルニア大学の医師らはムーアを治療する過程で彼の体に形成された特別な抗体を発見し、これを分離培養して「Mo」細胞株という名で特許権を取得、商品化し、この特許権を製薬会社に売却して巨額を得た。ムーア本人には知らせもせず、である。これを知ったムーアは彼らを訴えたものの、カリフォルニア州最高裁判所は医師らを支持する判決を下した。つまり細胞はムーアの身体において形成されたものではあるものの、彼にはそれを操作加工する能力がないため、それを加工して商品化した病院側が所有権を持つのが正当だというのである(1)。生命科学研究に資本が投資されるための措置であることを明示した、この判決によって、いまや私たちは自分たちの身体の一部ですら自ら加工して商品化する能力がなければ、所有権を主張できなくなったのだ。

このような判決は身体権や生命権についての私たちの通念に反するものであるが、労働価値説には符合するように見える。労働価値説によれば、自然に属する対象は価値を生産しない。それを変形させた者が、その加工に必要な労働時間に応じて価値を生産するのである。したがって「Mo」細胞株で剰余価値を生産したのは身体(＝原料)の所有者であったムーアではなく、それを加工した科学者なのであり、したがってその剰余価値の所有権は科学者が持つべきである。それはちょうど豚を加工して移植用の腎臓を作り出した場合にそれによる剰余価値が豚ならぬ加工者(人間)に帰属するのと同様である。クモの糸を作りだすヤギも、オンコマウスも同じである。

しかし、このようなやり方では現在の生命複製や生命産業が剰余価値を生産し搾取する事態をまともに理解できないだろう。人間の生命そのものが複製や増殖の重要な対象となっているこんにち、それはなおさらのことである。だが、そうだとしても、アガンベンのように、人間を「剥き出しの生」として動物的な生命と同一に扱うことから(2)、このような問題が起因するのだという見方では、いっそう理解しがたくなってしまうだろう。なぜなら、そのようなやり方で搾取する対象が、人間を例外として除いた、動植物の生命のみであるという体制になったとしても、生命産業や生命の搾取は同じように進行することは明らかだからだ。問題は人間を動物的な「生命」(アガンベンによれば政治的であるビオスから区別される剥き出しの生命としてのゾーエー)から救い出すことにあるのではなく、人間をも含めたすべての生命を搾取する体制にあるのであり、いかにしてそのような体制と闘うのかが問われているのである。ここで人間を他の生命体から分離しようというヒューマニズムは、問題解決の鍵ではなく、問題の誤認へと導く根本的な障害なのである。

伝統的な「政治経済学」によって、この問題が解決できないことは明らかである。しかし、私たちは資本主義に対するマルクス的分析を離れて、生命に対する「資本の搾取」をまともに理解できないだろう。ならば、どうすれば資本の搾取についての理論のなかで生命の搾取を理論的に究明できるだろうか？ここで私たちは『資本論』の副題が「政治経済学批判のために」であったことを想起する必要がある。つまり資本主義に対するマルクスの研究は、スミス、リカードに続くもう一つの「政治経済学」を生み出したのではなく、政治経済学そのものに対する批判を通じて形成されたということである。ならば、生命複製時代の資本主義は、再び私たちに「政治経済学批判のために」というマルクス的な企図を推し進めることを要求しているのではないだろうか。

以下では、このような「政治経済学批判」の観点から、資本による生命の搾取を、搾取の一般的概念との関連から概念化し、そうすることで「生命権」をひとつの実践的概念として提示することを試みようと思う。そのためには再び集合的な循環系としての生命の概念に、コミューン的存在の存在論に戻ることから始めなければならないだろう。

2．生命、循環系としての〈衆–生〉

すでに第一章で述べたように、十九世紀の生物学的個体の直観的な単位は有機体（organism）であったが、これはやがて下位レベルの器官（organ）や組織（tissue）へと概念的に分割され、細胞の発見とともに生物の基本単位の位は細胞によって占められるようになった。そこで判明したことは、有機体は一〇〇兆個の細胞の集合体であり、さらに細胞さえも細胞小器官というあまたの分割可能なものの集合体であるということである。つまり、〈分割不可能なもの〉(in-dividual) が実は無数の〈分割可能なもの〉(dividual) の集合体だということである。これは有機体以上のレベルにおいても同様であった。すでに言及したように、アリやハチは多数の「個体」が集まって一つの群体をなし、ひとつひとつの「個体」としては生存できない。「個体」の集合である群体の単位でのみ生存するのである。

群集をなすのは同一種の諸個体だけではない。相異なった生きものたちが互いに縁りあって生きる様相は生物界に広く見出されるのだ。例えば地球上のほとんどの岩を覆っている地衣類は藻類と菌類の共生体である。植物と菌類も実は互いに縁りあって生きる共生体である。植物の根が、リン酸をはじめとする無機栄養素を吸収するのを助けるのは菌類である。その一方で、菌類は根の細胞と繋がって植物が生産する糖類の供給を受ける。このような共生の様相は実は細胞レベルにまで及んでいる。例えばバクテリアに捕食されたのち消化されずに生き残り共生するようになった結果誕生した細胞機関として、独自のDNAを持ち独自に分裂したりもするミトコンドリアや光合成を行う葉緑体がある。前者の祖先はプロテオバクテリアであったことが、後者はシアノバクテリア (藍藻類) であったことが、リン・マーギュリスらによって遺伝学的に立証されている。単細胞の真核生物がそうであるなら、それらの集まりである多細胞の生物もまたそのような共生の方式を通して進化したものであることを理解するのは遥かに容易なことだ。この点において、アメーバのような原生生物、あるいはゴキブリやアリ、またはサルや人間もやはり違いはない。そう、人間もやはりバクテリアたちが互いに食い食われながら巨大な規模に統合したひとつの群体なのだ(3)。私たちの身体自体が、異質な諸細菌の共生体が巨大な規模で複数集まり構成されたひとつの集合体なのである。

したがってこのように言うべきだろう——「あらゆる個体は〈衆－生〉であり、あらゆる生命体は共同体である」。このような点で先に第一章で述べたように、個体と集合体を対立させ、個人と共同体を対立させる十九世紀的な「個体」観念から脱すべきである。このような観点から、わたしたちはスピノザのように個体とは個体化の結果であり、したがって個体化が多様な様相で進み得る限り、多様な様相の諸個体が存在し得るのだということを指摘してきた。個体化に〈巻き－込ま〉(in-volve) れるあまたの〈下位－個体〉(sub-individual) の集合体が一つの身体を構成するとき、わたしたちはそのように構成された身体を全て個体であると定義することができる。個体とはいかなる場合であれ、多数の要素が群れをなしてひとつの身体へと個体化した存在、すなわち〈衆－生〉(multi-dividual) なのだ。それはそれぞれの個体が〈つねにすでに〉複数の要素が互いに縁りあって生きる「共同体」であることを意味している。

このような衆生的集合性はたんに生命体にのみ適用されるのではない。これは全ての個体化するもの、スピノザの概念でいうならば「様態一般」に当てはまる。ここで「生きたもの」と「死んだもの」、機械と生命の差異はない。機械と生命を区分する、越えることのできない深淵のようなものは存在しないのだ。それらは全ての存在者をひとつに括るひとつの同一な平面に存在する。衆生的集合性、衆生的共同体性は、このような存在論的な平面の上で全ての様態、全ての「個体」が持つ共通性であると言える。この平面の上で全ての者は同等にスピノザの言う「自然」であり、またドゥルーズ／ガタリの言う「機械」である。

しかし、このような存在論的「平等性」は、「生きたもの」と「死んだもの」、生命のあるものとないものが同一であることを意味するのではない。ひとつの平面の上で諸個体のあまたの分類が存在するように、

「生きたもの」と「死んだもの」を分かつ分類も存在するのだ。何が彼らを区別するすべを与えるのだろうか。ここで再び生命体の本性を「生命」であると定義するような同語反復を繰り返してはならないだろう。そのような同語反復は、実は生命とそれを欠いているものとは本質的に違うという「生気論的」な主張を繰り返しているのであり、生命と非－生命の間に二度と越えることのできない深淵を引き入れるものである。生命とは、複数の要素が集まって形成された集合体を別の種類の集合体と区別する、ある要因によって規定されねばならない。どのような要素の集合であれ、そのような要因が存在する限り、それは「生きている」と、「生命体だ」と言うことが出来るはずである。そして、その要因とは、自然の特定の様相、あるいは機械の特定の様相を表現する、或るものでなくてはならない。

まず、生命を「物理学的」観点で定義しようとした、シュレーディンガーの試みを参照してみよう。彼は、エントロピーの増加という自然発生的傾向（熱力学第二法則）に反して、エントロピーの増加を阻止するか、むしろ減少させる能力によって生命を定義している(4)。しかし、エントロピーの減少は結果的にあらわれる現象であって、それ自体が生命を維持する要素ではないだろう。それはかえってエントロピー増加を帳消しにしてもあり余る新しいエネルギーの生産によって発生する現象だと言うべきだろう。化学者マンフレート・アイゲンは、循環的に触媒の働きをする複数の酵素がひとつの循環的サイクルを成すことによって分子レベルでこのようなことが発生し得ることを明らかにしている。すなわち、E1→E2→E3→…Ei→E1のようにE2の触媒であるE1、E3の触媒であるE2などがひとつのループを形成すると

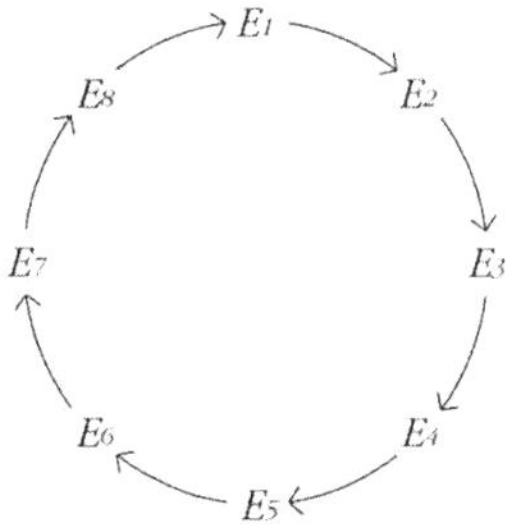

き、反応速度の爆発的な飛躍が起こり非平衡的安定性に到達する。

このような循環的自己組織化（self-organization）を通じてエントロピーの増加に反する安定した状態が存在し得るようになるのだ。後に「創発」（emergence）と呼ばれるこのような現象は概して、このように何かに必要なものを与え、他のものから必要なものを受け取る複数の要素がひとつの循環系を成すとき、そして、それが非平衡的恒常性を獲得するときに発生する。マーギュリスが発見した共生は、バクテリアが互いに必要なものを与え必要なものを得る、このような循環系が形成されることを意味するのだ。マトゥラーナとバレーラの主張によれば、そうした循環系が非平衡的安定性を維持できるのは外部との区別をつける「膜」が備わるときに限られているという(5)。

したがって、生命とはこのような循環系を構成し維持することのできる能力、あるいはそれに加担し、或る利得をそれから得ることの出来る能力によって定義される。別の言い方をすれば、生命力とは衆生的共同体を構成し、維持することのできる能力、あるいはそのような共同体に加担し利得を獲得できる能力のことである。このような集合的構成体をひとつの身体として維持し動かし、活動させるもの、それが生命力なのだ。ところで、このような能力は「生命の経済」という観点から見れば、ひとつの〈衆－生〉的構成体がその諸構成要素の間の物質循環（「新陳代謝」）を維持する能力である(6)。これもやはり単に有機体内部に限定されるものではない。有機体の間の共同体もやはり代謝的循環系を形成しているのだ。例えば二酸化炭素を利用して光合成を行い、酸素を排出する微生物や植物と、逆に酸素を利用して活動し、二酸化炭素を排出する動物や好気性微生物の巨大なネットワークを通じて、地球は非平衡的恒常性（homeostasis）を維持している。ラヴロックは、このように全地球的なレベルで繋がった循環系を「ガイア」と名付け、一つの生命体であるという(7)。これは生態系にも当てはまる。食物連鎖で繋がった生態的循環系は、ひとつの環に他の環が糧食を「提供」し、その環はまた別の環に摂取するものを「提供」する。そのように繋がってゆく循環の連鎖が一つの生態系を一つの生命として構成し持続させる(8)。このことは、お互いの間で循環的に何かをやり取りしつつ繋がる人々の共同体においてもまた違わないのである。

このような意味であらゆる生命は一つの循環系のなかで存在する。互いに縁りあい何かをやりとりする連鎖的関係の網の目のなかにのみ生命は存在する。その循環系は生命の持続のために必要な栄養の流れ、呼吸に必要な大気の流れ、大気や栄養を供給する体液の流れを循環させ、必要なところで切断・採取しつつ作動する。アイゲンが明らかにした触媒サイクルにある酵素の間や、マーギュリスが示した細胞間にのみ当てはまるのではなく、共同体を作る人間たちの間でも同様である。要するに何らかの代謝的な循環系を構成するだけでも、循環系をなす諸要素の間には飛躍的な利得が発生する。これは私たちが「循環の利得」と定義してきたものである。

3. 生命と資本

さて、循環系に人間が関与しており、循環の利得の剰余分(surplus)が人間の手によって循環系の間を移動する際に、交換が発生する。もちろん、ここで循環系とは、人間を含む自然の循環系や耕作の循環系、そして人間の共同体に分類される社会の循環系の全てに当てはまる。人間がいかなる形であれ、その循環系に含まれるか関与しているという条件においてである。もちろん循環系ないし共同体の間の剰余利得の移動が常に交換の形式を取るわけではない。それは相異なる循環系の間における、贈与という形式を取る場合がむしろ一般的である。しかし、いかなる理由からであれ、独立的な循環系の間で交換が必要とされるとき貨幣が発生する。「交換手段」としての貨幣はこのような共同体の間の交換を媒介するためのものである。それは「贈り物」の循環によって結合する共同体を破壊する恐れがあるために、共同体外部の交換に限って使用されたのだ。

循環系の間の交易、あるいは人間の集団間の交換は、循環の利得の当初の発生地点に始まり、さらに当初の循環系からも脱領土化され移動する可能性を創出し拡大する。市場はこのような脱領土化の場が体系化される空間を提供する。これは循環系のなかのいかなる地点にも入り込むことができ、循環系のなかのいかなる地点であれ、そこで必要な形態へと変身する可能性を持つようになったことを意味する。貨幣を通じて「利得」は使用価値ないし物質的形態から脱コード化され、その結果、代替不可能で互いに異質な諸利得が一つの一般的形態へと統合され累積し得るようになる。

ところで、貨幣が循環系のなかに入り、循環する質料の流れに従って運動できるようになれば、循環系全体を刷新する大転換が起きる。貨幣はまず、使用されたのちに残った循環の利得のありとあらゆる剰余を、その時々に消耗されるものから一般化された価値へと変換しようとする傾向を創出する。もちろん、第一次的には、それは外部のほかの循環系へと流出するなかで貨幣に変形され還流するだろう。このような交換の体制が樹立されると、循環系のなかのあらゆる剰余を貨幣化しようとする傾向が発生することとなる。そのうえに貨幣に変形した「価値」はその時々の直接的な使用から分離され貯蔵できるようになる。過剰な循環の利得の変換可能性とその貯蔵可能性によって、いまや貨幣は循環系のなかに存在するあらゆる剰余、あらゆる過剰の利得を吸収しようとする傾向を備えるだろう。剰余をその時々に消耗せずに後で使用可能な形態へと、一般的価値の形態へと変形して貯蔵すること。こうして今や自然のなかの過剰である循環の利得は、備蓄可能な一般化された価値である富へと変形される。

このような変形は、過剰なままに放置され、誰にでも接近が可能な循環の利得を極小化することで、循環系のなかに新たな要素が入り込んで共に生きていく余地を極小化し、また既存の循環系のなかの個体たちが環境の変化に適応する余裕をも極小化する。つまり循環系の変換能力、循環系の受容能力（capacity）を縮小させるのである。循環系ないし共同体には、貨幣が内部へと流入することを防ぎ市場が一般化することを防ごうとする態度が普通である。これは貨幣の流入が循環系にこのような能力及び生命力の減少をもたらすことと無関係ではないだろう。

循環の利得の貨幣化がなされる時、それが備蓄され、直接的な用途と無関係に使用される可能性は飛躍的に高まる。とりわけ貨幣の物理的特性は、備蓄を極めて容易にするからである。そして、それは特定の対価を得る目的で使用されるようになる。また、それは人々を自分の周りに引き寄せて自分の望む何らかのことをさせるのに使用することもでき、他の財産を購入するのに使用することもできる。しかし、より決定的なのはそのようにストックとなった貨幣が再び貨幣を増殖するために使用される場合である。周知のようにマルクスはこのように貨幣の増殖そのものを目標とする貨幣を「資本」と定義している。そしてこのとき増殖する貨幣が「剰余価値」である(9)。

剰余価値とは、直接的には増殖のために貨幣を使用することで得られた貨幣を意味するが、発生的に見れば、それは剰余的な循環の利得が貨幣的形態へと置き換えられたものである。また共時的に見るならば、それは循環的に結合した集合的・共同体的生産物の一部を、資本の所有者に帰属する私的な領有の対象へと変換したものである。つまりそれは共同体の集合的な生産の結果を私的に領有したものである。ところで、資本が剰余価値のために投与され使用されるという言葉は、私的に領有される剰余価値のために集合的な生産そのものに資本が投与され、それを規定するようになる事態を意味している。生産手段の所有関係が生産そのものを規定するようになり、剰余の領有方式が生産方式そのものを規定するようになるのだ。

そこで今や資本は単に循環系の外部との交換のために使用されるだけでなく、剰余価値のために循環系内部に向かうようになる。すなわち、剰余価値のために循環系のなかでの生産自体に投与され、生産自体を規定しようとする。特定の生産物を定め、その生産量を決定し、その流通経路を決定する。その結果、資本は生産の性格を根本的に変えてしまう。そもそも生産とは元来、生命すなわち〈衆－生〉的集合体のなかで、互いに何かを与える贈与的循環の連続体であったし、生産とは生命の持続以外に何の特別な目的も持たない生命体そのものの活動であった。そこで最も重要なのは循環的に繫がった諸個体の相互依存的な生存であった。

しかし資本が欲望する剰余価値の増殖が生産の目的になるやいなや、資本が選択的に投与される循環系の中で局地的な利得が発生し、それが偏重されるようになる。すなわち、資本は自らが目標とする特定の局地的利得のみを集中的に生産させ、それが循環系のなかの他の循環の利得の循環と持つ関係あるいは連関は考慮されず抽象される。資本が生産しようとするものによって、生産は局地化され破片化される。そしてそのために必要な資源を集中的に使用するようになる。特定の生産物の癌細胞的な過剰増殖と、そのための資源の過剰使用が発生し、非平衡的恒常性を維持していた循環系全体の均衡は攪乱される。

このような点で資本による生産の統制には、循環系としての共同体ないし生命体の解体可能性が〈つねにすでに〉潜在的に折り込まれている。私たちの定義によれば、それは生命体の死を意味する。このような点で生命体の対立物は機械でなく資本である！　そのように解体された共同体の諸要素を資本は貨幣によって、いや貨幣資本によって再統合する。それが資本主義的生産の配置の要諦である。

4・生命工学と生命の搾取

分子生物学の発展は、生命の最も深層で進められる遺伝やタンパク質合成メカニズムが核酸の機械状の（machinique）過程であることを明らかにした(10)。また、逆転写RNAの発見は、遺伝子の配列を人為的に組み換えることができる道程を示すことによって、遺伝工学を可能にした。これが生命産業《バイオ》の出発点となった。このことは、ひとつの循環系を有機体以下のレベルで形成している生命体の内側にまで、人間の操作加工する手が潜り込むようになったことを、そしてそのような操作や加工の「産業化」が可能になったことを意味している。よく知られているように、その「産業」は資本によって初めから包摂されており、そこで進められる生産の形態はひたすら利潤のためのものである。これは生命のプロセスが組み替えと統制、加工を通じて進行する新たな生産の場となったことを意味すると同時に、それが資本の利潤のための搾取の領域となったことを意味している。これを極めて露骨な形で示しているのが、生命に関する研究へのベンチャー資本の投資を妨げる恐れがあるとして、身体に対する人間の所有権さえも否定したムーア事件の判決である。こうした点で生命産業《バイオ》とは生命そのものが産業的な生産過程の加工対象となったことを示す徴《しるし》である。

同様に生命複製の時代とは有機体が自らの身体を構成する能力を機械状に統制し操作、変形させる能力が現実化した時代であり、その能力によって実際の生命体に形質転換を加え、今までになかった種類の生命体が作り出されるようになった時代である。そのような操作変形が遺伝子内部まで奥深く侵入するようになった時代なのだ。だが同時にそのような能力が資本によって所有領有され、生命力が極めて根本的な層位において利用＝搾取されるようになった時代、つまり資本の権力が有機体や細胞はもちろんのこと遺伝子にまで浸透し、その循環系を破壊し生命の流れを搾取するようになった時代に、私たちは生きているのである。かつての搾取が有機体以上のレベルで有機体の生産する活動を分離し切断・領有する方式で可能になるものだったとすれば、こんにちの搾取は、剰余価値を得るために有機体の最も奥にある深層にまで浸透して循環系の環から窃取し加工することで成立するのである。

このような加工・搾取は非常に多様なレベルで進められる。例えば、後に成功の問題になりはしたものの、ヤギの乳にクモの糸の成分が含まれるように形質転換を行った事例では、乳を作る生命体の能力が、人間の欲望――実は資本の欲望――によってヤギという生命体の循環系から分離され、変形させられ、窃取されるのである。本来ヤギの乳は自らの子に飲ませるためのものであるが、この場合飲ませることのできない形態に変えられる。したがって既存の生命の循環系から引き離され離脱する。クモの糸もやはり本来はクモの生命活動の構成要素であるが、そこから引き離され、繊維を作るために採取され搾取される。ヤギとクモ双方の生命力が有用な（＝カネ儲けになる）特定の成分だけを抽出しようとする資本の権力によって搾取されるようになったケースである。

癌研究の動物実験のために遺伝子操作によって作られたオンコマウスの場合、生命力そのものが資本によって癌が発病しやすい形態に操作されている。かれらの身体ははじめから均衡と恒常性を失った身体であり、癌細胞の増殖によって破壊された状態で誕生する身体であり、死を耐えぬく実験のために生まれた身体である。生命を死へと追いやる資本の癌的権力が科学の力と結びついてネズミの生命の誕生地点そのものを掌握してしまったのである。

資本の利潤によって誕生させられた新しい「種」の事例として最も目立っているのは遺伝子組み換え穀物であろう。遺伝子組み換えによって作られた、とうもろこし、大豆、トマトなどの新亜種が、種子会社や巨大穀物資本の利潤のために作られ栽培される。よく知られているように、このような利潤のために収穫した種を翌年植えても育たないように「ターミネーター技術」が導入されている。これが非常によく表しているのは、資本なるものが、その利潤のために誕生させた穀物さえも生命の自然繁殖と循環を遮断することによって独占的に領有しようとするということである。これらの新しい種を作り栽培させたのは、利潤であるにもかかわらず、その利潤がこういった穀物全体を繁殖不能な「宦官」にしてしまったのだ。ここで鮮明にあらわになること、それは循環の利得が剰余価値になるやいなや、利得を提供する諸要素は生命の循環系を離脱し、資本によって独占的に領有され、生命力と関わりを持たない生を生きるようになるということである。

このような点で「生命産業」という言葉ほど、アイロニーに満ちた言葉もない。それは生命力を商品化し、生命力を搾取してカネ儲けをする産業であり、生命体の生命力そのものを、それが属する循環系と無関係に窃取し搾取する産業である。したがって生命力の解体を「生産」と「搾取」の一般的方法として用いる産業である。つまり、それは生命産業でなく「死の産業」である。その理論的・技術的基礎を提供した科学技術もやはり現在では「生命技術」(Bio-technology, BT)と呼ばれているが、生命産業の意味と全く同一な意味において、それは資本が生命を搾取する技術であり、生命力をむしばむ技術であり、実質的には死の技術である。

生命産業は現在、そして今後も長期にわたって莫大な利潤を生む先端産業である。このような展望のなかで種子会社や製薬会社をはじめ多様な種類の超国籍《トランスナショナル》巨大資本が、生命を統制する生命工学や生命技術に莫大な資金を投与しており、生命科学はこの巨大な資本を呑み込んで急速に成長している。いまや科学者や研究所そのものが生命関連の資本家となることも稀なことではなくなった。しかし、そこまでいかなくとも、ほとんどの場合、そうした者たちは生命産業と利害関係を同じくし、生命力を搾取してカネ儲けをする機能的資本家の一部となってしまったと言うべきではないだろうか。

これらの資本と科学者たちをひとつに結合し、一種の超国籍科学・産業複合体の形成を可能にする決定的な契機、あるいは資本をして生命の能力そのものを私的に所有領有し搾取させる決定的な要素がある。いわゆる「生命特許権」である。生命特許は、生命力を生命の循環とは無関係に窃取し、利用搾取する権利である。それは循環の利得を循環系の連鎖から切り離し、排他的に領有する方法を「資本の権利」に帰属させる。生命産業を主導している米国やヨーロッパは、一九八〇年の微生物学者チャクラバーティによる遺伝子組換え微生物の特許申請に対する米連邦最高裁の判決を分岐点として、このような生命特許への排他的な権利の強度と外延を徐々に拡大しつつある(11)。以降、生命関連の研究の特許申請が殺到し、甚だしくは、一九九〇年のムーア事件において見られたように、抗体に対する権利をその身体の保有者でなく研究者と企業に譲渡するような、極端な事態が発生した。近代的所有権が基本的に人間自らの身体に宿っていたことを鑑みれば、このような事態は既に資本の権利が、いや資本の権力が近代の境界を越えるところまで拡張されつつあるということを意味しているのかも知れない。少なくとも明らかなのは資本の権利が動物に限らず人間すら、その生命そのもの、生命が宿る身体そのものの領域で、脅かし捕獲し搾取するようになったという事実である。

このような観点から見て、生命特許に対する闘争は、資本の生命搾取と関連して、極めて重要である。エイズ薬のコピー技術がよく示しているように、ここでも一種の「コピーレフト運動」(12)が必要ではないだろうか。それは生命産業の巨大な権力が生命全体を掌握していく過程を阻止し弱めるための運動の鍵であると言えるだろう。生命特許の範囲を拡大できないようにするべきである。いや、その範囲を縮小させなければならない。そして、生命特許による利潤の幅を狭めさせなければならない。そして、今でも生命科学、いや科学への愛着を持っている人々に対して言葉をかけるのならば、そうすることこそが資本と科学の一体化した結合から科学が再び切り離されうる契機となるのではないだろうか、ということである。それはまた、科学がカネへの欲望から脱し、自由で創意的な思考をするようにさせる契機であり、科学が資本でなく民衆や生命のために活躍することのできるようにする契機となるのではないだろうか。

5. グローバル資本主義と生命の植民地主義

韓米ＦＴＡの交渉過程で米国が特に強い関心を示したのは、医薬品をはじめとする生命特許関連の「知的所有権」の保護であった。インドのWTO加入要請に対して米国は何よりもまず物質特許概念の米国化を要求し、これによりそれまで行われてきたエイズ治療薬をはじめとする数多くのコピー薬品の製造が不可能になった。新自由主義と呼ばれる、こんにちのグローバル資本主義が生命特許権に特別な関心を抱くのは、生命産業が次世代の先端産業であることを考慮すれば特に驚くべきことでもない。問題はいまやグローバルな次元で資本の独占的権利によって生命体の生が損なわれ、生命の循環系全体がいっそう根本的な危機に瀕するようになったということである。

その一方で、生命特許の問題はグローバルな次元で新たな植民地主義の問題へと変換されつつある。生命特許は西欧科学に排他的特権を与えている。たとえばある草や木の効能は西欧科学の分析的かつ臨床的な実験によってのみ認定され取得され得る。そして、数多くの生命特許の海賊たちの行動がよく示しているように、このような特許権は、東アジアや第三世界で民間療法として日常的かつ容易に使われていたものを、高値を払わなければならない、一般大衆が使用できないものにしてしまうのだ。これは、人々が自分の周りの様々な生命体から得てきた循環の利得が、排他的な剰余価値に変形させられ、資本の所有物になってしまうという事態のもう一つの様相である。インドセンダン（ニムNeemの木）はこのような事態の代表的な例といえるだろう。

その種の油が殺虫性と各種の医療的特性を持ったインドのニムの木は数千年間自由に利用されてきており、インドの全体的な保険システムはこのニムの木に大きく依存している。しかし米国のW・R・グレース社がこのニムの木を「発見」し、特許を出すや、それは希少な商品となった。わずか二年の間にニムの木の市場価値は百倍にも急騰し、大部分の庶民たちが到底使用することのできないものとなった。当然国家保険システムは深刻に損なわれた(13)。

したがって、西洋のいわゆる「代替医療」や製薬会社の「生命ハンター」らが、非西欧で循環の利得として利用されてきた動植物に由来する遺伝子や治療物質、そこに現れた多様な生命の能力、そして生命の権利を資本の権利、資本の権力へと転換してきたこと――「生命特許」の名においてなしてきたこと――を、阻止する抵抗闘争は特別な重要性を帯びる。例えば、いわゆる「ヒトゲノム多様性プロジェクト」は、「外部と接触を持たない部族集団」の遺伝子を収集して保存するという大義名分のもとに、「先住民」たちの遺伝子を収集してきた(14)。しかし、それは実は先住民たちを実験動物として利用し、かれらの遺伝子に関する特許を得ようとする遺伝子狩りプロジェクトであり、先住民たちの言葉通り「吸血鬼プロジェクト」であった。中央オーストラリアの先住民会議議長ジョン・リドルは言う。「ここ二〇〇年にわたって、非原住民たちは、われわれの土地、言語、文化、健康、そして子供たちさえも奪ってきました。そして今や、私たちをアボリジニーたらしめている遺伝子をも欲しがっているのです」(15)。

このような背景のなかで複数の先住民たちが集まって署名した〈ヒトゲノム多様性プロジェクトに関する西半球先住民の宣言〉は生命特許そのものに対して反対し闘争すべきであることをはっきりと宣言している。

「われわれは、あらゆる天然遺伝物質に対する特許付与に反対する。われわれは、生命がその最も小さなかたちであろうとも、売買、所有または発見の対象にできるものでなく、それに特許を与えることもあり得ないことを断言する。……われわれは、知的財産権、特許法、装置としてのインフォームド・コンセントのような諸機構を、合法化された西欧の詐術かつ窃盗の道具であると見なし、これを糾弾する」(16)。

人間の遺伝子のみならず人間以外の生物の多様性を保護するというプロジェクトもやはり同じような文脈で理解することができる。つまり、非西欧――あるいは第三世界――に生きる生命の権利を、先進資本主義の資本によって独占し搾取する企画であるということだ。例えばメイワン・ホーは一九九二年に締結された国連の生物多様性条約でさえも、遺伝子特許と知的財産権と手を握り、商業的価値の高い遺伝資源を探し出す遺伝子狩りを督励するものであることを指摘した。また、同条約が南半球の遺伝子の北半球への流出を防ぐための装置を欠いており、収集対象から北半球の諸国家を除外しているためむしろ南半球の遺伝資源の搾取および全体的な生物多様性の奪取を強化するものであると、彼女は指摘している(17)。資本主義はグローバルな規模で新たな生命の植民地主義体制を樹立しつつあるのだ。

6．人権から生命権へ

アガンベンが例外状態ないし非常事態を通じて、生殺与奪権を行使する主権として大雑把にひっくるめて生権力の概念を定義するのとは違い、フーコーは「死なすか、生きるに任せる」十七〜八世紀の君主権と「生かし、死ぬに任せる」近代的権力の非対称性を的確に指摘し、前者が死の権力であれば、後者こそが生権力に符合するとみなす[18]。出産率と死亡率、平均寿命を調査し管理する権力、公衆衛生、貧民救済機関、保険や社会保障制度などをあつかう繊細な調節メカニズムが誕生したのは、まさにこのような近代の生権力と結びついたものだった。フーコー的な観点からいえば、フランス革命で身体の安全が人間の生来の権利として宣言されたことは、アガンベンの言うように近代が剥き出しの生（生まれたということに基礎をおく生物学的身体の安全）そのものを政治の対象にするようになったことを意味するのではない[19]。それは死なせることが出来る権力を行使する君主権に対して、生きようとする権利を、つまり生命を持続しようとする「生命権」を宣言し、その名のもとに闘われたのだというべきである。フーコーが語った「人口」を対象にした十九世紀の生権力化は、「人間」を対象にするこのような生命権の要求が、革命によって政治的問題の前面に浮き上がって来たという事実に起因するものだ。

しかし、それは死なせようとする権力が問題になる領域が人間の生命であったために——他の生命は問題にもならなかったために——生命の権利はもっぱら人間に限定されたものとして理解され、その結果それは人間の権利（人権）の一部と化してしまった。しかし、私たちはここで生命権がたとえ「人権」の外皮を被って見えにくくなったとしても、それが近代を開く第一次的な現実政治の事案であったという点に改めて注目する必要がある。また、このことと合わせて、近代の生権力は、生権力という闘争の場を管理し、統制するために生まれたものであったという点をはっきりとさせるべきである。例えば、フーコーが例として挙げている十九世紀の労働者用団地における規律権力のメカニズムと生権力の調節メカニズムは[20]、実のところ、資本の権力に対抗するための労働者の闘争を包摂するために、ことに「ファミリステール」に代表されるコミューン主義者たちの闘争に対抗しつつ労働者たちの生を包摂しようとした博愛主義者たちと衛生改革家たちの活動によって誕生したものだ(21)。生かす権力、それは近代的権力の人間的な本性に起因するのではなく、その権力の誕生期に起こった数々の革命的運動によって権力そのものに強烈に刻み込まれた痕跡だと言わねばならない。

しかし、同時にこうしたことが示しているのは、生命権を人間という特権的形象の中に閉じ込めておく限り、近代的権力の磁場から一歩も出られないだろうということである。言いかえれば、生命権をひたすら人間の権利に制限し、「人権」という形式に置換し、その中に閉じ込めておくこと、それこそが人間という存在が特権化された時代である近代の要諦であるからだ。このような点で動物的な生に対する批判をしつつ、人間に固有な生をよみがえらせようとする人間中心主義的な（！）試みは、近代の生権力に対する転覆はおろか、その片割れとして可能になるだろうと言うべきではないだろうか。

ジョン・ムーアの事例がよく示しているように、細胞を一部切り取って培養したり変形させたりすることも実は、人間よりも人間の身体そのものを掌握し所有するための試みであり、それは身体の保有者の意思に関係なく、身体を統制し操作変形させ、身体が自らの存続を維持しようとする能力を――その身体の生命力を――掌握し搾取しようとする試みなのだ。つまり、このような実験の第一の目標は、源泉となった身体の生命と無関係に身体の生命力を搾取するために、その能力を統制し操作し利用するということである。このことは、人間ではなく動物を利用した実験においてなら、極めて克明にあらわれる。しかし、動物実験の場合、それは「人間のために」行われるのだという大義名分のもとに、つまり手段ではなく目的の位《くらい》が人間に割り当てられているために、事態の本質は容易に忘れられるのである。そのような目的性の地位が正当性を持つ限り、つまり「人間のために」という名分が正当化されている限り、より有用な実験のために、人間の細胞を利用することや、実際の「治療」のために人間の細胞を操作することが、どうして大きな問題になり得るだろうか(22)。通念とされている、原本は複製よりも高貴であるとする観念が、生物にも適用されることで、原本としての生命ではない複製生命に対する搾取と統制・変形をさらに容易にするだろう。

生体実験において、動物と人間の間に根本的な断絶を設けることは科学的思惟の中ではもとより不可能なことではなかっただろうか。複製物が提供する容易さは、オリジナルの「高貴さ」を損なわない独立した実験を可能にすることで、動物実験と人体実験の間の近接性をさらに加速化する。かつての強制収容所が実験室の延長であったように、人体実験は実験の有効性を高めるために行われるようになったという意味で動物実験の延長だった(23)。そして、今や生命複製の時代において、人間の細胞は動物の細胞の延長であり、人間の細胞を利用した実験や操作変形、商品化や搾取は、動物を利用したものの延長であるに過ぎない。「生命特許」とは利潤と投資のために行われる、そうした実験、形質転換、商品化や搾取に対する法的な保障なのだ。

生命を統制する権力――生命を操作変形し「改善」し「治療」することもあれば、その一部を切り離し別途に培養したりもする――まさにこうした権力が現代の生命権力であろう。「生かす権力」、生かすために調査し実験する権力、そのような理由で生命体を扱い、その生命に対する統制力を確保しようとする権力、そして、それは生命そのものを人間によって統制可能なものにしようとするのだ。十九世紀に生権力が、人口を対象に人間という種の生命を扱うことで出現したのだとすれば、生命複製という概念で呼ばれることにちのそれは、人間を含めたすべての生命体の生命力そのものを扱うことで再び出現するのである。

このような意味で、生命複製の時代とは、資本が人間の労働力のみならず、生命体の生命力そのものまでも、細胞以下の領域にまで潜りこんで搾取する時代である。生命力に対する資本の独占的領有が人間の身体の一部さえも切り取って商品化し、身体に対する最も基本的な権利さえ否定する時代である。このことから資本が搾取してきたものが、もっぱら人間だけではなかったことが、逆に明確に露呈し始めたのである。したがって、動物や他の生物との対比で人間の生命を特権化するのではなく、人間の権利という概念では包摂されないあまたの生命体の権利が――それはそういったものたちが自らの生命を持続することのできる権利である――哲学的に思惟化され、政治的に概念化されねばならない。そして、人間の権利であろうとも、自らの身体的循環系を維持し生命を持続することのできる、生命の権利のなかで理解されねばならない。

生命を権力の対象に設定し、それに直接的に権力が作用する領域としての生命政治学があるとすれば、それは何よりも生命権が生命権力と対決する、このような事態とともに存在すると言わねばならない。そして、それはこのような事態の拡張とともに一般化するだろう。ここで動物的な生に与えられる統制と実験、搾取と死を問題視せずに、人間に固有な生をそこから救い出すことができるだろうか。このような生命権力の問題は、アガンベンのいうように、例外的存在――政治的共同体から排除され一切の政治的権利を喪失し、「剥き出しの」生物学的な生を営んでいるため、殺しても殺人にならない存在――が消滅さえすれば、解決するのだと信じてもよいのだろうか。人間自身の固有な生を、例外的な諸存在でなければ経験することのない動物的な生から引き離すことができるという信念によって、そして政治的な思惟の領域から動物的な生を排除できるという信念によって、人間をこのような事態から救い出すことができるだろうか。それこそが事態を根本的に逆さまに見ることではないのか。私たちはもう一度言わねばならない。生命の政治化から問題が構成されるのだ。問題は、人間に固有な政治的生を動物的な必然である生／生命に転落させたことによるのではない。その逆である。それは、自然に属する動物的な能力としての生命を経済的な搾取の対象にし、政治的な統制の対象に変換させたことによるのだ。生命権力に対する闘争——それはまさに生命を直接的な搾取の対象とし、それに法的、政治的保証を提供する、あの生命権力に対する闘争を意味するものである。

このような観点から私たちは「人権の政治」が「生命権の政治」へと転換されなければならないと信じるのだ。セマングムの海に生きる漁民たちの「生存権」と、その干潟に生きるあまたの生命体の生命すべてが、「生命権」という観点から、経済的開発の名のもとに行われる資本の搾取から保護されなければならない(24)。狂牛病の危険のある牛肉を食べない人間の権利を「生命権」として確保することが重要ならば、牛が動物性タンパク質飼料を食べない権利も同じように「生命権」という観点から確保されねばならない。このような諸問題を根本から再び思惟化するために「貝になること」、「牛になること」、「動物になること」が必要である。

また、米軍基地によって立ち退きにあった平澤《ピョンテク》の農民たちの生は、土とそこで育つ作物たち、それらにはぐくまれる動物などに繋がる生命の循環系を持続する権利という観点から、また自らが住んできた、そして、これからも住まい続けようとする地において暮らす権利としての「生命権」という観点から、保護されなければならない。また、保護施設に閉じ込められ窮状のなかでやっと「生存」を維持しているのみである重度障害者の生は、生命体として円滑に活動する条件を確保する権利として把握しなければならない。それは生存権ならぬ生命権としての権利である。

また、非西欧の人民を含む生命体の権利のために、特許権の尺度を先取りし、生命の能力を特許権に変換させる条件のほとんどを独占している西欧の生命産業が本格的に手をつけ始めている生命の植民地主義に反して闘争しなければならない。そして、資本によって遺伝的性質さえも操作されたままに生まれ死にゆく、あらゆる生命の権利について、かれらの生について再び真剣に考え始めなければならない。

人間の境界を超えて生命の問題を思惟化し、生命の活動を確保すること。人間の権利を超えて生命の権利を定義しそれを政治的闘争の場につくりあげていくこと。人間と動物、原本《オリジナル》と複製《コピー》の間にある深淵を越えその連続性の実在と作動をそのまま理解すること。そして、動物や複製されたものという理由で「自由自在に」行使される知識（＝科学）と資本の権力が、単にそれだけを狙って搾取すれば、それ以上はやめるだろうというようなナイーブな信頼感を脱ぎすてること。そうすることによって、私たちは近代的「人権」、近代的ヒューマニズムの境界を超えて、人間と人間でないもの、原本《オリジナル》と複製《コピー》が共に縁りあって生きてゆく、新しい時代への閾を越えるのだと言うべきではないか。

註

（1）L・アンドルーズ、D・ネルキン、『人体市場――商品化される臓器・細胞・DNA』、野田亮、野田洋子訳、岩波書店、二〇〇二年、三―五頁。

（2）ジョルジョ・アガンベン、『ホモ・サケル――主権権力と剥き出しの生』、高桑和巳訳、以文社、二〇〇七年。

(3)リン・マーギュリス、ドリオン・セーガン、『生命とはなにか』、池田信夫訳、せりか書房、一九九八年、一五八頁。

(4)シュレーディンガー、『生命とは何か?』、岡小天、鎮目恭夫訳、岩波書店、一九五一年、一三六—一四一頁。

(5)ウンベルト・マトゥラーナ、フランシスコ・バレーラ、『知恵の樹——生きている世界はどのようにして生まれるのか』、管啓次郎訳、筑摩書房、一九九七年、五一—五五頁。

(6)詳しい内容は李珍景、「生命と共同体」、『未-来のマルクス主義』、グリンビー、二〇〇六年を参照。

(7)J・E・ラヴロック、『地球生命圏』、星川淳訳、工作舎、一九八四年。

(8)ここで互いに利益になるということは、しばしば懐疑の目で見られがちな「利他性」による行動ではなく、各自が自らの必要とする行為をなし、その結果産み出されたものが、それを必要とする別の生命体によって利用されるということである。そこには、いかなる「意図」やいかなる「合意」もなく、自然の中の「適応」過程が永い時間にわたたって進行することで、あるひとつの恒常性が作られるのである。

(9)カール・マルクス、『資本論』第一巻a、社会科学研究所監修、資本論翻訳委員会訳、新日本出版社、一九九七年、二五六頁。

(10)ここで「機械状」という言葉は機械的(mechanic)という言葉とは異なっている。機械的(mechanism)な作動が事前に設定された差異なき反復によって定義されるとするならば、機械状主義(machinism)は「差異化する反復」と「創発」を含んだ過程によって定義される。機械・機械状については以下を参照。ドゥルーズ、フェリックス・ガタリ、『アンチ・オイディプス——資本主義と分裂症 上・下』、宇野邦一訳、河出書房新社、二〇〇六年;『千のプラトー——資本主義と分裂症』、宇野邦一ほか訳、河出書房新社、一九九四年、三八三—三八五頁。

(11)海に流出した原油を浄化するよう遺伝子操作されたバクテリアに対して申請された特許は「生きている生命体への特許は出せない」として棄却されたが、米連邦最高裁は人間が組み換えたものであるとの理由で自然の産物ではないとして特許を認定した(L・アンドルーズ、D・ネルキン、前掲書、六五—六六頁)。

(12)〔訳注：著作権＝コピーライトをもじった造語。本来はコンピューターソフトウェア開発において、派生したものの全ての複製・利用・配布が自由になされなければならないという強い主張性を持ったライセンスのあり方であったが、クリエイティブ・コモンズなどその他の著作物に応じて変化・適用する動きがある。〕

(13)メイワン・ホー、『遺伝子を操作する』、小沢元彦訳、三交社、二〇〇〇年、五三—五四頁。

(14)このプロジェクトについては、以下を参照。Amade M'Charek, *The Human Genome Diversity Project: An Ethnography of Scientific Practice.* (Cambridge: Cambridge University Press, 2005)

(15)L・アンドルーズ、D・ネルキン、前掲書、九八頁より重引。

(16)"Declaration of Indigenous People of the Western Hemisphere Regarding the Human Genome Diversity Project" (Phoenix, Arizona, February 19, 1995)〈http://www.ipcb.org/resolutions/htmls/dec_phx.html〉〔2016/4/30アクセス〕

(17)メイワン・ホー、前掲書、五五頁。

(18)ミシェル・フーコー、『社会は防衛しなければならない』、石田英敬、小野正嗣訳、筑摩書房、二〇〇七年、二四〇頁。

(19)ジョルジョ・アガンベン、前掲書、一六五—一七四頁。実のところ、このように見れば、ホモ・サケルによって定義される「剥き出しの生」とは、近代人すべての生と根本的な同一性を持つことになる。つまり、ホモ・サケルは、例外ではなく一般的なものになるのであり、正常なものになるのだ。もちろん、アガンベンはそう述べようとしている。近代とは、ホモ・サケルが一般化した時代である、と。しかし、ホモ・サケルが一般化する特定の条件なしに、このように一般化するのならば、ホモ・サケルという概念は有効性を失ってしまう。つまり、剥き出しの生は、近代を生きる一般的な「人間の条件」となってしまうのだ。

(20)フーコー、前掲書、二四九頁。

(21)李珍景、『近代的住居空間の誕生』、グリーンビー、二〇〇七年、第六章。

(22) ナチのダッハウ収容所に配属されていた医師ジグムント・ラッシャーは、航空あるいは海上で戦闘中の人命を守るという名目でヒムラーの承認のもと、動物実験の代わりに人体実験を行ったという。ジョルジョ・アガンベン、前掲書、二一二―二一八頁。

(23) 強制収容所が実験室モデルの延長である点については以下を参照。李珍景、「近代的生政治の系譜学的諸契機――生命複製時代の生命政治学のために」、『時代と哲学』、二〇〇七年冬号、七三―一〇一頁（とくに八一―八八頁）。

(24) 〔訳注：새萬金《セマングム》は韓国の西海岸中部、全羅北道群山市に接する河口域に広がる干潟を世界最長の防潮堤（三三・九キロ）でせき止め造成された干拓地。名称は隣接する韓国随一の米生産地である萬頃《マンギョン》、金堤《キムジェ》の頭文字に新しい（새）という接頭語をつけたものである。一九八七年の大統領選挙（「民主化」闘争後、初の大統領選挙）の候補だった盧泰愚《ノテウ》（のち当選）が、同地域に支持基盤のある金大中を抑えるために、米増産を掲げ公約とした。一九九〇年代以降、米増産の必要性は消えたものの、開発という大義名分に対する支持は全羅北道の多数の民意として根強く存在し、現地の漁民や全国の市民の反対にもかかわらず、票田を確保するために歴代政権は計画を続行した。二〇一〇年に防潮堤が竣工。グローバル資本を引き入れた自由貿易地域などの開発事業が計画されているが、二〇一六年現在、防潮堤観光と近隣の不動産投機以外の進展は確認されていない。〕

Ⅳ部

〈コミューン-機械〉をどのように構成するのか

第七章

存在論的平等性とコミューン主義——〈コミューン-機械〉の稼働に関する諸原則について

これまで私たちは、コミューン主義の存在論的な次元から出発し、歴史的、あるいは社会経済的次元へと探索を進めてきた。また、コミューン的な存在やコミューン的な生命の概念を通じて、細胞以下の水準にまで侵入してきた資本の搾取を明らかにすると共に、それに対する抵抗の問題を「生命権」という概念によって開示しようとしてきた。私は、こうした過程を通じて、コミューン主義とは単にひとつの局地的に孤立した領土を占める素朴な「哲学」ではなく、社会経済的な次元での移行運動であり、新たに始められるべき抵抗の政治学であることを明確にすることが出来たのではないかと思う。〈衆-生〉的な集合体としての個体概念と、循環的共同体の概念は、「歴史」あるいは人間以前の個体的生命と人間が作り出した生産の共同体との間を横断することで思惟できる、ひとつの抽象機械であった。そして、私たちは、この抽象機械を通じて、あらゆる循環的共同体として存在するものを自由に往来するひとつの「一般性」の中で思惟できたのだ。いや、私たちは実際のところ、そのような「一般性」あるいは抽象機械から出発し、具体的な配置が構成され作動する様相に沿った「構成の平面」の上に立っていたのだと言ってもよいだろう。

もう少し前へと進まなければならない。理論的な諸要素が実際に作動する具体的なコミューンの構成に向かって、さらに進まなければならない。先に提案した哲学的で社会学的な諸観念が、〈コミューン-機械〉の作動を規定する実際的な様相を構成し、それに折りこまれたコミューン的な生の方式の輪郭をえがく地点まで進まなければならない。「倫理」という言葉が「政治」という言葉に取って代わることで脱政治化の政治を稼働させる場合が少なからずあるが(1)、ミクロ権力が作動する地点が生のあらゆる地点であることを知れば、逆に「倫理」と呼ばれる生の領域こそ、政治的な思惟を作動させなければならない地点だと言えるだろう。そこは私たちが時には明示的に、あるいは時に暗黙のうちに頻繁に依拠してきた、スピノザ/ガタリが明瞭にしたように、道徳(moral)と対比されるものであるのみならず(2)、「ミクロ政治学」と同じ意味を持つものであると言わねばならない(3)。

これまで私たちはコミューンや共同体について語りながら、それを構成する要素が「人間」に限られないことを一貫して強調してきた。そのために、共同体の「構成要素」という言葉を繰り返し使い、生産者/生産手段という基本概念に対して暗黙のうちに人間/非人間という対が対応していることを批判してきたのだ。スピノザの観点から見るとき、倫理学もやはり単に人間だけでなく、すべての様態全体を前提にした様態の倫理学である。様態の倫理学は、諸様態の間の関係の理論であるという点で、様態全体を対象とし、様態全体をひとつの平面の上に置いて、生の倫理学を思考し、作動させることを要求する。それは諸様態の自然学的な「運動方式」に従って、自然学的な生命の諸生産方式に従って生きていく方法であるという点で自然学的な倫理学である。

しかし、私たちが政治や倫理について語ろうとする時、それが意識的な構成の方向を提案するものである限り、人間を読者として書くことは避けることができないようだ。これは人間が特権的な地位を保持するからでも、「意識」が身体に比べて優越な地位を保持するからでもない。それよりはむしろ、意識が強固であるがゆえに、身体の自然学的運動から頻繁に脱するためであり（意識と身体は属性を異にするため、意識は身体をうまく理解できない）、人間の特権的な地位に対する意識や観念が、自然学的な生を毀損し、破壊してしまったからであると言わねばならないのかもしれない。人間による開発の数々が、自然を類例のない速度で壊し、挙句の果てに再び全地球的な種の絶滅の時代をもたらしていることは、これを立証しているのではないか。意識の選択は身体を壊す道へと導くのにもってこいである。それを理解するためには、「美しさ」の基準にあった体型を維持するための努力がもたらす拒食症などの弊害を思い起せば充分であろう。さらに、共同体的な循環系を搾取し破壊する貨幣及び資本は、人間の考案物である。それらはまた、人間を動かす動力であり、人間の意識のすべてを掌握しているものでもある。そうした人間なるものによって共に生きるあらゆる諸様態が影響を受け、「壊れた」生を生きているために、倫理学は特別に人間を対象にする理由があると言えるだろう。

1. コミューン主義と「連帯の快感」

おそらく人間を念頭に置いて述べた言葉であろうが、マルクスはコミューンについて「自由な諸個人の自発的な連合」であると定義した。その自発的連合に人間でない諸様態は非自発的に〈巻き-込ま〉(in-volve)れる。そして、それらの諸様態は、その自発的連合の中で生き、その中で作動する。それらは「連合」の自発性によって、その自発性の様相によって影響を受ける。常にそうでなくとも、自発的に連合を構成し活動する場合、自らが引き入れる諸要素について、自分の自発性に属した、その一部としてみなすことで、自らと共にあるもの、同僚とみなす場合がままある。反面、就職や就学のように自発的でない、あるいは不可避な「連合」もまた人間でない諸要素が〈巻き-込ま〉れるが、自発的な意思のない人々が、このような諸要素を同僚とみなす可能性はほとんどないと言っても良いだろう。工場で「疎外された労働」――自発性に反する労働――をしなければならない労働者が道具や機械に対して感じる感情が、職人や芸術家たちがそれらに対して感じる愛情とは大きく異なることはよく知られている。こうした「疎外」の感覚は、とりわけ隣接する諸要素について無感覚にさせ、一方的な〈疎外的な!〉態度を引き起こす。疎外感によって苦しみ疲れた人が、疎外された活動を共に構成する隣接した諸要素に関心や愛情を持つことは困難であるためである(4)。「疎外された人間」は「疎外された事物」を生むのだ。

だが、何が人をして自発的に連合させるのだろうか。合目的性、あるいは「連帯の快感」がそれである。はっきりしているのはコミューンもある目的を持って作られるということである。カネによって切り刻まれない生を生きるために、枠に縛られた研究から脱出し自分がやりたい研究をするために、農村に入って農業で生きるために、等々。しかし、コミューンの構成員がそのような目的を皆同じように共有するわけでもないのだ。また、そうした目的さえも変わってしまうことが少なくないし、時には目的の達成可能性さえもそれほど重要ではない。つまり、コミューンは特定の利益のために作られた団体とは根本的に異なる。コミューンもやはり利益のためのものであると言えるだろうが、その利益とは明確に規定されたものではなく、各々が自らの思うように決めたものであり、その獲得の程度を計算できるものでもない。

このような意味でコミューンの合目的性については、カントの言葉を借りて「目的なき合目的性」であると述べるのが適切だろう。それは特定できない目的であり、一つに収束せずに発散しがちな目的である。それは特定の目的よりも、そのような目的を超過する連合そのものの快感のために、時には何らかの損害や「費用」さえも受け入れ、そのような連合を自発的に追求させるのだ。私でない他者たちと共に活動し、他者たちと共にある何かをするという事実自体がもたらす喜び。同僚たちと共に生きて行くということ自体がもたらす喜びの情動。それがコミューンを作り、続けて行くように駆り立てる力である。このような喜びの情動のことを、「連帯の快楽」と呼んだのは谷川雁である(5)。しかし、それが喜びの情動であるという点で、「快楽」というよりは「快感」に書き換えようと思う。「連帯の快感」――それはある目的を超えて、連帯そのものが与える快感である。再びカントの言葉を引用し書き換えるならば、それは「利益(interest)のない利益」が与える快感であり、「邪心(interest)のない関心(interest)」が与える快感である。

カントはこのような概念によって美的判断を分析したが、その概念はコミューンの場合よりも決定的であろう。なぜなら二〇世紀の芸術は、例えばデュシャンの「泉」や、美術館をゴミでいっぱいにしたアルマンのヌーヴォー・レアリスムを想起すれば判るように、快感を超えて快感に反する美的判断を以前から既に要求してきたが、コミューンは利益を超える連帯の快感なしには存在できないからだ。いや、より正確に言うならば、コミューンとは、常に次のような問いを持って、注視すべきものであるからだ。快感なしに存在しているのではないか、快感の代わりになる目的や利益によって存在しているのではないか、快感を欠いた惰性によって存在しているのではないか、と。

しかし、連帯の快感を目的にするからといって、コミューンが常に調和のとれた統一体であり、常に喜びに溢れる場所であるとは言えない。むしろ逆であると、ここでも言うべきであろう。コミューンは常に異見と不和に満ち満ちた場所であり、そのような葛藤と対立によって分裂の危険が常に存在する集団である。なぜなら、連帯のために自発的に近づいてくる外部的諸要素、意図しない諸要素に開かれている限り、コミューンは異質なものたちが出会い、混ざり合う場なのであり、その異質性のために衝突と不和が絶えず繰り広げられる場であるはずだからである。ましてや、特別な目的も、ある特定の尺度も前提されないのである。十中八九は、相異なる諸尺度によって、同一な「目的」のための活動でさえ、さまざまな異見によって分裂するものである。このような意味で、ともすればコミューンは、常に葛藤と衝突が存在する「交戦中の」集団であると言わねばならないのかもしれない。このような葛藤と分裂にもかかわらず、ひとつの集団、ひとつの個体としてのコミューンの持続を可能にするのは、その不和の程度を超過する連帯の快感であり、連帯の快感によって作られる信頼のポテンシャルである。

コミューンは、連帯の快感それ自体が目的であるという点において、ある目的のための「手段」ではなく、その存在そのものが目的である。快感を与える連合の過程そのもの、コミューン的な活動そのものが、目的である。ジャン＝リュック・ナンシーが言うように「無為」という言葉を共同体に使うことができるならば、このような意味においてであろう(6)。「無理矢理しようとしないこと」とは、「しようとすること」と「しないようにすること」の間の、ある模糊とした中間地点ではなく、「好きですること」であり、だから「しようという考えもなく、いつの間にかするようになること」であろう。コミューンでの無為が何の目的も持たないことだとするならば、それは連帯の過程そのものがいかなる目的も超過することを意味するからである。何も共有しないが、何も共有せずに営まれる共同の活動が、つまり共同性そのものが、このものたちをひとつに括る（連帯・連合させる）何らかの紐帯を——或るポテンシャルを——つくり出し、そのようなポテンシャルを共有するようにしてくれるのだ。したがって、「無為の共同体」のようなものがあるとすれば、それは「共同体に属さないものたちの共同体」や、死の前に出頭することで共同の運命を分有する単数の存在の存在論的共同性ではなく、連帯の快感を通じて存在する、この目的なき合目的性の共同体であると言わねばならないのではないか。

欲望が必ずしも直接の快感を目的にするわけではないにしても、欲望が成そうとすることに向かって進んでいく間、あるいは成そうとすることを成し遂げた時、喜びの情動が発生するということは明らかである。この喜びの情動を快感と言えるのであれば、連帯の快感という概念は、コミューンについて次のようなことを暗に含んでいる。すなわち、コミューンは欲望を肯定し、欲望によって触発される集団でなければならないということである。コミューンの構成員がそれぞれ抱いている欲望が、互いに異質で多様であろうことは、多くの言葉を割かずとも明らかである。そのような欲望をひとつの欲望に統一すること、あるいはひとつの欲望に帰属ないし服属させることが、コミューンの「集団性」であると考えることほど、コミューンを誤解するものはない。コミューンはその異質で多様な欲望がともに作動し作り出す共同性を通じて、そしてその共同性によってフィードバックされ、変換される欲望の連帯によって、存在するのだ。コミューンとは、連帯の快感を欲望するものであるという点で、「連帯の欲望」であるだけではなく、その多様な欲望が共同作用し、その時ごとに「ひとつの結果」を産み出すものであるという点で、「欲望の連帯」である。

もちろん、共同性や連帯の快感を超えて、個人の欲望が特定の目的や利益を追求する可能性——それが邪心のある欲望になり得ること——を否定することはできないだろう。また、そのような欲望がコミューン的共同性を瓦解させたり、コミューン的集団性が特定の目的に利用されたりする可能性も、否定することはできないだろう。しかし、その反対に、連帯の快感を通じて、あるいは連帯が与える喜びの情動によって、そのような欲望が変換され得ることもやはり否定することは出来ないだろう。また、ある私的な欲望に反する様々な欲望の存在によって、その欲望が孤立し弱まる可能性があることを否定することも出来ないだろう。そうであれば、私的な欲望に対する「規制」は、そのような欲望に対する非難や欲望自体に対する抑圧によって成立するのではない。そのような欲望さえも、多様で異質な欲望の出会いと衝突、連合と分離の自然学的な過程の中で、「選択」の内在的過程を通じて、成り立ち得ると言えるのではないだろうか。他人に対する配慮のない「自己への配慮」が、「他人への配慮」を経由した「自己への配慮」に変換することによって、コミューン的欲望の配置《アレンジメント》が形成され得ると言えるのではないか。「連帯の快感」が、このような欲望の配置のための「快感の活用」につながり得ると言えるのではないか。また、連帯の喜びを通じて、連帯に対する欲望が生成し得ると言わねばならないのではないか。コミューンが欲望を肯定しつつも、欲望に食い尽くされずに存在し得るのは、このような欲望の変換を生む配置を、新しいコミューン的欲望が発芽し成長する欲望の配置を作り出すことによってであろう。

反面、私的な欲望とコミューン的な欲望を手っ取り早く対立させることで、私的欲望がコミューン的な欲望によって抑圧される、禁欲主義的な配置が現れる可能性も否定できない。あらかじめコミューン主義から抑圧の匂いを嗅ぎつけるのは、このような場合のためであろう。しかし、より困惑してしまうのは、抑圧によって欲望が犠牲になることが、「犠牲の欲望」へと変換する場合であろう。「犠牲と奉仕の精神」は、犠牲の悲しみを喜び、課された義務を自らの「可能性」として承認する、倒錯した欲望の徴《しるし》である。このような場合、コミューン的な大義は、一種の「崇高な」理念となり、崇高の政治学が集団的な力を作り出すこととなる。欲望の抑圧（禁欲）は悲しみの情動を惹起するのであるが、この悲しみの情動が、何らかの大義によって「崇高」に転換されてしまうことがある。その場合、その情動は集団性を維持し、場合によっては非常に強化される。ここで連帯の快感はカントの言葉通り崇高な対象のために、苦痛を超えることに由来する快感へと、悲しみを超えることに由来する喜びへと、その対象や大義のために自らを犠牲にしようとする欲望へと変形する。また、逆に集団性のために、ある大義を崇高な目的に変形させ、そのために「欲を捨て」、現在の苦痛を喜んで甘受し他人のために「奉仕」、「犠牲」――しばしば「贈り物」という言葉で表現されもする――を要求することが頻繁に発生する。決断を要求する悲壮感の感受性をともなう、このような共同体は宗教的な共同体において容易に発見される。ある共同体が不和や葛藤を超過する地点まで連帯の快感を維持できず、欲望を肯定する代わりに欲を捨てよと要求し始める時、共同体を維持するために選択される経路は通常、このようなものである。

2．コミューン主義と友情の政治学

かつて私たちは、マルクス主義の政治学が本質的に敵対の政治学であったことを指摘し、それとの対比で「友情の政治学」を提案したことがある(7)。階級の敵と対決するのではなく、「自発的に連合した」同僚たちとの共同体を前提にするコミューン主義は、敵対の政治学ではなく、友情の政治学とともにあるものである。しかし、コミューンもまた、異質な諸要素の衝突に満ちた場であるという点で、対立や敵対の可能性を避けることはできない。したがって、意図にかかわらず、敵対の政治学は稼働し得ることを指摘しなければならない。しかし、それは単に敵対を、敵との関係をどう扱うのかという問題以上に、友との関係をどう扱うのかという問題において、敵対の政治学と友情の政治学はどのように異なるのかをより明らかにすることを要求する。実のところ、敵対の政治学にせよ友情の政治学にせよ、いずれも敵か同志（友）かという二分法に基づいている。もし、友情の政治学における敵と同志の概念が、敵対の政治学におけるそれと違わないのならば、友情の政治学は避けがたく敵対の政治と対称的な同一性を持つことになる。つまり、それはポジションだけが異なる、敵対の政治学に過ぎない。

まず、敵対の政治学に対する簡単な要約から、今一度始めなければならないようだ。敵対の政治学とは、運動や革命、あるいは事件と関連した全ての勢力を敵と同志に区別することから始まる。スターリンによれば、革命の戦略とは、革命の敵と同志を区別する問題であるということであり、そのような区別に従って中間の勢力を主要打撃の方向と予備軍に、すなわち潜在的な敵と同志とに再び区別することである(8)。

このような論理は、敵対が資本主義社会の階級敵対に起因するものであると見なす。また、敵対の政治学は、党や組織の中で異見が発生した場合についても同じように適用される。しばしば、路線の違いなどと表現される、さまざまな異見もやはり資本主義的な階級敵対が組織内部に反映されたものだとする。これは、組織内部の異見さえも敵対の論理によって扱わなければならないことを意味する。つまり、ある事案について異見を持つことは、「階級敵」になることを意味するのだ。ここに「差異」が存在する余地はない。差異は敵対のこちら側と向こう側の間のどちらかに帰着するのであり、意図はどうあれ、異なる見解を主張することは敵同様の行為として見なされるということだ！　これが、しばしば相対した勢力を「敵のスパイ」として責め立てるまでする、壮絶な粛清の論理へと繋がったということは周知の事実である。

このような敵対の政治学が、政治の本質に対するシュミットの主張と同形的であることは非常に示唆的である。シュミットは政治的なものは「友と敵という区別」によって特徴づけられるという(9)。また、このような区別に依拠し、「政治的」なものに関連した二次的概念の数々が生じる(10)。敵と友の区別に基づき成り立つ、すべての政治的決定の避けがたい主観性のことを、彼は「党派性」であると定義する。これは、ある事件や行為、あるいは主張について、それが敵の側に立ったものなのか、私の側に立ったものなのかによって、判断することを意味する。ここで、「客観的」妥当性や意味といったものは副次的である。重要なのは、結局は私の主張に同調するのか、敵の主張に同調するのかである。つまるところ、シュミットの言う「政治」の要諦はすべての問題を敵と同志に、反対者と同調者に組分けする問題として見ることである。

友について語り、友の重要性を説けば、友情の政治学に属するという考えほど誤った考えはないということを明確にする必要がある。シュミットがよく示しているように、友／同志は、敵対の政治学を含めたすべての区別の根底にその座を占めている最も第一次的かつ中心的な範疇である。敵について強調することが敵対の政治学であり、友について強調することが友情の政治学であるという考えほど素朴なものはない。もちろん、友情の政治学においても、友は第一次的な範疇であるには違いない。両者の差異をマルクスにならって述べるならば、「何を」語るのかではなく、「どのように」語るのかである。すなわち、友を語るかどうかではなく、友をどのように考え、どのように語るかである。

敵対の政治学で第一次的なのは、敵や友ではなく、敵対である。敵対が友を、そして敵を規定しているのだ。ある事案や行動について、敵の側であるのか（敵であるのか）、私の側であるのか（友であるのか）を基準に判断すること、これがまさしく敵対の政治学の要諦である。ここで、友とは敵対の境界線のこちら側に立つ者、すなわち同調者のことである。したがって、友と敵は時によって違ってくる。ある事案について、私に同調する者が友であり、反対する者が敵であるためだ。いかに古くからの友人であろうとも、ある問題について反対し対立するのなら、その者はすでに友ではなく敵である。反面、今まで対立してきた相手であろうと、ある事案について私を支持し、私の側に立ってくれるなら、今やその者は敵ではなく友である。「政治には永遠の敵も、永遠の友もいない」という、政治家たちが通常好んで使う金言は、まさにこのような意味で使われるのだ。

「義理」や「信義」についてよく言われることも、このような意味で使われることが多い。「義理」とは多くの場合、敵対を超えて、敵対にもかかわらず維持される、ある友情や好意的関係のことを意味するのではない。なぜなら、それは敵対する対岸に行ってはならないということを主張するために、言い直せば、「裏切り」を阻止、非難するために使われる言葉だからである。「裏切り」という言葉と対をなす「義理」。それは「裏切り」を非難し、多くの場合「復讐」を誓う「義理」である。それは正確に敵対的な分割のこちら側と向こう側が何であるかを指示する言葉であり、敵対の政治学を稼働させる言葉である。敵対の向こう側に立った瞬間、以前からの「友情」がどれほど古くからのものであろうと、水泡に帰してしまう。「義理」や「友」という言葉は、このような敵対を前にして何の力もなく瓦解してしまう。それはヤクザ映画やマフィア映画の数々に描かれている通りである。「義理」という言葉は、そこにどれだけ高い価値を付与したとしても、いや、そうすればそうするほど、このような敵対を横断し、それを超えて持続する或る友情を意味しない限り、友情の政治学とは何ら関連がないと断言しても良いだろう。

このような意味で、敵対の政治学は、シュミットが考える国家的な関係や、いわゆる「政治家」たちの勢力争いにのみ発見されるわけではない。また、それはマフィアや暴力団のように、群れをなして勢力争いをする集団間に限って作動するのでもない。それは、差異や異見があり得る場所であれば、また私と異なる考えを持ち、私と異なった行動をとる人と出会う場であれば、どこでも作動するものである。それは、異質な性向や態度が出会うことで共同の生を構成し、意見の衝突や対立が常に存在するほかない、コミューンであればこそ、避けることのできない日常の政治学である。友や友情の重要性を強調することで、これを超えることができるという考えほど盲目的で転倒したものはない。同調しないことや、批判をすることに対する反感を乗り越えることができない限り、あるいはいわゆる「裏切り」を乗り越えることができない限り、友情とはまさに敵対の政治学の中心的範疇である。同じように、「裏切り」に対する非難と対になっている義理こそが、敵対の政治学の針路を示すのだ。

敵対の政治学は、「内部性の共同体」と密接に結びついている。それは内と外を分ける分割の線に根本的な地位を与えるからである。敵対の政治学において、友とは何だろうか。まさに、それは内部者、その分割線のこちら側にいる者である。そして、敵とはその線の向こう側、つまり外にいる者である。内部者に対しては「天国」を約束し、外部者に対しては「地獄」を約束すること。それが友と敵、義理と裏切りという言葉が作動する方式であることを、私たちはあまたの事例を通じてよく知り尽くしている。ここからもう少し進めば、「友情」や「義理」の程度に従って——別の言葉にすれば「忠実性」の程度に従って——内部者についても相異なる態度の集合を対応させる、漸層的な位階化が出現したりもする。どれほど古くからメンバーであったのか、どれだけ忠実なメンバーであったのかに従って、相異なる態度を、甚だしくは同一の事案についても相異なる基準を適用する。

敵対の政治学が敵対を通じて、全てのものを敵と友に分けるとすれば、友情の政治学は、敵対を越えて敵と友を定義するものである。それは友を敵の対概念とせず、両者の境界を横断し思考する。例えば、私の立場に対する批判を、私に対する攻撃、あるいは敵対行為としてみなすのではなく、私の誤謬を正すものと見なせということは、古今東西の数多くの人の教えであった。そこで、批判者は敵ではなく友である、それも非常に大切な友であるということには誰もが首肯するのである。もちろん、実際にそうすることは決して易しくない。しかし、このことをさらに推し進めれば、敵対の向こう岸から、私に対して攻撃し批難するものですら、私の見えない誤謬を探しだし、それを正す機会とするのならば、「敵」も私の友であるという理解はそれほど困難なものではないだろう。これは単に私に言葉を投げかける或る「人物」の面々、つまり人間に制限されない。私の進もうとする道の上に横たわる障害物を友にできるのなら、そして明示的な敵ですら「友」にすることができるのなら、私を妨げるものはなくなり、私を支持する敵は実質的に消滅する。敵対は横断されるのだ。

その一方で、数知れない歴史的事例が示しているのは、常に私の意見に同調し、私の意見の妥当性や卓越性を賞賛する「友」こそ、私の目や耳をふさぎ、私の誤謬を覆い、それを正す機会を奪う最大の「敵」であるということである。わざわざ「ゴマすり」などという言葉をひっぱり出してこなくとも、親友が敵であり得ることを理解できなければ、意図とは無関係に親友を実質的な敵にしてしまうだろう。このような点で、敵と友の概念が、人間に限定されないことはもちろんのこと、味方しようとする意図とも、敵対しようとする意図とも、無関係であるということを付け加えなければならない。善意を持った友が実際には敵になる場合があるように、悪意を持った敵でさえ、友にすることが出来なければならない。成功と失敗についても、同じように言える。私を安住させる友がそうであるように、成功に安住する瞬間、成功はより大きな失敗の理由になる。反対に失敗を受け止め学ぼうとする瞬間、失敗は新しい成功のきっかけになり、またとない友となる。成功の中に危険を見出し、失敗の中から新しい可能性を探すこと。それは成功と失敗、それらをすべて友にすることである。

敵を友とみなし、友が敵でもあることを見てとることで、敵対を横断すること。それは、すべてを敵対によって二分する敵対の政治学を超えて、友情の政治学を稼働させる出発点である。それは別の言い方をすれば、敵と友という区画の持つ根本的な難点、根本的な不可能性を見てとることでもある。これはデリダが「友と敵の区別不可能性」と呼ぶものである(11)。しかし、私はこれを「友と敵の横断可能性」と言い換えようと思う。友と敵を分かつ分割線の一時的な暫定性の中に、その時ごとの友と敵を選別する問題ではなく、友と敵の横断可能性を見るのだ。この場合、「永遠の敵も、永遠の友もいない」という言葉は、そのような分割が無常であるということを意味する命題に変換し、敵と友の区画を横切り、意図や敵対を越えて友情を発見せよ、という意味に理解できる。したがって、関係の臨界点（critical point）を超えてしまった場合にも、友の範囲から「排除」したり、対立や敵対の向こう岸に渡ってしまったりした場合にも、憎しみや怒りの感情で「裏切り」を非難しない時、不適切に見える態度や状況について批判的に介入し、また別の変化を待つことができる時、「友情」や「信義」という言葉は、敵対の政治学から脱した概念となり得るのだ。

結局、このような横断において、第一に重要なことは、どこであれ友を探すということである。すなわち、友と敵の横断可能性は、敵ですら友にする能力のためのものであり、友を敵にするためのものではない。友を批判することは、彼を敵にするためにではなく、友として関係を持続するためである。また、友さえも敵であり得るということを見てとることは、友を友と見なし続けるためである。このような点で友情の政治学は、敵対を超えてすべてのものを友とし、敵対を超えてすべての関係で友情を発見するのだ。敵対の政治学がすべての政治的分割において「敵対の普遍性」を信じるのなら、友情の政治学はその分割を横断する「友の一般性」を信じるのである。私と友をひとつに括る境界線の外側から近づいてくるあらゆるものの中に、そのような友の一般性を発見するのだ。

3．コミューン主義と贈り物

交換の体制として特徴づけられる資本主義や市場とは反対に、コミューンが贈り物ないし贈与を特徴とする体制であるということは、すでによく知られていることである。この問題意識はマルセル・モースが、ソ連式の社会主義に対する対案を見つけるために、いわゆる「原始人」の贈与を研究した際に持ったものであった(12)。贈り物のやりとりの中に、商品交換とは違った原理によって構成される社会的関係が存在すること、また、そのような種類の共同体的関係が非常に一般的であることをモースは明らかにしたのである。しかし、彼はこのような贈り物が相互的であるだけでなく、ほとんどの場合、贈与と答礼が義務として規定されている点を挙げて、交換の概念のもとに贈り物を包摂させる。贈り物の交換、それは交換の一種であるという。しかし、義務によって規定された、相互的な贈り物といえども、それは交換とは根本的に異なるものであることを強調する必要がある。第一に、交換とは異なり、贈り物はやりとりする物の等価性を意図的に避け、その価値を計ること自体を避けようとする。その点で贈与は交換とは異なる。第二に、物や現金がない時にたとえば手形のような代替物をやりとりする際のように、交換とは同時性を前提としている。その反面、「贈り物のやりとり」は意図的にでも、その同時性を避けようとする。第三に、贈り物はやりとりする物の交換価値はもちろん、使用価値とも独立的なものであるという点である。例えば、有名なO・ヘンリーの小説、「賢者の贈り物」は、使用価値が無くなったにもかかわらず、いや無くなったために、逆にさらに価値ある贈り物になったという話である。しかし、この寓話が示しているのは、贈り物とはあらゆる交換価値と使用価値から独立したものであることである。要するに、「贈り物の交換」、あるいは贈り物は交換の一種であるという観念は、二度の贈り物を一度の交換に還元してしまうという誤認から出現したものである。

交換と区別される、このような贈り物の特徴は、それが初めから「価値法則」に反するものであることを示している。商品交換にともなう交換の等価性と同時性は、市場や資本主義において作動する価値法則の一次的特徴である。また、価値法則による分配と、それにともなう生産の再調整のような機能もやはり、贈り物の「法則」からはかけ離れている。したがって、価値法則に反する集合的関係としてのコミューン、価値法則の外部としてのコミューンが交換の代わりに贈り物をその作動原理に含めることは極めて自然なことである。

これは、単に或る「事物の交換」を超えて、活動や「労働」それ自体にまで拡張する。例えば、社会主義初期に、レーニンは「スボートニク」（共産主義の土曜日）に[13]、「社会の利益のための無報酬労働」を、「補償を予見せずに、補償を条件にせずに遂行する労働」を、つまり「共産主義的労働」を発見する[14]。補償や対価を期待せずに遂行する労働、それは交換の体制を脱した労働であり、贈り物としての労働である。それは、「能力に応じて働き、労働に応じて分配を受ける」社会主義の価値法則とも根本的に違う体制に属する。社会主義から「共産主義」への移行のきっかけは、社会主義を定義する価値法則にあるのではなく、その外部であるこのような諸要素にあると言わねばならない[15]。コミューンにおける活動の「分配」、あるいは活動の生産もまた価値法則に反するこのような原則に従わなければならないことは明らかである。

しかし、贈り物や答礼が義務となる場合、贈り物の概念に、ある根本的な難点が発生するのは事実だろう。贈り物が義務となった時、その概念はある補償や対価を期待しない他人や様々な他者のためのコミューン主義的な「労働」（活動）の概念からも、微妙に外れるようである。なぜなら、自発的ではない「コミューン的労働」とは、形容矛盾であるように思われるからだ。補償のない労働が義務化される時、それは強制労働と入り交じり区別不能なものになるためである。甚だしくは、そのような自発性さえも強要する場合があり得る。補償のない活動を、「自発的に」せよ、という要求が容易に現れ得ることを私たちは多様な事例を通じて知っている。奴隷労働、前近代的共同体での労働、あるいは奉仕と献身を要求する「宗教的な」共同体での労働、あるいはスタハノフ運動のような社会主義的労働の競争などがそれである。ならば、「自発的に」という規定を付け加えたとしても、強制労働とコミューン的労働を区別することは決して容易ではないだろう。

「贈り物の交換」自体が同じような難点を抱えているようである。実際のところ、贈り物を受け取ったならば、そのお返しに贈り物をすることは、非常に自然な「倫理」に属するようなことである。これは、相互扶助的な諸関係の形成へとつながっている。かつての共同体に存在した相互扶助の諸「制度」の数々はこうしたことの実例と言えるだろう。いわば、「原始社会」で義務化された贈り物の交換は、贈り物の循環を通じて共同体的な関係を形成し維持するメカニズムであった。孤立しがちな部族や諸集団を、贈り物を循環させることによって、ひとつの共同体に束ね維持するための方法であった。贈り物が循環する範囲が、その共同体の外延を規定したのである。

しかし、贈り物に対する答礼の義務は、ともすれば、贈り物を返さなければならない債務、あるいは貰わなければならない債権に変換する。実際のところ、債務意識を喚起し贈り物に「答えること」を要求することほど、贈り物の概念に反することはない。それは贈り物という言葉で、債権／債務関係をつくることである。このように「義務化した」贈り物の交換は、モースが指摘したように交換関係に属するというよりは、むしろ「債権／債務関係」に属すると述べるのが適切であろう。このような関係は、贈り物を受け取ったことに感謝のお返しをするような関係と区別しがたいものである。

与える者が補償を期待するか、あるいは受け取る者が債務意識を感じた瞬間、贈り物はすでに贈り物ではなくなる。デリダがこのことを強調したのはこのような理由から正当であった。また、これはさらに根本的な難点へといざなう。贈り物を与え、あるいは受け取れば、贈り物であることを意識する。受け取る者は当然のごとく、そのような贈り物に対してどのようなやり方であれ答礼しなければならないと感じる。そのような考えは程度に差はあれ、債務意識の一種であることには違いないだろう。再度言うならば、与える者であれ、受け取る者であれ、贈り物を贈り物として意識し、知覚するならば、贈り物はもはや贈り物ではないのだ。債権/債務の形態であれ、交換の形態であれ、それが出発した場所へと戻っていくという点で、それは経済的な循環の一種である。贈り物が「贈り物」になるならば、贈り物ではなくなるということ、それが贈り物の根本的な逆説である(16)。

このような点で、デリダは「贈り物は不可能である」という。モースが分析したように相互的な交換の観念、義務化された答礼の制度の中では、贈り物は贈り物ではない。モースの『贈与論』に決定的に欠如しているのは、「贈り物」であるという、デリダのアイロニーに満ちた指摘はこのような意味においてなされたものである。つまり、モースは交換としての贈り物、あるいは債権/債務となった贈り物について語っているに過ぎないのだ。しかし、このことが暗に含んでいるのは、逆に交換や債権/債務が、贈り物に支えられているということでもある。つまり贈り物が、交換や債権/債務の「発生的」起源であるということなのだ。

贈り物に対する、すべての立論を窮地に陥れる、このような逆説は果たして何を意味するのだろうか。

このような贈り物の根本的な不可能性は、現存する贈り物について、すなわち具体的な関係や制度について、あるいは意図や態度の中に実在する様々な贈り物について、その贈り物の「真実」について、根本的に問いをもう一度投げかけるように誘うものであると、私は理解している。例えば、デリダが歓待の不可能性を通じて制度化された具体的な歓待――実は裏返せば敵対の別名であるような歓待――を問いに付し、また歓待と敵対の境界を問い、そのような問いを通じて現存する相対的な歓待の境界を可変化させようとしたように、である(17)。不可能な贈り物を通じて彼が示そうとしたことは、具体的に存在する様々な贈り物を、あるいは贈り物と結びついた制度や観念を問いに付し、その問いを通じて、様々な贈り物が贈り物ではないものになる地点ではないだろうか。私たちがやりとりする或る贈り物が債務／債権になっているのではないか、交換の中にあるのではないのかと、常に注視する必要があることを要求しているのではないだろうか(18)。

しかし、私はこのような逆説を考慮するにしても、絶対的な次元の贈り物が存在すると信じる。絶対的な贈り物――それは、与えるのだという考えなしに与える贈り物である。受け取るのだという考えなしに、受け取る贈り物もまた、可能であると信じる。例えば、『金剛経』で説かれている無住相布施がそのようなケースであろう。それは「(与えるという考えなしに)留まらないお布施」、すなわち与えるという考えなしに与える贈り物である。「無住相布施」を説く理由は明らかである――与えるのだという考えがともなう時、それは必ずや(お返しとまでいかずに、「感謝」に過ぎなくとも)受け取ろうという考え、受け取ったという考え、したがって、何かお返しをしなければならないような考えが起きる。それが必然的であるがために、与えるのだという考えなしに贈ることを説くのだろう。これが難しければ、与えるやいなや与えたという考えを忘れること。受け取ったならば、受け取ったということをすぐに忘れてしまうような場合を考えてみても良いだろう。「忘却」——それは贈り物が絶対的な贈り物すなわち絶対的贈与になるもう一つの経路を提供するのだ。

しかし、絶対的贈与という言葉に概念的な難点が含まれていることは、否定しがたい。与えるのだという考えのない贈り物を「贈り物」と呼ぶことができるのか、という問いを避けることができないためである。しかし、それは単に「概念的な」難点だけである。贈り物であると規定しないままに与える贈り物を「贈り物」と呼ぶことが出来るかどうかは、実際のところ贈り物という「言葉」を使えるかどうかに限られている問題にすぎないからである。贈り物という観念なしにやりとりすることが可能であれば、それを「贈り物」と呼べようと、呼べまいと、そのことは大して重要でないからだ。

このような贈り物が本当に可能だろうか。例えば、夏の暑さを冷やしてくれる風は大気の贈り物であるし、イネやリンゴを育てる強い日差しは太陽の贈り物であり、その光を避ける陰は、木や、寡黙な屋根の贈り物である。大気や太陽であれ、木や壁であれ、与えるのだという考えなしに、それらを与える。それが贈り物であることを知る時、与えたのではない贈り物を私たちは受け取るのだ。それが贈り物であることを知らない時にも、それが贈り物であることは明らかである。その時、私たちは受け取るのだという考えなしに贈り物を受け取るのだ。これはハイデガーの言うように(19)、「死すべき者」たちが大地や空、あるいは四方の神々から受け取る、そうした様々な物に限られない。スピーカーから出てくるあの音楽は、オーディオの贈り物であり、部屋の中の暑さを冷やす風は扇風機の贈り物、私が望む場所に速く移動させてくれるこの速度は自動車の贈り物であり、私が生活し勉強しているこの空間は〈住居-機械〉の贈り物である。

すでに存在論的な共同性について述べたように、太陽や大気だけでなく、私を存在させてくれる、すべてのものがそうなのである。ハイデガーが「生起」(Ereignis)と呼んだ特別な出来事だけではなく、出来事とさえ認識されない些細な諸事の動き、見えもしないはるか遠くに存在する小さな世界さえ、そうなのである。絶対的贈与——それは、与えるという考えなしに与える贈り物であり、存在するという事実自体だけで、あるいは作用するという事実だけで何かを与えるものである。存在自体が贈り物になるもの。これは、すべての存在者をして贈り物になるようにさせる。贈り物の「一般性」。

しかし、逆にそれらは贈り物ではなく、災いであるかもしれない。雨風、部屋の中の冷気、そしてスピーカーから流れてくる音楽に苦痛の原因を見出すとき、私たちは贈り物ではない災いを受け取る。或る存在するものを贈り物として受け取るか、災厄として受け取るかは、与える側ではなく、受け取る側によって決定されるというべきではないか。実際にこの間、私たちが目撃してきたのは、一方では周囲から与えられる贈り物すら受け取ることのできない人々であり、もう一方では与えられないものさえも贈り物として受け取る無数の人々ではなかっただろうか! とすれば、絶対的贈与とは、与えるという考えなしに与える贈り物であるというよりは、与えないものを贈り物として受ける能力によって定義されると言わねばならないだろう。洪水や騒音でさえ、そこに贈り物を発見できる能力。そして存在するすべてのものから贈り物を発見できる能力。

与える側から定義される絶対的贈与が、与えるという考えなしに与える贈り物であれば、受ける側から定義される絶対的贈与は、すべてのものを贈り物として受け取る能力である。受け取るという考えがあるにもかかわらず、それが絶対的贈与たり得る理由、すなわち答礼をしなければならないという債務意識に束縛されずにいられるのは、すべてのものが贈り物であるために、特定の与えられるものに特別に債務意識を持つ理由がないからである。贈り物の一般性——それは、債務意識なしに贈与を受けることを可能にする。あるいは、逆に述べたほうが良いのかもしれない。それは、存在するあらゆるものを贈り物として受け取るために、存在するあらゆるものに何かをお返ししなければならないと考えることであり、そのために、ある特定の贈与者や贈与物に特別に債務意識を持つ必要がない債務意識を持つことである、と。つまり、存在するあらゆるものに対して贈り物で応酬しなければならないと考える「一般化された債務意識」を持つことである。「一般化された債務意識」は、絶対的贈与の相関物である、と。そして、あらゆる生の瞬間、あらゆる行為を贈り物で満たそうとする一般化された贈与、あらゆるものを贈与にしようとする、そのような態度こそが、絶対的贈与に符合する、絶対的な対《つい》である、と。この場合、わざわざ贈り物を受けとったことを想起することも、それに対して何かのお返しを要求することも、意味のないことになるだろう。私たちは常に贈り物を受け取っているために、ありとあらゆるものに対して常に贈り物で応酬しなければならないからである。あるいは、常に与えようとするために、ある特定の贈与に対して与えるという考えを特別に持つ理由がない、そのような一般化された贈与、絶対的な贈り物へと向かうのだ。

したがって、「絶対的贈与は不可能である」と述べるのではなく、逆に述べなければならないようだ。「すべてのものが絶対的贈与である」と。与えるという考えなしに与える贈り物が可能であるということを通じてだけではなく、すべてのものを贈り物として受け取ることを通じて、またそうすることですべてのものを贈り物として与えようとする態度の中で、絶対的贈与は可能であると言えると、私は信じる。「贈与の一般性」とはこのように全てのものを贈り物として受け取り、全てのものを贈り物として与える、生の方式だと言ってもよいだろう。贈り物の原理を通じて、コミューンを稼働させるということ——それは様々な形でやりとりされる贈り物を通じて、行き交うすべてのものが贈り物であることを学ぶことであり、存在するすべてのものが贈り物であることを認識することであり、行き交うすべてのものに贈り物で応酬しようとする態度を作り出していくことであり、それを通じていかなる債務意識も持たずに常に贈り物で「お返しをしようという」生のあり方を、「一般化された債務意識」を作り出してゆくことであると言うべきではないか。

4．コミューンにおける民主主義

コミューンは、様々な構成要素が集まり結合する様相にしたがい、また、その特異な諸要素の分布にしたがって、その時ごとに相異なる固体化を通過する。特定の分布状態が持続されるかもしれないが、その持続の中でさえ、絶えず小さな変化の線が画かれる。また、ある状態を持続するために規則を決めもするが、その規則は固定された地位を再生産せず、いかなる「地位」にも権力を割り当てない。活動を進めるために「権限」を付与する場合がありえるが、おそらくその権限は他の諸要素の介入と関与によって絶えず、「侵害」され、そのような撹乱の中でのみ作動し得るだろう。

明示的に書くことが奇異に思われる、これらすべてのことは、コミューンでの活動がほとんど直接対面した関係の中で行われることで非常に自然に成立する。それゆえ、多くの場合、「手続き上の」合理性を規定する要素はもちろん、明示的に形式的規定からも容易に離脱し、物事は進められる。しばしば「民主主義」という言葉で呼ばれるそのような要素は、ほとんどの場合、活動の様相や規模が直接の対面を超えた場合に必要な「媒介的」要素であるからである。このような理由からしばしば組織内の「民主主義」を云々することは、バカバカしく無駄なことのように見なされることもある。しかし、それはコミューン主義が「民主主義」と無縁だからではなく、コミューンでは直接的な関係の中で民主主義が作動するからである。

相互間に「よい」関係を作り、能力の増進を促そうとする自然学的な倫理が作動する限り、このような直接的な民主主義には形式的な民主主義とは比べものにならないほどの強みがある。しかし、コミューンの規模が大きくなり活動の幅が拡張すると、それぞれが直接的対面を持つ程度の格差が大きくなる。規模の大きさは、直接的な接触による「参加」が持つ影響力や個人の領域を縮小させる。また、相対的に対面の幅と介入の強度が大きな要素——人や物、空間など——によって、活動が規定されてしまう事態が発生しやすくなるのだ。もちろん、直接民主主義がすべての要素に平等な介入度の付与を前提にしているわけではないように、コミューン主義も均等性を前提にしているわけではない。むしろ、それは特異性の強度、あるいは参与や没頭の強度に従って、それぞれの要素の介入の程度が異なってくることを前提とする。自然学的な構成のやり方とは、自然学的な参加と集中、引力と斥力にしたがって作動するものであるからだ。しかし、規模の拡大は、このような集中・参加あるいは引力と斥力の強度が自然学的に分散しがたい空白地帯を拡張する。こうした状況で、以前の小規模だったコミューンにおいて分配されていた引力と斥力の様々な強度が、その空白地帯の分割を通じて相対的に固定化されるおそれがある。

このような傾向を察知すれば、意図的にこのような分配の固定性を打破する配置を、もしくは幾つかの新たな活動の線を作り出さなければならない。発言する機会があまり与えられない人々が、より容易に発言できるようにしなければならないし、彼らが活動できる契機を意識的に作り出さなければいけない。反対にすでに影響力を強く行使してきた人々は可能であれば後ろに退かなければならない。そのような人々の見解が直接に稼働する前に、会員たち全体が妥当性を検討し、彼らの同意を確認する「手続き」を作ることが必要になるかもしれない。なぜなら、こうした問題によって共同体が手続き上の民主主義よりも、ダメな配置《アレンジメント》に行き着く可能性があるからである。

ここで述べようとしていることは、単に規模や条件に従って、形式的な手続きを導入すべきだということではない。それは「これ以上ダメにならないように」する方法に過ぎない。実際のところ、問題はより根本的なものである。コミューンが持続するに従って「経験を積んだ者」とそうでない者、「長く活動した者」とそうでない者、「影響力の大きな者」とそうでない者、「能力のある者」と「能力のない者」という分割が形成される傾向がある。「経験のない者」や「初心者」などという理由で、あるいは平素から参加していないとか「一生懸命やっていない」などという理由で、ある見解を無視したり、「経験を積んだ者」であるからとか「先輩」だからとか「一生懸命やっている者」だからなどという理由で、ある判断や見解の妥当性に正当性を付与したりすることは、コミューンの作動を致命的な方向へ追い込んでしまう。それは「経験の有無」、「能力の有無」、「活動経歴の長短（先輩／後輩）」などを発言や行動するために必要な「資格」の有無にしてしまうことで、「経験のない者」、「能力のない者」、「初心者」たちから発言や活動する資格を剥奪する結果につながるだろう。それは、すでに与えられた（確保された）位置、すでに分配された地位に固定性を付与し、その地位に影響力と決定権を付与するだろう。

それは必ずや、経験と能力などがないと見なされる者たちから、発言し、考え、行動する機会を剥奪し、コミューンで主導的に活動する余地を除去するであろう。その結果、無能で経験のない者という地位から抜け出すことがより難しくなるだろう。このような悪循環は、影響力のある者とない者、資格のある者とない者の間の距離をさらに拡大し、そのような分割を再生産するだろう。能力の対照は資格の対照につながり、資格の対照は「発言権」や介入する権利の分割につながり、権利の分割は地位の分割につながるのである。このような分割や対照が再生産される時、それは権力の分割――権力を行使する者と、その権力によって動く者との間の――へとつながることは明らかである。能力の差異や経験の差異が、資格の分割を通じて権力の分割へと、権力が作動し再生産される体制の側へと転換してしまうことは決して難しいことではない。「共同体」という自己規定が、あるいは「コミューン」という「アイデンティティ」が、このような「移行」をくい止めてくれると信じるならば、それはあまりに素朴で純真なことである。

コミューンにおいて「民主主義」が真に重要な問題となるのは、まさにこのような地点においてである。しかし、ここで形式的で手続き上の民主主義の重要性を説くありがちな通念を想起させようというのではない。すべての成員の能力や、介入の程度を、一票へと同等に帰結させる、そのような民主主義を語ろうということとは、なお一層違う。自然学的で直接的な関係の空白地帯に導入しなければならないもの、それはランシエールが浮き彫りにした、語源的な意味そのものの民主主義、「資格のないもの（demos）による支配」としての民主主義である(20)。

プラトンがかつて、誹謗する意味合いで指摘したように、デモス（demos）の支配を意味する「民主主義」（democracy）において、デモスとは「支配する資格のない者」を意味する。プラトンの観点からは、これほど、道理にかなわない概念も無かったのである。支配する資格のない者たちが支配する体制――それは自家撞着的な概念であり、形容矛盾である体制にほかならない。しかし、ランシエールの主張によれば、政治を資格のある者たちに制限することは、すでに分配されたある資格や権利や分け前をめぐって争うことであるという点で、与えられた秩序ないし与えられた体制を維持するものであるということである。それは資格に根拠を置いた「統治」であり、資格のある者たちが自らに与えられた権利と分け前をめぐって争う「治安」(police)である。「政治」とは、これと反対に、資格のない者たちが資格を主張することであり、分け前のない者たちが自分たちの分け前を主張することである。それは語ることのできない者たちが語ることであり、姿を表すことができないようにされている者たちが姿を現わすことができるようにすることである(21)。民主主義が「資格のない者たちの支配」であるというのは、まさにこのような意味においてである。「初心者」や「新人」、あるいは外部者という理由で語る資格を剥奪された者たちが語る言葉に耳を傾けること、能力がないという理由で活動の表舞台から姿が見えなくなった者たちを注視し、その理由を見極め、彼らが再び姿を現わせるようにすること。これはコミューンや共同体であろうとも、もしくはそのような志向を持つ場所ならばこそ、なおさら重要なことである。能力や経験、参与の程度や没頭の程度などが誰かの言行に資格を付与し、誰かの言行を問題視する理由になり始めるならば、資格を剥奪する言行が出現し始めているのではないか注視すべきである。特定の誰かの言葉や行動に重みが加わったりすることを、反復的に正当化し始めると、そして真摯に耳を傾けなければならない言葉と、面と向かって非難したり無視しても良い言葉の間に分割が生じ始めるならば、コミューンにおける「政治」ではなく「治安」のメカニズムが陣取り始めているのではないかと問わねばならない。資格のない者たちの支配としての民主主義——それはまさにこのような分割を打破する者であり、この分割によって語ることが出来なくなった者たちが語り、姿を表すことの出来ない者たちが姿を表すことが出来るようにすることである。それは時間と経験を積めば積むほど、コミューンにとって緊要なことである。

5．能力の民主主義と民主主義の能力

ここで「能力」の自然学に基づいたスピノザの倫理学と、資格のない者たちの民主主義としてのランシエールの政治学は相容れないように見える。能力の自然学は、能力があるだけ結果を作り出すことに参加するという命題に要約される。それが説くのは、能力の限り支配し、影響力を行使することである。しかし、資格のない者たち、分け前のない者たちの民主主義が説くのは、反対に「能力のない者」たちの支配ではないか。まずここで両者の対立を決定づける結節点には、「能力」の資格化があることを指摘しておこう。「資格」とは、能力を権利に、そして遂には権力へと変換する概念的な政治である。資格付与／資格剥奪の言行は、能力の自然学ではなく、能力の自然学的作用を阻止する言行である。能力の自然学が資格の有無を語ることとは無関係に作動する能力の作用のことである反面、資格剥奪の言行はそのような作用を阻止するための言行であるためである。

しかし、能力のある者の自然学的な支配とは、その能力を資格化せずとも、どちらにしても有利で優越した地位を占める者たちの支配のことではないのか。もしそうならば、能力に見合った影響力を行使する「能力の民主主義」は「民主主義の能力」の形成とは相容れないと言うべきでないのか。このことは容易に解消できない問題であるようにも思える。例えば、スピノザにとっての能力とは、なんらかのものが有る

限りにおいて作用するものであり、作用しただけのものが誰かの能力であるなどとされる。しかし、「能力の民主主義」と「民主主義の能力」の間にある二律背反は、そう述べることで容易に解消される問題ではないようだ。そのように考えるよりは、むしろコミューンにおける能力とは一体何なのか、いかなる意味をもつのかを、再度考えてみた方が良いのではないか。

私たちは「コミューンのリーダーシップは権力ではなく能力による」と述べてきた。そうした言葉について、能力のある者がリーダーとして影響力を行使し、能力のない者はそのリーダーシップに従うのだというような、そんな関係を意味するのだなどと、誤解を受けたこともあるが、それについて長々と反駁するよりも、次のように指摘することで充分だろう。上記の言葉は、本来何らかのものが有る限りにおいて作用するものであり、能力にしたがって結果に参与するのだという自然学的命題に則ることによって、制度化された権限によって何かを保証する権力の体制に対する反駁を試みたものである、と。しかし、むしろより根本的な問題は、能力についての観念が多くの場合、「個人」という――不当にも自明であると見なされているが、実は個人主義や自由主義と対をなす――ひとつの単位に帰属するという事実に関連している。

いかなる「自然な」単位とも無関係に、能力の有無は、通常「求める結果を産み出す能力」によって決定されるとされる。能力のこのような概念が、容易に「生産性」の概念によってすり替えられたりもするのだと、私たちはすでに指摘してきた（第三章）。しかし、能力がどのような場合であれ、結果を作り出すのに必要なある強度を作り出すことと結びついていることは否定しがたい。それはある活動に集中する能力である。このような集中の強度が、他の要素に対する触発の強度を決定づける。

強度ないし集中度(intensity)が能力の内包的(intensive)側面であると言えるならば、外延的(extensive)側面における能力とは、隣接する諸項と結合し作動する能力であると言えるだろう。結合し作動できる外延の幅、それが能力である。これは異質なものを受容し共に(ひとつのように)作動する能力である。通常の語法で語るならば、これは隣接する諸項と協働、協調、調和を算出する能力である。他の人と協働する能力だけでなく、隣接した道具や環境、偶然に迫ってくる様々なものと結合し作動する能力である。したがって、孤立しなければ正常に作動できないものは、このような側面から無能力な者である。これは、ある個体が他の個体と結合し、ひとつの「共同体」を作り出す能力、すなわち新しい次元の共同体へと個体化する能力である。

しかし、外延的な側面での能力が、強度的=内包的な側面の能力と対立するのではない。なぜなら、身体の強度的な能力は、身体の相異なる諸部分の間に調和と協力を作り出す能力であるからだ。鑿《のみ》を使って木彫りをする能力は、それ自体では強度的な能力である。しかし、その強度は鑿を掴んで力を加減する手と、金槌を持って叩くもう一方の手、腕を持ち上げる肩と、それが振り下ろされるよう引きつける腰、鑿と金槌が適切に衝突するようにする眼と腕の動き、鑿と金槌を掴んだ指の動きなどが、ひとつのように協調し、作動することで、発生するのだ。両手と手の指、腕、腰、肩、眼、など多くのものがリズムを合わせてひとつのように動くことが、木彫りの強度を決定する。したがって、その強度とは、相異なる身体の諸部位の間の協調と協力によってつくられるものである。

裏返せば、このように言うことも言えるだろう。相異なる人々とリズムを合わせて協調と協力を生産する能力とは、隣接する諸項の強度を作り出す能力である。リズムを合わせて、異なるものたちがともに動き、新しい強度を生産するようにさせる能力。それはまた、隣接した項の強度とリズムに合わせて、自らの身体的な動きを作り出し、そのリズムに乗って、他の諸身体が動くようにする能力、その動きにしたがって、必要な強度を作りだす能力である。また、自らの身体の動きも、他の諸項と結合した動きも、その強度は集中の強さによって決定されるのではなく、集中と弛緩、速さと遅さが適切に調節する能力であるという点で単純に力の大きさに還元されるものではない。個体的な能力もやはり個体が稼働する力の大きさではなく、身体の諸部位の間にリズムを作る能力であり、必要に従って強度を調節する能力である。集中度が能力であるにもかかわらず、速く強く押し進めることが、条件によっては、身体を疲れさせやすく、協調的な力を解体し、物事をダメにする場合が少なくないことを、私たちはよく知っている。

したがって、内包的＝強度的な能力と、外延的な能力を、それぞれ単純に個体の能力、共同体の能力に対応させるのは間違っている。個体の強度的能力は、身体の様々な構成要素の間の協調を導き出し、外部の条件に合わせて身体の動きと集中度を調節する能力であるという点において、外延的な能力でもあるのだ。また、個体の外延的な能力は隣接する諸要素と結合し、集合的身体を構成する能力であるが、同時に隣接した要素とリズムを合わせてそれが強度を作りだす能力であり、そのような隣接項に合わせて自らの強度を調節する能力であるという点で、強度的な能力でもある。いずれの場合であれ、共通するのは強度的能力とは、関連した部分や諸構成要素を適切なリズムにしたがって協調させ作動させた結果であるということである。言いかえれば、能力の程度について語る際に核心的なことは、諸部分の協調を作り出し、それらがリズムに合わせて「ひとつの」身体になるようにする能力である。これは個体化の能力と言ってもよいものであり、集合的身体、共同体を構成し作動させる能力と言えるものだろう。要するに、個体の強度的な能力は何よりも複数の要素をひとつの個体の動きへと個体化する能力であり、その意味で共同体的な身体の構成能力なのだ。

身体的・非身体的な層位のいずれにおいてであれ、コミューンの能力とは、まさにこの個体化能力だと言ってもよいだろう。それは、コミューンを構成する異質な諸要素の間の協調を作りだす能力であり、それら諸要素がひとつのリズムに合わせて最大の強度を作りだすようにする能力でもある。要するに、コミューン的な次元における能力とは、集合的な次元で強度を生産する能力なのだ。したがって、最大の速度、最大の効率を作りだす、或る強度の個人的な産出のことを、能力であると述べることほど、コミューン主義の能力の概念からかけ離れたものはない。いかに高い強度を持つといえども、隣接する諸項のリズムに合わせることが出来なければ、隣接した諸項の強度を導きだすことは出来ず、コミューン的な能力の強度を作りだすことは出来ないからだ。諸構成要素の協調を瓦解させるのであれば、それがいかなる強度を持ったものであれ、無能さに帰着するにすぎない。隣接した諸項に合わせて緩急を調節し動かなければ、隣接した諸項の強度を、協調的な強度を引き出すことに、決して成功することはないだろう。

より重要で強力な能力は、隣接した諸項に「無い」と思われている能力を発見し、「有」らしめる能力、つまり現勢化されていない潜在力を見出し、それが作動できる条件を作りだす能力であろう。ある要素の短所ではなく長所を見出す能力、ある要素の特性を短所ではなく長所と捉えることで、長所として稼働できるようにする能力である。

異質な要素を受容する能力が重要なのはこのためである。それは異見や差異を受容し、集合的な次元の能力の成分に変換させる能力である。コミューンが外部的で異質な諸要素の集合であることを知れば、そのような能力はコミューンの実質的な稼働にとって最も重要な能力であると言ってもよいだろう。反対に隣接した身体の鈍重さを受け入れ新しいリズムを導きだすことが出来ない身体的な強度は、それ自体がいかに強力なものであったとしても、断じて能力があるとは言えず、無能なのだ。異見や差異を取り入れることが出来ないものは、いかにそれが豊富な経験や鋭い直感によって生み出されたものであろうと、無能なのだ。政治での独裁がそうであるように、思惟における独善は差異の受容能力の最小値を示している。協働や調和を破壊するという点において、独断は能力の最小値を保持しているにすぎない。自分たちが関わっていることについて「分かっている」とか「うまくやってきた」などということを根拠にして、独善や独断に固執することがある。また、そうしたやり方がより効率的に結果を出してきたなどという理由で正当化したりもする。しかし、直接的な成果がいかに良いものだとしても、その帰着先は無能である。それはコミューン的共同の能力とその強度を瓦解させるであろう！　その無能はコミューンに参加した諸要素の自発性や連帯の快感、そしてコミューンの原則や存在理由自体を収奪し、コミューンを瓦解させるのにおあつらえ向きのものである。個体化の失敗、集合的個体の死をもたらすという点で、これは最悪の無能を意味する。

実際のところ、独善はコミューンの有機体的単一性を知らぬ間に仮定しているのだ。より効率的で「有能な」者の判断に、皆が同意し、従ってくれるだろうという風に、である。異見や反対論に対する説得を放棄した地点で独善的な「リーダーシップ」が作動する。しかし、コミューンは異質なものたちの個体化を通じて存在するものであるだけに、差異や異見や不和が常に存在する。その不和にもかかわらず、連帯の快感によってコミューン的な協力や調和を作り出すということは、結果的な合意や単一な結論を導き出し執行することではなく、異見や差異あるいは不和をリズムに合わせて共に動き、共に作動させることである。それらの異質なるものを、不和なるものを、ひとつに集め衝突させ巨大な融合のエネルギーを発散するプラズマに作りあげることであり(22)、この融合の特異点に異質なもの、不和や敵対までも引き入れることなのだ。

もう一度要約するならば、能力の民主主義は共同性の生産に参与する諸要素がリズムを合わせて生産する強度的能力であり、それは何よりも異質なものを共に作動させる能力である。それは顕現されない能力を顕現させることであり、別のリズムで独り所在なげにしていたものを共に踊るようにさせること、そして異見と不和の諸要素をひとつのプラズマにし巨大な融合のエネルギーを作り出すことである。それは能力のない者の能力が顕れるようにすることであり、能力の「有る」ものたちと「無い」ものたちが一緒に交わり作るものであるという点で、民主主義という言葉の古くからの定義に正確に符合する。それは民主主義的な能力であり、民主主義を稼働させて作り出す能力である。このような能力がコミューン的な能力という言葉と、同一の外延を持つということを理解するのは困難ではないだろう。したがって、このように述べることができるだろう――能力の民主主義、それは民主主義的能力によって定義されるのだ。能力の民主主義に関するスピノザの倫理学と民主主義的能力に関するランシエールの政治学が全くの別物ではないことは、まさにこのような理由によるのだ。

6．人間と物のコミューン主義

コミューン主義を人間たちの共同体として理解したのは、独りマルクスだけではないだろう。フーリエやオウエンの場合もそうであったし、実際に共同体を作ろうとした多くの実験でも共同体とは「人間」たちの自発的な連合であったと思われている。それはおそらくコミューン主義という提案が通常、人間を対象にしたものであり、コミューンを作ろうという問題意識が人間の生をいかにより良いものに変えるかということにあるからであり、コミューン主義についての文章や本が人間を読者に前提しているという事実に起因するところが大きいからだろう。しかし、人間を対象にしている提案、人間を読者にして培われる文章であろうとも、そこで語られるコミューンが人間に限られた共同体でなければならないということはないだろう。コミューン、あるいは共同体が異質な諸要素がひとつに結合し固体化することで構成されるものならば、その個体化に参与（participation）するものはすべてその共同体の一部分（part）になるのであり、その参与の様相に従って、その共同性を分有（participation）するからである。

すでに私たちは次のようなことを明確にしている。すなわち、存在的次元ですべての存在者それぞれがそれ自体でひとつの共同体であるだけでなく、存在論的次元ですべての存在者がそれを存在するようにする宇宙的なスケールの外部によって支えられている存在であるということである。すべての存在者はそれぞれがそれ自体でひとつの共同体であり、それを支えている様々なものと共にひとつの共同体を構成する要素でもあるのだ。存在論的な共同性は、決して人間に限定されることのない、そのような共同性の生産において、人間が特権を持ついかなる理由もない。まず、ひとつにも宿っている宇宙的な共同体を見ること。そして、すべての存在者を存在せしめる宇宙的存在者たち全体を見なければならない。存在者たちの宇宙、そこで人間の地位には、私たちの考えとは異なり、いかなる特権も与えられていない。むしろ反対に言わねばならないのかもしれない。人間ほどその宇宙的な共同性を撹乱し瓦解させる存在者もないのだと。したがって、「人間」という観念を超えなければ、共同体の問題を正しく思考することは難しい。

これは単に存在論的な言説が「原理的」次元、あるいは哲学的な観念という「抽象的」次元に限定されたというのではない。すでに強調したことであるが、具体的で実際的なひとつのコミューンを構成するということは、隣接した諸要素と共にひとつの共同性を生産することである。そして、そのような隣にあるものが、決して人間に限られるのではないことも、すでに繰り返し強調した通りである。言語上の不自然さにもかかわらず、可能な限り「人」という言葉を使わず、共同体を成す「要素」などという表現を使ったのは、慣れ親しんだ言語を通じていつの間にか再び浸透してくる人間学的な観念を避けるためである。

目的と手段という、ありふれた観念は、人間と人間でないものを分割する、もう一つの人間学的範疇である。ある事物を「使用価値」の観点から扱う時ですら、それは特定の目的のために人間が使用する対象として関係づけられる。自動車は人間が移動するために使用する手段であり、本は知識を得るための手段であり、家は人間がそこで住むための手段である、などなど。これを明確に「人間学的」命題で提示したのはカントだった。「人間は常に目的として扱われなければならず、決して手段として扱われてはならない」。そうすることによって、人間は人間でない物すべてを手段として使用できるが、自らは決して手段になってはならない、特権的な存在者であることを哲学的に宣言するのだ。フーコーはこのような人間学的な思考方式を、労働・生命・言語が実体化された十九世紀のエピステーメーに関連したものだとしている[23]。人間とは、労働・生命・言語という、表象に還元できない、三つの実態が凝集された特権的な存在なのだ。これによって、人間と人間でないもの、そして生命と事物を分割し対立させる、根本的な分割が思惟の中心にその座を占める(24)。

しかし、交通整理の警察官は道路交通を管理する手段であり、教師は学生たちに知識を教えるための手段であり、医者は病を治療するための手段、軍人は戦争のための手段ではないのか。それだけでなく、いかなる職業も特定の目的のための活動である限り、手段の位相を持つ。ならば、職業を持った人間とは皆すでに手段として扱われているのではないだろうか！　これは人間の特定の一部ではなく、「正常な」人間が皆、手段として扱われていることを意味するのではないだろうか！　これがカントの有名な人間学的な命法に反することは明らかである。ここで論をもう少し推し進めるならば、産業革命以降の労働者たちは商品を生産するための手段と化したのみならず、機械の動きに服属してしまい、人間の間の関係は商品化した事物の間の関係に置き換えられてしまった。ルカーチのいう「物化」(Verdinglichung) とは、人間が目的としての人間の本性を失い、物になってしまった世界に対する怒りが滲み出ている概念である。

ヒューマニストのこのような怒りは理解できないものではない。人間が全てのものの目的とならなければならず、全ての思考の中心にいなければならないということほど、人間にとって自明のことはない。しかし、人間でない存在者が人間を中心に考え、人間という目的のために奉仕しなければならないという理由はない。逆に考える方がむしろ自然である。ゴキブリにとって地球とは、ゴキブリのために存在する。イチョウにとって太陽や大気は、自らの生存のために存在するものであるはずだ。人間中心主義とは、全ての存在者たちが持つ、このような自己中心主義の一つであるに過ぎない。目的と手段の観念もやはり同様であろう。

実のところ、ある存在者の存在に寄与する全てのものは、その存在者の存在のための手段なのである。

それが人間であれ、イチョウであれ、ゴキブリであれ、タヌキであれ同じことである。生命の歴史によれば、四〇億年の間、地球上の全てのものはバクテリアの存在のための手段であったと言わねばならないだろう。しかし、そのことが、バクテリアを唯一の特権的存在にし、他の全てのものを手段に使うことのできる目的としての存在としてそれを擁立する理由にはならない。ゴキブリもバクテリアと同じように、そしてヒトもゴキブリと同じように、自らの存在を支えている全てのものを、宇宙的スケールの存在者たち全体を自らの存在のための手段であると主張できる。菊の花が見るに、「ひとふさの菊の花を咲かせるために／春のうちから木葉梟《このはずく》は／あんなに鳴いた」のであり、「雷は黒雲のなかで／あんなに鳴った」ということなのだ(26)。

ところで、私が誰かの存在のために手段になってあげることが、彼らの存在を支えてあげる役割をすることの、何がそんなに無念なのだろうか。それは、自らはいつでも目的としての待遇を受けなければならず、決して他人たちの存在のためには何もしたくないという、幼稚な王子様コンプレックスの感情ではないのか。そんなことを考えてみれば、手段としてしか存在しないにしても、そして物化などという言葉で哲学的に非難されるものであっても、不平ひとつ言わないノートパソコンや電話機やエアコンは、まるで聖者か、さもなければ、語ることのできないプロレタリアに近いと言うべきではないか。私によって何かが存在できるのであれば、私によって他の何かが喜ぶことができるのであれば、そのような手段として存在できることは、私の存在が、その何かにとって贈り物として存在するということを意味するのではないか。ならば、存在自体が、与えるのだという考え抜きで、贈り物であり得るということを意味するのではないか。ひたすら目的の地位のみを固守しようという人間は、「手段」になってくれる存在者がくれる贈り物も受け取ることができない無能な存在だと言わねばならないのではないか。

存在論的共同性を忘れたのでなければ、このように言わねばならない――「あるひとつの存在者をして存在するようにさせる全てのものは、その存在者のための手段であり、その存在者はそれらの手段が支える目的である」。したがって、塵ひとつ、一粒の種籾までも含めて、全てのものが目的であり、その存在者の宇宙の中にある全てのものがその目的のための手段である。この世に目的のないものはなく、また手段でないものもない。特別に目的であるだけの人間がいないように、特別に常に目的であるだけの存在者はいない。近代的職業の話を出さなくとも、全ての人間は他の人間の生に寄与する限り、その生のための手段なのであり、他のものたちの活動を通じて存在する限り、彼らを手段とする目的なのだ。目的と手段の概念がこのように「存在論的平面化」を通じて一般化される時、私たちはそれらの概念に付与された、全ての人間学的発想の消滅を見るのだ。

存在論的共同性の思惟は、人間という存在者に付与された全ての特権性を除去し、他の全てのものと平等に共同性の生産に参与するのだということを示している。私たちが、その時ごとに構成する具体的で実際的なコミューンもまた同様である。耕作にたずさわる共同体は単に協働し生産する人間たちだけの共同体ではない。人間と家畜、作物と土地、その土地の中の微生物と菌類、大気と水、ハチとチョウなどがひとつの循環系を成すことで作り出される共同体である。農民たちが近所の人にだけでなく、自らの家畜に対して、穀物の一粒一粒に対して、そして自らが耕す土地に対して持っている愛情は、これを考慮した時に初めて理解できるものである。私たちが作る知識の共同体もやはり変わるところはない。それは、能動的に参与する人達だけでなく、私たちが使う机や椅子、ノートパソコン、卓球台とガスコンロ、そして本とそれらの本に蓄えられた知識、その知識を産み出し分け与えてくれた著者たち、そしてセミナーや講義に参加する方々たちが、皆ひとつの循環系を成すことで作られた共同体なのである。しかし、耕作にたずさわる共同体とは違い、自らと隣接する共同体の諸要素に対する特別な愛情が不足しているのは、土地や生命体のような特性がないため、カネさえあればいくらでも代替可能であるということ、しかも消費社会のメカニズムによって絶えず新品に買い換えようという欲望が支配的だということ、そして人間と物を対立させる古い通念にとらわれていることなどに起因していると言わねばならないだろう。

労働者たちが工場や機械に愛情を持つことが出来ないということは、むしろ分かりやすい。共同で作動するが、それは自らの自発的意思とは関係のない、よって労働生産物からも労働過程からも「疎外」された、敵対的な関係の中で労働するからである。そこで工場や機械に愛情を持つとすれば、それはかえって一種の倒錯であると言わねばならない。反面、職人たちが自らの道具に対して持つ愛着はよく知られている。このような愛着は、物に対する所有欲や、「物神崇拝」ともかけ離れたものである。それは自らの身体とリズムに合わせてともに作動する「友」に対する愛情だと言わねばならないだろう。これはともに共同体を構成し、作動する諸要素の間の愛情が、必ずしも農民に限られたものではないことを示している。労働における人間と道具の共進化（coevolution）、そして産業革命以降の機械と人間の共進化は、敵対と「疎外」によって消滅した、このような関係が再び出現する可能性を語っているのではないだろうか。

人間中心主義を超えたコミューン主義——それは、人間と同じように人間でない諸要素との共同体的な関係を折り込んでいる。人間と自然の間の関係だけでなく、人間と物の間の関係もまた、以前とは異なるひとつの閾《しきい》を超えるということである。それは傍の人間に対してそうであるように、隣接した自然や物とも友として出会う関係であり、傍の人たちの活動や存在を贈り物として認識することと同様に、傍の物や自然の作動や存在を贈り物として認識する関係である。また、そうした点で人間に対してだけでなく、ともに作動する物などの、すべての要素に対して、友情の政治学と贈り物の倫理学が作動する、そのような関係なのである。人間に対してだけでなく、人間でないすべての諸要素に対して、「連帯の快感」を持つことのできる、あるいはそれら諸要素が連帯の快感を持つことができるようにする、そのような関係なのである。

共同体において多くの場合、食べ残しがゴミとして棄てられることを防ぐために努力をするということはよく知られている。これは単にゴミを減らそうという「環境運動」のスローガンのためだけではないだろう。私の身体を持続させ存在させてくれる友らに対する友情、あるいはそのような友らの存在が与える「贈り物」に対する感謝の表現であると言うべきだろう。このようなことが単に食べ物に限定される理由はない。共同性の構成に参与する、全ての要素に対して、友である彼らが自らの能力を最大限に発揮できるように、自らの存在を最大限持続できるように、彼らとともにする活動が最大限喜ばしく、楽しいものであるようにすることである。このような点で、単に空や大地、あるいは神々の宿る特別な「物」にだけ感謝の心を感じたハイデガーとは異なり、ノートパソコンを始め、服、そして箒やちりとりに至るまで、全ての物と喜びの情動を分かち合う関係を構成することを夢見てもよいのではないか。

7．存在論的平等性とコミューン主義

コミューンはその構成過程自体を目的に作られる。共に何かをするという事実自体が提供する快感、すなわち「連帯の快感」が、そして、そのような快感への欲望の自発性が、コミューンを作り持続させるよう突き動かすのだ。このような理由のために、欲望の抑制や苦痛を受け入れることから来る喜びという禁欲主義的な欲望の配置ではなく、自らのやりたいことや得意なことをする、肯定的な欲望の配置を作り出すことが、重要になる。これは、自らと共に作動し、共に共同性を生産する隣接する諸要素と「友情」という言葉で要約できる関係、つまり友情の政治学を稼働させることである。共に生活し、共に作動する場合であれば、日常的な葛藤は避けがたい。それは、異質な外部に開かれたコミューンであればなおさらのことである。そうした衝突を超えることの出来る喜びの情動——それはそれぞれがぶつかる要素を友として肯定することを意味するだけでなく、潜在的ないし現勢的な、いかなる敵対をも超えて友として肯定することの出来る能動的な政治学を要求する。それは、好意的な対象はもちろん、敵対する相手の側にも、友を発見することであり、共に生きて行く人はもちろん、共に作動する物たちのうちにも友を発見することであり、そうすることで、どこであれ存在する全てのものを友にしてゆくことである。これは、私が存在する、いや私を存在させてくれる「宇宙」全体に、その宇宙の中で存在者の存在から贈り物を発見する能力のことでもある。与えられていないものを受け取る能力——それは存在そのものを与えるのだという考えなしに与える贈り物にする。そのような存在論的な贈り物の感覚は、逆に与えるという考えなしに、単に存在し活動することそのものが、隣接した存在者たちへの贈り物になるようにする、贈与の倫理学へと進むことを触発するのだ。

能力に応じて共同性の生産に参与し、能力に応じてそれを分ける、能力の民主主義——それは別の言い方をすれば、与えるという考えとは無関係に、そのように他者たちに贈り物を与えることができる能力の自然学的作動を意味する。そして、そのような自然学的作動ないし参与を規制する「資格」のメカニズムが作動しないように阻止することも、必要となる。したがって、民主主義とは「資格のない者たちの支配」という根本的な意味で理解されなければならない。自然学的な観点から見て、このような能力とは産出の強度ないし集中度によって定義される。転じて、そのような強度や集中度とは、それに必要な諸要素、例えば身体の各部分が互いに協力できるようにする能力であるという点で、コミューン的な構成の能力、コミューン的な個体化の能力である。それはまた、コミューンを構成する諸要素がリズムに合わせて最大の強度を産み出すようにする能力であり、そしてそれぞれの要素が最大値の強度を産み出すようにする能力であり、そのような強度としてコミューン的な構成に参与するようにさせる能力である。このような意味で、それはコミューン的な能力であると同時に、民主主義的な能力である。

私たちとともに作動する諸物が、コミューン的共同性の生産に常に参与し、自らの能力に応じて何らかの「贈り物」を与えているにもかかわらずその贈り物が見えないのならば、そして、そのために彼らが常に私たちの近しい友であるにもかかわらず友に見えないのならば、また、それがゆえに彼らに対する友情がどのようなものなのか思惟できずにいるのならば、それは彼らが私たちの目に入ってこない存在、友としての資格を持てずにいる存在であるからだろう。したがって、この資格なき者たちに、資格を与え、可視化されない者たちを可視化することは、単に宗教的性格の道徳や倫理であるというよりは、資格なき者の支配である政治的な性質の民主主義を稼働させる問題であることを強調する必要がある。それは物との「悦ばしい連帯」を通じて、人と物の新しい関係を作ることであるという点で、やはりコミューン主義を構成する問題でもある。人間たちにこのような諸物とは違った資格を付与すること、相異なる存在論的位相を付与すること、そのような方式で人と物を分割し、対比することは、それがいかなる動機によるものであれ、コミューン主義はもちろん、民主主義の稼働を特定の範囲に制限し、中断してしまうものである。このような点で、諸物との関係は、より「物化」しなければならないと言わねばならないのではないか。「物の人間化」という統治と治安の問題設定とは反対に、そのような「物化」から政治の問題設定を発見しなければならないのではないか。貨幣に対する崇拝（宗教的な、あまりに宗教的な）を意味するようになってしまった、資本主義のフェティシズムから脱し[27]、そして男根の代替物としての物に対する愛着を意味する精神分析的なフェティシズムを超えて[28]、諸物に対する愛情ないし「連帯の快感」としてのフェティシズムを持つポテンシャルを新たに発見しなければならないのではないか。

敵対を横断し、敵のうちにも友を発見すること。そうすることで全ての存在者のうちに友を発見すること。「贈り物」として与えられるものだけではなく、贈り物として与えられないものにも贈り物を見てとること。そうすることで全ての存在者のうちに贈り物を発見すること。能力のある者だけでなく、能力が「無い」と見なされている者のうちにも能力を発見し、その能力を引き出し、有効に作動させること。そうすることで全てのものから、私と共に共同性を作り出す能力を発見すること。語る資格のない者のうちに語る資格を発見し、介入する資格のない者のうちに介入する資格を発見すること。そうすることで資格のある者と資格のない者の間の平等性を発見すること。人間と同様に物も、時には人間以上に物が共同性の生産に参与し、私たちと共にその共同性を分有していることを、発見すること。そうすることで人間と物の存在論的平等性を見てとり、それらの間に「連帯の快感」と呼ぶべき新たな友情ないし愛情を発見すること。

有用でないものの功能に有用性を見て取り、そうすることで、いかなる存在者も有用でないとは言えないことを発見すること。目的のないものから合目的性を発見すること。そうすることで、いかなる目的もなしに、存在そのものから悦びの情動を受け取ること。これらのことを私たちは「存在論的平面化」と呼ぶことができるだろう。存在する全てのものをひとつに括り、それらの間に存在するとみなされる、あらゆる深淵を超えること。それは普遍性という名の尺度とは全く関係なく、いや、そのような尺度全体を無効化することで、全てのものをひとつに括るある「一般性」へと導いてくれる、そのような存在論的一般性である。

私たちはこのような存在論的平面化を通じて、存在する全てのものが友であり、贈り物であり、それぞれがそのものなりの能力を持っており、それゆえ、みなそれぞれ相応の有用性と資格を持っていることを見てとる。すなわち、その全てのものが存在論的に平等であることを見るのだ。これを「存在論的平等性」と呼んでも良いだろう。それは、私たちが習慣的に知っているような、ある一つの尺度を基準にした平等性でない。その存在論的平面もまた、身長を測るためにそうするような何か平たく均等にした、そのような平面ではない。それは、反対に「友情」や贈り物、能力や有用性などを測る全ての尺度が消えることで、その全てのものを「友」や「贈り物」など、ひとつの名前で括ることが出来るようにする平面である。そして、それは各々のものが他のものと同一ではないために持つことの出来る「能力」や「有用性」であり、そうした差異や異質性によって持つようになる、存在そのものの平等性である。しかし、それは差異や異質性を自分だけの固有性として主張し、それぞれが自分だけの道を行くことを主張する、モナド的空間ではなく、そうした全ての差異や異質性が共に存在し、共に作動しなければならないという、存在論的事態によって、常に結合し衝突し創られる共同性の中で、自らの「個体性」を失い融合し一つのプラズマを形成する、そのような融合のエネルギーを産み出し、新しい出会いと衝突を惹き起こす、熱い生成の空間であろう。

註

(1) ジャック・ランシエール、『미학 안의 불편함(美学の中の居心地の悪さ)』、주형일(チュ・ヒョンイル)訳、インガンサラン、二〇〇八年、一七一―一七四頁。(Jacques Rancière, *Malaise dans l'esthétique*, Paris, Galilée, 2004, pp. 145-148.)

(2) ジル・ドゥルーズ、『スピノザ――実践の哲学』、鈴木雅大訳、平凡社、一九九四年、三六―三八頁。

(3) ドゥルーズ、ガタリ、前掲書、第一章。

(4) 疎外された人間について共感し、彼らに連帯の手を差し伸べるのは、たいていの場合、疎外されていない人々や、あるいはすでにそのような疎外を超えた連合を夢見る人々である。疎外された者たちの組織。それは疎外を超えた自発的な連合を通じて、作られるものであって、疎外それ自体が作るものではない。

(5) 谷川雁、「政治的前衛とサークル」、岩崎稔、米谷匡史 編『谷川雁セレクション』I、日本経済評論社、二〇〇九年、三六三頁。

(6) ジャン=リュック・ナンシー、『無為の共同体』、西谷修訳、以文社、二〇〇一年。

(7) 李珍景、「コミューン主義と政治――敵対の政治学、友情の政治学」、『コミューン主義宣言』、教養人、二〇〇七年。

(8) イ・ヴェ・スターリン、「レーニン主義の基礎について」、『スターリン全集』第六巻、スターリン全集刊行会訳、大月書店、一九五二年、一六五頁。

(9) カール・シュミット、『政治的なものの概念』、田中浩・原田武雄訳、未来社、一九七〇年、一五頁。

(10) 同書、二二頁。

(11) ジャック・デリダ、『友愛のポリティックス』Ⅰ・Ⅱ、鵜飼哲、大西雅一郎訳、みすず書房、二〇〇三年。

(12) マルセル・モース、「贈与論」、『贈与論 他二篇』、森山工訳、岩波文庫、二〇一四年。

(13) スボートニクは「鉄道戦争」でもあった一九一八―一九一九内戦中のロシアで、輸送の再活性化のために、土曜日に六時間の追加労働を報酬なしで行った勤労奉仕日を指す。一九一九年五月、モスクワ―カザン区間の鉄道で初めて行われた（ヴェ・イ・レーニン、「偉大な創意（銃後の労働者の英雄主義について、『共産主義土曜労働』について）」、『レーニン全集』、第二九巻、マルクス＝レーニン主義研究所編、レーニン全集刊行委員会訳、大月書店、一九七〇〔一九五八〕年、四一三―四三九頁）。

(14) ヴェ・イ・レーニン、「古来の制度の破壊から新しい制度の創造へ」、『レーニン全集』、第三〇巻、マルクス＝レーニン主義研究所編、レーニン全集刊行委員会訳、大月書店、一九七〇〔一九五八〕年、五三七―五三九頁。

(15) これについては、李珍景、『マルクス主義と近代性』、文化科学社、一九九七年の第八章を参照すること。

(16) Jacques Derrida, *Given Time I. Counterfeit Money*, tr., by Peggy Kamuf, University of Chicago Press, 1992 の一章を参照。

(17) ジャック・デリダ、『歓待について』、廣瀬浩司訳、産業図書、二〇〇七〔一九九九〕年、六三頁以下、九七頁以下。

(18) ブランショが「不可能なもの」を通じてしようとしたこともまた、私は同じような脈絡で理解する（モーリス・ブランショ、『政治評論１９５３―１９９３』、コ・ジェジョン訳、グリーンビー、二〇〇九年、一四六頁、一一五頁）。（Maurice Blanchot, *Écrits politiques 1953-1993*, Gallimard, 2008, pp. 178, 247）

(19) マルティン・ハイデガー、「사물（物）」、『강연과 논문（講演と論文）』、박찬국（パク・チャングク）訳、而學社、二〇〇八年、二三三―二二四頁。（Martin Heidegger, *Vorträge und Aufsätze*, Pfullingen, Günther Neske, 1954, pp. 172-173.

(20) ジャック・ランシエール、『정치적인 것의 가장자리에서（政治的なものの縁で）』、양창렬（ヤン・チャンリョル）訳、図書出版ギル、二〇〇八年、二四〇頁。（Jacques Rancière, *Aux bords du politique*, Paris, Gallimard, 2004［1998］, pp. 231-232.）

(21) 同書、二四七—二四九頁。（Ibid., pp.240-241.）

(22) 谷川雁が異なる文脈で使った表現に着想を得ている（谷川雁、「無の造形——私の差別『原論』」及び「幻影の革命政府について」、岩崎稔・米谷匡史編『谷川雁セレクションⅡ　原点の幻視者』、日本経済評論社、二〇〇九年）。

(23) ミシェル・フーコー、『言葉と物——人文科学の考古学』、渡辺一民、佐々木明訳、新潮社、一九七四年。

(24) 近代に出現したヒューマニズム的な配置については、李珍景、「コミューン主義とヒューマニズム」（『コミューン主義宣言』に所収）を参照。

(25) ジェルジ・ルカーチ、「物象化とプロレタリアートの意識」、『歴史と階級意識』、城塚登、古田光訳、白水社、一九六八年。

(26)〔訳注：韓国で教科書にも掲載され広く知られている、徐廷柱《ソジョンジュ》の詩「국화 옆에서（菊の花の傍で）」からの引用。〕

(27) カール・マルクス、『資本論』第一巻a、社会科学研究所監修、資本論翻訳委員会訳、新日本出版社、一九九七年、一二二頁以下。

(28) ジークムント・フロイト、「フェティシズム」、『フロイト全集』、一九巻、石田雄一訳、岩波書店、二〇一〇年。

第八章

コミューンの構成における〈空間‐機械〉の問題

1．共同体と空間

コミューンの空間についていかに語るべきだろうか。今、この場で両者の関係について冗長な理論的考察が必要だとは思わない。今、投げかけられた問題は、非常に実質的で実践的なものだと思う。すなわち、「コミューンをどのように構成するのか？」「コミューンの構成において、どのようにして共同の空間を作り、どのようにそれを作動するようにすべきか？」「コミューンの空間はコミューンの構成において、どのような効果を持つのか？」等々。しかし、これらの問いは、単に空間を使用する技術的な方法に関する実務的な助言を要求するだけのものではないだろう。それは、むしろ空間の使用という問題を通じて、コミューンの構成について、コミューンの原則的問題について考えるよう求める問いである。強いて言うならば、「空間のプラグマティクス（pragmatics）」、あるいは「空間の微視的な政治学」に関する問いであると言ってもよいだろう。つまり、空間の問題についてコミューンの理論的概念を用いて語ることは単なるレトリックではないのだ。

まず、投げかけるべき問いは、コミューンと空間の関係についてのものである。これは、非常に自明であるように思われる。コミューンが空間を持つのは、当然のことと思われるからだ。しかし、「何も共有していない者たちの共同体」や、「共同体に属していない者たちの共同体」のような哲学的次元の共同体ならば、あるいは「無為の共同体」、「明かしえぬ共同体」のように(1)、具体的な形態を持つことに反する次元の共同体であるならば、空間的場所性とは全く無関係に定義されるだろう。しかし、これらの「不可能な共同体」ではなく「可能な共同体」について語ろうとしても、例えばコミューンをマルクスのように「自由な諸個人の自発的連合」と定義するにしても、必ずしも共同体が物理的な空間を持つわけではないことも事実である。コミューンや共同体が「関係」を意味する限り、このような関係は非場所的なあり方で存在しうるのみならず、非可視的な様相で存在しうるからだ。そのようなものとして「潜在的な」次元で存在する共同体がある。

すでに第二章で述べたように、例えばウィキペディア（Wikipedia）は、全世界の多くの人々の自発的活動によってつくられる。それはインターネット上の空間であるが、特定の「場所」（site）が無ければ、それは出現しえなかっただろうし、ともすれば存在しないと言わねばならないのかもしれない。また、その場所が無ければおそらく、別の趣旨の別のサイトに呼びよせられたであろうし、それは別の名前の別の共同体になっていたであろう。このように数々の非可視的な潜在的共同体をどのように何によって呼びよせるのかは、決して些少な問題ではない。それを現勢化する方式に従って、潜在的な共同体は別の形態の別の共同体として出現する。すなわち別の共同体として存在することになるのだ。このような理由で、逆にその場所を作った人々、特定の理念や目的、名前でその場所に共同体的な関係を呼びよせる人々が、その共同体を作った人々だと見なされたりもする(2)。よって、甚だしくはユーチューブ(YouTube)の場合がよく示してくれるように、「場所」を作った人々がその場所に集まった共同体的活動の成果を私的に領有し売り払ったりもする。

これらのことはコミューンの現勢的な構成において、空間や「場所」が持つ重要性を相反する形で良く示している。潜在的に存在するコミューン的な関係を、あるいはコミューン的な大衆を具体的で現勢的な形態で呼びよせるさいに、空間は「理念」や「目的」以上に決定的な役割をする。例えば、空間は潜在的なコミューン的関係を現勢化し、特定の形態で「存在させる」場を提供すると言えるだろう。潜在的な関係とは、特定の方向を持つ流れ、例えばコミューン的な活動の流れとして存在するとしても、いかなる定まった形態も持たないため、容易にその方向を変えるのみならず、それを呼びよせ引き入れる別の現勢的なものの力によって造作なく引き込まれる。これは、知的な活動の流れが制度的な成分に引き込まれ、たわいなく制度的領有の方式に包摂される場合や、あるいはコミューン的活動の流れが商業的領有の政治に捕獲される場合を想起すれば、簡単に理解できることだ。

2. 空間と共同性

反対に、共同の空間はコミューン的な関係を仮定しなくとも、共同性を生産する傾向を持つ。このことは何よりも直接的に、人々が集まり活動が作り上げられる物理的な空間の場合に明らかになる。そして、これは日常的にも簡単に確認できることだ。例えば、同じ事務室を使う人々や、同じ研究室を使用する人々の間で、単に同じ空間を使用するというだけで相互間に関心や愛情が生まれ、互いに理解する幅が広くなり、そのため何かに共感したり共同活動をしたりする可能性が高まるということは、よく知られていることだ。このことをよりクリアに示す極端な例を挙げてみよう。監獄でも特定の舎棟を受け持ち、勤務し続ける教導官はその舎棟に居る囚人たちと親しくなり、はなはだしくは囚人たちを助けてくれる場合が少なくない。これは、政治犯が「犯罪者」というよりは、捕虜と見なされる人々であるからこそ、さらにそうなのであるが、ここでも重要なことは、彼が「政治犯」であるという事実ではなく、一つの空間で毎日接触し共に生活するという事実がそうさせるのだ。もっと極端なケースもある。一九九六年一二月にペルー駐在日本大使館を左翼ゲリラが占拠し、人質劇を起こした事件がそれである。一九九六年一二月一七日に占拠し、一九九七年四月二二日に鎮圧されるまで、約四ヶ月間続いたこの事件で、「人質犯」と人質は敵対的関係にあったにもかかわらず、その期間を同じ空間で共に生活しながら、互いが相手に対して好意と愛情を持つようになり、結局、フジモリ大統領の鎮圧作戦の直前に「人質犯」たちは、人質をみな解放したことが想起されよう（「人質犯」たちは鎮圧作戦で殺害されたのだが）。これは一つの空間で一定期間を共同で生活したことが「人質犯」と人質の間でさえある種の共感や愛情が、言い換えれば、一種の「共同性」が生まれたということを示している。

ここで共同性とは、複数の個体が持っている共通の性質（property）を意味する「共通性」ではなく、複数の個体が共に経験するある触発や行動のために引きおこされる共同の情動（affect）のことであり、そして、その情動が潜在化していることを意味する。それは、あらかじめ与えられた性質ではなく、共同の経験や体験、行動――もちろん、おのおの異なる形で受け止められ、異なる意味に理解されるものだ――によって形成されるものであり、後に共同で何かをすることを可能にする潜在的条件となる。コミューンはこのような共同性を生産し、逆にこの共同性によって作動し発展する。ここで重要なのは、構成員が共有している何らかの性質の同一性ではなく、異なるように受け止められ、解釈されているにもかかわらず、何かを共にすることを可能にさせる行動であり経験である。

コミューンにおいて、空間が重要であるのは、空間的に制限され規定される条件が複数の構成員――単に人のみではないため「構成要素」という方が正確である――の出会いや、共同の経験、あるいは共同の行動の反復を可能にするからである。特に、直接的な出会いの条件である物理的空間が重要なのは、共同性が共同の「情動」である点と無関係ではない。意味や観念の共有と無関係に発生する単純な出会いの反復だけでも、共同の情動が発生し、それによって身体的動きのリズムが合うようになるからだ(3)。もちろん、これは「プライバシーの侵害」として受け止められることも多く、そのため共同の空間を最小化する建築様式が近代以降、発展してきたということは、よく知られている事実である。しかし、これもまた逆に共同性を生産する空間の「機械状」の能力を示すものだ。私的空間はそのような共同性を「プライバシーの侵害」としてのみ受けとめる近代人の感受性を反映し、逆にそれを拡大する。共同住宅を建てるさいに、私的な空間と共同の空間をどう配置するかが重要な問題となるのは、このような問題のためだ(4)。このような観点で見ると、コミューン的な関係を構成する問題は〈空間－機械〉を構成する問題だと言ってもよいはずだ。

要するに、コミューンの空間は潜在的なコミューン的関係に具体的な形態を付与し、現勢化する場を提供し、同時にその現勢的関係の中で共同性を生産し作動させることで、新しいコミューン的潜在力を生産し、拡大する場を提供する。一言でいえば、コミューンの空間は潜在的コミューンと現勢的なコミューンが交差し、重なる地点であり、コミューン的潜在性と現勢性が行き交う場である。これなしにコミューンを思考しようとする限り、コミューン主義は「共同体のない共同体」や「不可能な共同体」という哲学の慰めを脱することは難しいと私は信じる。

3. 空間の〈共-間〉化

空間とは単に空いている場所ではない。空間とは、壁によって区画された、空いている場所である。また、空間を使用するということが、空いている所に誰かが入るということだという考え方は、デカルトやカント式の近代的空間概念に過ぎない。空間は、空いている時でさえも、単に空っぽなのではない。それを使用する活動とエネルギーによって、その活動が作り出した雰囲気／大気（atmosphere）によって満たされている。長い間、使わずに放置された空間さえも、無-活動によって作られたある種の大気で満たされている。だから、空間が使われていない時にも、人々は容易に入っていくわけにはいかないのだ。反対に、人々がぎゅうぎゅうにいっぱいになっているのに簡単に入ることのできる空間もある。入りたいと思わせる空間、入れないようにさせる空間があるのだ。

ウィトゲンシュタイン式に言うならば、空間の意味はその空間の用法（use）である。これはたとえば、部屋割りの機能はその用法にしたがって違ってくる、という意味でもあるが、単にそれだけではない。その空間をどう使用するのかが、空間の大気を作り、空間のエネルギーを形成し、空間内の引力や斥力を生む。したがって、空間の問題、空間を作り構成する問題は、空間をどう使用するのかという問題なのだ。それは、単に図面上で分割された部屋に、いろんな機能を分配するということではなく、実践的な活動によって構成され変えられるということだ。空間をどう分割するのか、どう配置するのかは、このような空間の用法を基準に、それに合わせた方式で規定しなければならない。こう考えるなら、空間《こんがん》とは特定の種類の「間」を、つまり関係を「共に作っていく」活動という意味で〈共《こん》-間《がん》〉である〔韓国語で空と共の発音は同じ。ハングル表記では공간である〕。ここで「共」をハイフンで分離することで、空間という言葉の空いている場所を指す名詞的用法ではなく、「共有する」「共につくっていく」活動であるという動詞的意味を特別に強調する必要がある。

したがって、コミューン的な空間を構成するさいには、その空間のコミューン的な用法を創案し、そのような活動を創り出すことが問題となる。すなわち、所与の空間をコミューン的な空間へと特異化する問題であり、その空間内でコミューン的な活動を構成するという問題である。空間は、空っぽではいけない。活動や活力、そして、それらが形成する雰囲気で満たされていなければならない。そうすることで、コミューンの空間は始めて、人々をコミューン的な関係に引き込み、その関係を共に作り上げていくアトラクター（attractor）に成りうる。その空間の中に入り込んだ瞬間、コミューン的共同性に〈巻き-込ま〉（in-volve）れるような力を持たなければならず、その空間の外にいても、いつの間にかその空間にまた引き込まれるような力を持たなければならない。魅力、すなわち文字通り「魅惑する力」であり、「鬼のような力」(原文で鬼はトッケビ。朝鮮半島の民話でトッケビはユーモラスな存在でもある)である。何か分からないが、もう一度、行きたい気持ちにさせる力。コミューンづくりを成功させるということは、そのコミューンの空間をそのままそのような魅力的なアトラクターに作り上げるということだ。そのために、コミューンの空間が通常の空間とは違う活動の場であることを感じさせなければならない。

4. コミューンのアトラクターたち

ならば、いかに魅力を創り出すのだろうか? もちろん、容姿の美しい男女や、有名な俳優、あるいは弁がたち笑いを生み出す才気に満ちた者を空間の中に侍らせていることも、魅力を創る方法ではある。しかしそれは、コミューン的活動を触発し、コミューン的関係を構成する方法ではない。ならば、コミューン的な方法とは何だろうか?

コミューン(commune)という言葉を説明するに際して、しばしばその語源に含まれている贈り物(munus)という意味が強調される。贈り物のために構成される関係、それが共同体であり、コミューンである。ここで、贈り物という言葉に含まれている逆説については先に第七章で述べたとおりであり、長く語る必要はないだろう。ただ一つだけ付け加えるならば、マルセル・モースが述べたような、贈り物の答礼は「義務」であるため贈与とは結局「交換」の一種であるという解釈は、私たちの観点からすれば、二度なされた贈与を一度の交換として誤認するものである。また、デリダがこのことを指摘し贈り物の根本的不可能性を語ったのは[5]、逆に「贈り物の可能性」を語るためだったのだと理解すべきだと、私たちは考える。munusに含まれた任務、義務という概念を受け入れるならば、コミューンとは贈り物が義務である関係を意味する。私はこの言葉を次のように書き直したい。贈り物はコミューンの義務である、と。

　私はこの命題がコミューンの空間を魅力的なアトラクターにする方法であると信じる。コミューンの空間とは、来る人々に何らかの贈り物を与える場所だ。その贈り物はある者には喜びであり、ある者には知識であり、ある者にとっては食べ物であり、ある者にとっては着るものであるかもしれない。また、ある者には友人であり、ある者にとっては活力であるかもしれない。スピノザ流に言うならば、能力の増加を引きおこす全てのもの、喜びの情動を引きおこす全てのものが贈り物たりうるのだ。それが意図されたものであれ、意図されざるものであれ、人々は意図された贈り物すら受け取れない場合もあるかと思えば、意図されざるものを受け取る場合もあるため、贈り物は意図とは別に与えられ、受け取られていくのだ。重要なのは、意図しようがしまいが、コミューンの空間は喜びの情動を惹起する何かを与える力がなければならないということである。それが、コミューンの空間を魅了的なアトラクターにするコミューン的な方法なのだ。

　アトラクターとしてのコミューン的空間の能力は二つのものによって決定されるだろう。それは、与える悦びの触発の強度と、その触発の多様性である。コミューンの空間で得られる悦びの強度が他の場所で得られるものより強い時、人々の生をコミューン的な生により強く引き込むことができるということは、長々と説明する必要もないだろう。また、与えうるものが量的に多いだけでなく、質的に多様であれば、コミューンの空間が魅力を発揮する能力は、より大きくなるということもまた、同様である。しかし、これは、もう少し敷衍しなければならない。なぜなら、通常の「組織」や「団体」は、決められたある目的に従い、自らを特化し専門化しようとする傾向があるからだ。コミューンもまた、たとえば「私たち」[6]のような知識人コミューンは自らが与えることのできる触発を知識や勉強に関連した事柄に制限し、その強度を高めればよいとばかり考える場合もそうである。しかし、新しい思惟の触発を与えることができるだけではなく、必要な知識を与えることもでき、友達と一緒に笑い楽しむ時間を与えることもでき、工房に集まって何かを作ったりする機会を与えることもできてこそ、その空間を訪れる理由が多くなるのだ。また、そうであればこそ、ある活動が停止された時にも、継続して訪れる理由ができるだろう。そのため、たとえ研究者のコミューンであれ、勉強や講義、執筆のようなことだけに活動を制限してはいけない。時には、共に笑い騒いだりもするし、時には政治的な事案を前に討論をしたり、一緒にデモの準備をしたりもすれば、時には一緒に料理や手仕事をしたりもしながら、はたまた時には一緒にヨガをしたりもする。これらの全てが重要である。ある一つを特権化し、他のものは役に立たないものだと見なした瞬間、コミューンは自らの能力を制限し縮小することになるだろう。

しかし、コミューン的活動がそこに来る個々人に単に何かを与えるだけであってはいけない。コミューン的活動はまた別のコミューン的活動を触発し、また別の共同性を生産しなければならない。言いなおせば、ただ取れるだけのものを取ろうとする人々、あるいは何らかの代価（ほとんどの場合「お金」だ）を支払ったから、貰っていけばいいと信じる人々が集まる場所は、コミューンの空間ではない。反対に、そのような考えで訪れた人たちさえもコミューン的触発を通じて、何かを共に分かち合い、何かを他人に与える生を考えさせること、少なくとも今までとは違う生に考えが及ぶよう促すこと、それがコミューン的触発である。おそらく、これこそコミューンが与えるべき最も重要な贈り物だろう。このような点で、コミューンの空間は、お金を貰って知識や感情を売る「文化センター」でも、お客さんを接待する接客の場所でもない（これは特に、成功して有名になると陥りがちなことだ）。知識や感情は、ともすると「エサ」なのかもしれない。異なる生へ、他なる生き方へと人々を誘引し、触発するエサ（、、）。

　このような触発のために、空間に笑いで満たすことは非常に積極的な価値を持つ。空間に足を踏み入れるやいなや笑いの大気に感染させること、それは極端な場合、なそうとしていることが失敗した時さえも、入ってくる人々に喜びを与えるためであり、再訪する気にさせるからだ。また、スピノザ式に言えば、悲しみや苦痛を与える空間、憂鬱で重苦しい空間、それは誰もが避けたい、遠ざかりたい対象であるが、笑いを与え、愉快さを与える空間は誰もが近づこうと思う対象なのだ。このような点で、「コミューンとは喜びという情動の共同体であり、このような点で、構成的な活動とは喜びの情動を構成する活動である」[7]。このような笑いと愉快さの大気は、ともに生活し活動する人々の間で表れがちな対立と葛藤、衝突の重みを軽くし、容易に乗り越えさせてくれる。反対に、重苦しい空気は小さな葛藤に対しても、あまりに重くトゲトゲしく応対するようにさせ、そのことで対立と苦痛を重くし、傷を大きくする。真摯さと重さを同一視しないこと、反対に真摯さを軽さによって表現し、軽さの中にも真摯さを失わないことが重要である。

　もう一つ、コミューンの空間で共同性を生産するのに重要なのは、〈共に食べること〉だ。共同体の形成と持続のために、食べ物を分かち合うこと、共に食べることが重要だということは、宗教学者や社会学者たちによって早くから強調されてきた。たとえば、デュルケームはロバートソン・スミスを引用しながら、祭儀の要諦は、共に食事を分け食べること（communion、たいてい「聖餐」と翻訳される）であると指摘する(8)。実際のところ、これは始めから儀式であったというよりは、人々を一つの場所に集めて、共同性を生産する手段であり、人を集めるために食べ物を作り一緒に分かちあうものだったというほうが、より真実に近いのかもしれない。反面、キリスト教的聖体（communion）のなかに、「神話的合一」やそれを通じて神的生命を分かち持つ近代的合一の理念、またはそのような合一のなされた純粋な世界に侵入しようとする思惟を発見し批判するのは(9)、祭儀的行為について「言表されたもの」をあまりにも実直に信じることである。

しかし、ランシエールは、このような食事が大概は共同体の境界の内側でなされ、よって共同体の閉鎖性につながりもするという点を指摘する。共食を「戦士たちの間の兄弟愛の実践」と見做したスパルタの場合がそうである。しかし、これとは異なる共食をディオゲネスの言葉に見出せる。アリストテレスによれば、ディオゲネスはアテネ人たちが居酒屋で共食をすると言ったというのだ。その場合、共食とは「安い食堂で、そして通りがかりの人々にも開かれた集まりの場所で、個人の倹素さと集団的平等が同時に実現されること」である(10)。なぜなら、同じお金なら、それぞれで費用を持って食べるよりは、一緒にお金を集めて食べる時、よりよく食べることが出来るからだ。これは個々人のデモス（demos）が持っている能力は少ないかもしれないが、それを集めることができれば専門的有権者の会議が提供するものをいつでも超過するだろうという点で民主主義の威力を示唆するものと見なすことができる(11)。

民主主義まで話を押し進めるのは、大げさかもしれない。しかし、少なくとも毎日食べる二食ないし三食の食事を一緒に食べること、それはコミューンの共同性を生産するのに非常に重要な役割をするのは明らかだ。食事だけではないだろう。「私たち」の場合、セミナーや討論会、講義や会議など、人々が集まるあらゆる活動に「間食」の形で食べ物を準備し、分け合い食べながら行う。そして、それは贈り物をしたい人々が、順番に準備するものである(贈り物が「義務」であることを記憶にとどめておけば、この機会は皆に回って来るものであることを理解するのはたやすいだろう)。ここで、食べることも、準備し給仕することも、入ってくる全ての人に開かれていることはもちろんである。共同食事が、より根本的には共同体が閉鎖性を逃れるためにもこれは重要なことである。

食べ物がある空間――行けば少なくとも何かを食べることの出来る空間――それは新しく来た人々さえも容易に共同性の場の中に引き入れる魅力的な要素である。何か他のものを得られなくとも、少なくとも食べさせてもらえるのなら、手ぶらで帰るのではなくなるわけである。しかしここでも、先に贈り物について述べたように、受け取っただけ「与えること」、「与えさせること」が重要だという点を、再び強調する必要がある。たとえば、「私たち」の場合には、セミナーの成員はもちろん、講義を聞きにきた人々にも、趣旨を説明し、交替で食べ物を準備するように頼む。さらに積極的に共同性を生産するために食べ物を一緒につくったりもする。共同の食事を一緒に作り準備することは、それを共に作る過程自体が共同行動の形をとり、共同性の生産に寄与する。

5．始めることの難点

この全てのものは、コミューンの活動が活発で、空間が人々であふれている時期なら簡単に出来ることではある。しかし、それはすでに空間がコミューン的な活気で満ちていることを前提するのではないだろうか。確かにそうである。特にコミューンの空間を初めて作るさいに、つまり知名度も余りなく、外部から人々が集まってくるどころか、共同の潜在力も大きくない場合に、あるいは何かをしようという気持ちはあってもそれぞれが自分の生活に忙しく、共同の活動に参与するのが難しい場合に、空間は容易にがらんとした状態になり、活気ではなく冷えた大気だけが満ちているという状況になりがちだ。この場合、閑散とした空間と寒々とした大気は、さらに人々が寄りつかない理由になる(「行ったところで人もいないし、がらんとしているだけじゃないか」)。それは、さらに空間を冷え冷えとさせ、このことはまた……というように、だんだんと悪循環が発生する。このようになれば、この空間がコミューンの空間になるのは難しく、コミューンは失敗することになる。

コミューンを成功させようとするならば、この反対に、少しずつでも好循環をつくらなければならない。行けば活気まではなくても、少なくとも顔を合わせれば気分の良い誰かがいて、何か話でも食べ物でも分かち合うものがあり、それで次にも可能なら行きたくなり……。こうして、人々がより頻繁に出入りするようになり、そのために会える人、分かちあうことのできるもの、そして楽しさや活気が増し、これは再び人々を呼びよせ、そしてまた……、というような逓増的な好循環が作られたのなら、この空間のコミューンはすでに成功の道に足を踏み出したということだ。それが失敗するのは、過度の成功、うまくいきすぎることによらなければ難しいだろう(12)。

ならば、いかにして逓増的な好循環の道に歩を進めることができるのか。実際のところ、初期条件の差はそれほど大きくないはずだ。デモなどで「群れ」を形成しなければならない別の場合もそうであるが、コミューンの空間が始まりから活気のある流れで満ちている可能性はあまりないように思われる。なぜなら、それはこれまでに存在しなかったもの、普通ではないもの、既存の生の方式と距離が遠いものであるために、いわゆる普通の生を生きる人々を引き入れるのは決して容易でないからであり、最初から人々の関心を引くほど有名でよく知られているなどということは、ありふれたことでは決してないからだ。したがって、特別な偶然が作用しなければ、オープン直後の空間は、閑散としている場合がほとんどであり、そこにポジティブ・フィードバックが作用することで、逓増的な悪循環の道に入っていく可能性が高いというのが一般的である。コミューンをつくろうという試みが往々にして失敗してしまうのはこのためである。

これを克服するためには、最初はこういうものであるということを肝に銘じ、コミューンを構成する初期の成員たちがこれと違った初期条件を作るために特別な努力を傾けなければならない。人々の足を向けさせるためには、魅力の要素を創出しなければならないが、何よりも重要なのは空間が閑散としないように各人がひたすら顔を出し、居座っていなければならないということだ。言い出しっぺまでもが、自身の個人的なリズムに従って活動し、余裕のある時に寄るという風になるのなら、逓増的な悪循環に陥ることは必然的である。何であれ、共同性を生産する活動を創り出さなければならない。特に何もなければ、ひたすら集まって笑い、騒ぎ、一緒に酒でも飲まなければならない(13)。そうして、そこに行けば誰かがいるだろうと思わせねばならない。そうすることで、初期の構成員でさえもその空間に出てくることが楽しく、自然なことになる。このためにセミナーであれ、講義であれ、討論会であれ、集まってすることを最大限作らなければならない。空間が閑散としないよう、最大限努力を傾けなければならない。このようにしてつくり出された初期条件の差異によって逓増的な好循環に入っていく可能性がある。また、このような困難な時期を一定期間、耐え忍ばねばならない。逓増的な好循環ができても、逓増の様相は指数函数的な形態で進行するので、変化がないように見え、うまくいかないように見える期間がしばらく持続する可能性があるからだ。逆に、これは初期の可視的な成果が小さいからといって、決して失望する理由にはならないという意味でもある。

6. コミューンの「経済学」

このような難しさが私たちをためらわせる。しかし、この難しさはコミューンに限られたものではないだろう。ヘーゲルが述べたのとは別の意味ではあるが(14)、確実にあらゆる「始まり」は難しい。しかし、今ここで述べたことよりも先にくる別の難しさがあるのではないだろうか。ここまで述べてきたことは、すでにコミューン的な空間が存在するという事実の上での話ではないだろうか。しかし、問題なのはそのような空間をひとつ確保し、維持することがそもそも決して容易ではないということではないだろうか。これは、何よりも空間を得て、維持するのに必要な経済的な費用の問題、一言で言ってカネの問題であろう。そしてこの問題の難しさは、コミューンの空間を作り、維持するには少額とは言えないカネが必要であるが、コミューンの必要を感じてそれを作ろうとするのは、ほとんどの場合カネのない無産者たちであるという「矛盾」にある。そうして、皆が互いの出方を伺っている間に、ついに諦めるはめになる。

しかし、ここでもコミューンの原則に立脚して、解決の方法を探さなければならない。コミューンの空間を作るに際しても、最も重要な原則はカ、ネ、の、問、題、は活、動、の、問、題、だということだ。すなわち、活動を通じてカネの問題もまた解決しなければならないのである。言い換えれば、最初に空間を見つけるための費用を準備しようとする時にも、一ヶ月に必要な家賃の総額を頭数で分けたりするのはコミューンの計算法ではない。これは、空間で何の活動もないことを想定してのことであるから、実は最悪の状況を想定しているのだ。しかし、「私たち」の例から語るならば、セミナーが行われ、講義が行われ、何か共同の活動が始まれば、そして会員でない人々が参加し始めれば、彼らが出すカネが必要な費用の多くの部分を解決するだろう。それで、仮に一か月に出さなければならない家賃が一〇〇万ウォン〔約一〇万円〕だとしよう。しかし、創始時の会員は、少なく見積もって、一〇人だと仮定してみよう。単純計算をすれば、一人が一か月に一〇万ウォン〔一万円〕を出さなければいけない。しかし、仮に六人ほどが参加するセミナーが五つほどあり、その約半分が会員でない人だとすれば、一五人の非会員が参加していることになる。セミナー参加者の会費を二万ウォン〔二〇〇〇円〕だとすれば、三〇万ウォン〔三万円〕の費用がセミナーで解決する。ここに、講義や別の活動が追加されるとすれば、会員たちが毎月出さなければいけない費用は当初計算されていたものの半分ほどになる。それでも苦しければ、セミナーをもっと作るか、人々をもっと引き入れて解決することを考えればよい。それは、コミューンがなすべき、もっとも重要な「仕事」でもある。このようなことがうまくいけば、コミューンもうまくいくのであり、お金の問題も簡単に解決されるだろう。

したがって、コミューンの空間が活力あるようにうまく回れば、カネはほとんど問題にならない。反面、空間にかかる費用が過度に大きいわけでもないのに、カネが頻繁に問題になるのならば、活動に問題があるのではないかと問わなければならないし、その解決策もまた活動を新しく作りだすか、活性化することに求めなければならない。このような点で、金銭は単に経済的なもの以上の意味でコミューンの状況を確認し点検する重要な指標となる。再び「私たち」の例から語るならば、セミナーがうまくいって参加者が増えるなり、セミナーの種類が増えるなりすれば、セミナーの会費から得られる収入も増えるだろう。また、会議の場での決算報告を通じて、セミナー会費が増えたということがわかれば、セミナーが活発に行なわれていることを意味する。反対に、減ったということは、セミナーがうまくいっていないということを意味するのだが、その場合、なぜうまくいかないのか、どんな変化があったのかを確認しなければならない。講義もまた同様であろう。一方、会員たちの会費がちゃんと納められないのであれば、これはコミューンの引き込む力（attraction、まさに魅力）が低い状態にあることを意味する。これは非常に深刻な状況である。コミューンを作っていく主導者達の活力とエネルギーが低下していることを意味するからだ。とすれば、その原因が何であるか、よく掘り下げてみなければならない。そうでなければ、また別の悪循環が生じて、内部から無力になるか、瓦解する危険がある。このように、カネの流れを通じて、活動の流れを点検しなければならない。カネ問題は単にカネだけの問題ではないのだ！

もう少し敷衍すれば、「私たち」の場合、会員達の会費納付率はほとんど一〇〇％だ（初めから、会費は何があろうと出すという「慣行」を作らなければならない）。これは一般的に他の団体ではあまり見られないことだと聞くが、コミューンであれば当然こうあるべきである。これは初めから、ずっと後援者がいなかったという事実に起因している。空間を運営する費用がぎりぎりであるので、誰もが自分が会費を出さなければすぐにその月の運営に「穴」があくということを知っている。したがって、どんなことがあっても、会費は出すようになったのだ。しかし、ご存じのように、人々はどんなことであれ熱意を持って参与するのなら、そのことのために喜んでカネを出すが、逆にあることのためにカネを出せば出すほど熱意を持って参加する傾向がある。一種の「平行性」があるわけだ。皆が、ちゃんとカネを出していれば、大部分が一生懸命参加するようになると見てもいいのだ。これは「私たち」の活動がうまくいく上で、もちろん非常に重要な役割を果たした。要するに、後援者がいないために財政が困難で、それが逆に皆に何はともあれ会費は出しておこうという刺激となり、それが彼らをして熱意を持って参与するように促したのだ。財政的な困難が逆に財政と活動の好循環を創り出したのである。コミューンの財政問題で自力調達ないし自立主義の原則が重要なのは、道徳的な理由や階級的な理由からではなく、まさにこのような理由からだ。「私たち」の場合には、ここでさらに進んで、なんらかの稼ぎがあれば「研究室」のために特別会費を出す「慣行」もつくられた。会議での財政報告で、赤字が出たという報告があれば、ほとんどの場合、次の月の特別会費が急増する。これは皆が事情をよく知っているからだ。またこのことは逆に、全ての会員にコミューンの財政的な事情を詳しく知らせねばならないことを意味する。毎月の会計報告を公開して活動と財政を同時に皆で点検するのは、そのためにも非常に重要である。

ならば、この全ては結局、会員達が自腹を切ることに帰着するのではないか。それは共同体に対する成員達の「献身」ないし「犠牲」を要求するのではないか。もちろん、そう見えるかも知れない。犠牲や献身とは一方的に与えるものである。もっとも大切なものまでも。しかし、コミューンは先に述べたように、会員達はもちろん、そこに来る人々皆に何かを贈ることを義務としている。そうすることで、魅力を持ち、そうすることで成功する。交換の感覚ではないとしても、贈り物には受け取った者に答礼させる何らかの力がある。マルセル・モースのようにこれを「贈り物の霊」や「ハウ」などと呼ばずとも、何かを受け取れば、受け取っただけ何かを与えたいという気持ちが起きるのは、かならずしもコミューンに出入りする人でなくても、よく感じる感情である。ほとんどの場合、コミューンから受け取ったものがあると感じる人は、何かをコミューンに与えたくなるものである。コミューンが、そこに来る人々に何かを与えることの出来る能力は、このような意味でも非常に重要である。多くの贈り物を、多くの喜びの情動を与えることのできるコミューンは多くのものを受け取るだろう[15]。

会員達が潔く会費を出すのも、果敢にも「金欠の分際で」特別会費などを出すのも、彼らがそのような心を、そうやって出させる何かを、受けとったからである。それは「当為」や「義務」ではなく「欲望」である。自らが欲して出すのである。特別会費を出しながら、自分がなにか良い心がけをしたとか、犠牲になったと考える人はいない。そのような人は往々にして出し渋る。

コミューンの空間が活力を持って作動すれば、会員達の特別会費だけではなく、会員ではない人々が様々な種類の贈り物をくれることも増える。米や食材から、くだもの、料理はもちろん、必要な食器をくれたり、そうしたものを買うためにお金を出してくれたりもする。「私たち」の場合、食事を作って食べる厨房は、常にこのような贈り物で満ちていた。この贈り物に込められた気持ちを自分たちの心に刻み込むために、もらった贈り物の目録を作ってオンライン・オフライン上で公開し、もらった贈り物は棄てるところなく、出汁ガラまで残さずに全て食べる。このような態度は、贈り物をした人を喜ばせ、贈り物の好循環を促進する。

会員たちの場合にも、会費や贈与と活動を連結する原則をマルクスにしたがって表現するなら、次のようなことである――能力に従って出し、必要なだけ利用する。実際のところ、能力に従って活動し、必要なものを得ていくのは、会費に限られない、コミューン活動の一般的な原則である。いや、反対に言わなければならないのかも知れない。人々が必要とするものを、コミューンで得ようと期待するものを、最大限得る努力をするならば、たとえそれが十分に得られない場合でさえも、人々は自らの能力が届く限り活動や財貨を提供しようとするようになるのだ、と。

7．空間とノマディズム

先に空間は、空いている場所ではなく、〈つねにすでに〉何かによって満たされている場所であると、あるいは満たさなければならない場所であると述べた。「共」という言葉の動詞的な意味を強調し、空間《こんがん》を〈共《こん》-間《がん》〉としたのは、このような意味においてであった。しかし、空間はそのように〈つねにすでに〉何かによって、空いている時でさえ、あるエネルギーや大気・雰囲気によって満たされているため、絶えず空けておく必要がある。何かによって満たされた所には、他のものが入りにくいからであり、すでに入って一杯になっているものによって、ほとんどの場合、排他的領土となるからだ。空間はそれを満たしているものを空にしようという恒常的努力が無ければ、空間にはなりえない。それは既に占有して使用している人たちの専有物になってしまう。したがって、空間は「からにする」を意味する「空」という言葉の動詞的意味を強調し、〈空-間〉とも言うべきである。

コミューンの空間を他のものと区別される特異な場にするということは、それに特定の領土性を付与することを意味する。空間を魅力的なアトラクターにするのは、領土化のベクトルを作り上げるということを意味する。したがって、コミューンの空間もまた領土性を持ち、それによって作動する。しかし、領土性とは、動物行動学的な概念がよく示しているように、一種の縄張り、かつ勢力圏であり、誰かによって掌握されている場所の持つものである。それは、脱領土化のベクトルを稼動させる時でさえ、慣れ親しんでいない人、初めて関心を持って近づいて来る人たちをして、容易に入って来にくくする自然発生的な排他性を帯びる。さらに、コミューンの成員たちの特別な結束は、自分たちの関係を内部化し、なじみのものに留まろうとする慣性を発動させる傾向を持ち、この場合、他の人たちがその関係の中に入ってくることを阻止したり、難しくする力を持つ。したがって、このような傾向を警戒し、それと対決することで、自らの内部に脱領土化の余白を作ろうと絶え間なく努力しなければ、いつしか見慣れた人たちだけが出入りする排他的な領土になってしまう。

人間もまた縄張りをもった領土的な動物である。「ホームグラウンド」ではそれだけで既に力が通常の一・五倍くらいになっているものだが、他人の土地に行けば誰でも尻込みし、不自然な雰囲気に口ごもり、人目を気にするようになる。この場合、内部にいる人の側が意図的に手を差し伸べて言葉を掛けてあげなければ、そのまま帰っていくか、お客さんのように様子を伺いながら少し離れた所に寂しく座り、いつの間にか帰ってしまう。訪ねてきたのだから、彼らから話しかけてきて彼らが自分でどうにかするだろうと期待するのは、意図がどうであれ、実際のところ彼らを無視し、避けるのと同じ効果を持つ。したがって、初めて来た人なら、共同体の内側の人が何でもとにかく先に声を掛けて、手を差し出さなければならない。そして、可能ならば、その人がどんな関心を持っているか、何をしたいと思っているのかに耳を傾け、彼／女が一緒に出来そうなことを探し、その空間に慣れるようにサポートせねばならない。そうした人たちが、この空間を自らの空間として領土化するよう、触発してあげなければならない。

もう少し積極的なやり方は、新しく足を踏み入れた人と一緒に間食の準備のような軽いものはもちろん、一緒に食事を作ったり、一緒に掃除をしたり、何らかの行動を共にすることである。何かを一緒にすれば、慣れや親しみが湧くものであるが、さらにまた、あることをすればそのことに関連してその人は何か言うことになり、自分の意見を提示できるようになり、それが繰り返されれば、そのような資格があると感じるようになる。それくらいになれば、彼／女はその空間を既に自分の領土と見なし始めたのだと言ってもよいだろう。この点で、慣れない者、新しく来た者に遠慮して何の頼みごともしないよりは、軽くお願いしたり、場合によっては、しばしばそうすることが、こちら側はもちろん、その人のためにもよいことである。

人々に入り込むだけの余白を残し、手を差し伸べることとは別の次元で、空間自体に余白を作ること、言いかえれば、空間を空けておくこともまた重要だ。よく知られているように、どんな空間でも誰かが占有し、使用すると、「その人の」空間、彼／女の所有物になってしまう。コミューンの空間であっても、たとえば机を特定の人物がずっと使い続けるよう割り当てると、その机にはその人の読む本がいつも積まれることになり、飲みかけのコーヒーやコップ、筆記具でいっぱいになり、ゴミをはじめ、その人のいろんな痕跡が刻みこまれることになる（動物は縄張りを示すために、排泄物や分泌物など臭いのする残留物をわざと使用する）。そうなれば、この机は彼／女の「所有物」になってしまう。すなわち、彼／女がいないときに、他の誰かが座ったり使ったりできなくなり、使おうとすればその人の承諾を得なければならないようになる。机だけでなく、どんな場所であれ特定の人の痕跡が強く刻まれ、その人の物が積まれ始めると、他の人は使いにくくなってくる。つまり、その人の痕跡や、におい、名残などで満たされ他の人が入り込むことのできない場所になってしまう。

空間をできるだけきれいに使い、できるだけ痕跡を残さないようにしたり、知らぬ間に残した痕跡を消すために繰り返し掃除したりしなければならないのは、このような理由からだ。誰かの物や痕跡で満たされた空間には、他の人、特に新しく足を踏み入れた人々は入って来にくい。痕跡で汚くなった空間もまた同じである。誰でも、自らの分泌物や排泄物からはそれほどの抵抗感や不快感を大きく感じないが、他人のものについてはそうではない。空間に常駐している人々もまたそうである。見慣れた物、嗅ぎ慣れた臭い、見慣れた風景だからである。しかし、新しく入ってくる人々にとっては、特別に無頓着な場合でなければ、なじむには相当の努力が必要になってくるし、やはり距離感や居心地悪さを感じてしまうだろう。こうしたことは外部から来る人々が気楽かつ容易に入って来ることを妨げる。空間を空けておくこと、それは何よりもこのような領土性の痕跡を消すことを意味する。このためには、可能な限り、どんな空間も最大限個人の専有物にならないようにするほうが良い。そこで、「私たち」の場合には、誰も机を占有できないようにし、使った場から離れる時にはいかなる自分の痕跡も残さないようにした。誰でも容易に座って、すぐに自分のことを始められるように。そして、可能ならひとつの場を繰り返し使うよりは、次の日には別の場所に座るように、つまり「遊牧」をするようにした。誰かが毎日特定の机に座ると、他の人々はいつのまにかその場に彼が来て座ることを予想して空けておくようになり、そうして実際的には彼の席、彼の所有物になるからである(16)。

空間を空けずに物で一杯にするようになると、さらに別の問題も発生する。空間が一杯になることで、重くるしくなり、他の用途に使うことが難しくなる。すなわち空間の可変性が顕著に低下する。コミューンの空間は、当然、「ハングリー精神」(17)に立脚し、運営されなければならないが、これは空間のためにあまりお金を使うことができないという経済的条件だけでなく、与えられたものは最大限、その功能を発揮できるようにすることが、そのもの（物であれ、生物であれ、あるいは人であれ）に対するコミューン的態度であり礼儀だという観点でもそうである。物にたいして、単に人間に必要な手段とみなして関係するのではなく、その物がもちうる功能を最大限引き出して存在／作動させること、それはヒューマニズムを越えてコミューン主義を稼動させるのに重要な原則である。たとえば、食事は最大限、残さないように食べてあげるのが、私達に自らの身体を与えたものに対する「礼儀」（適切な関係）であり、物が最大限、自分の功能を発揮できるようにすることが、その物に対する礼儀である。空間もまた同様である。与えられた空間が最大限の功能を発揮できるようにすることが、空間に対する礼儀である。これは空間の場合には、その可変性を最大限に生かして使うことを意味する。一つの目的を設定して、そのために使用しない時には放置しておきながら、また別のことのためにはその目的に合った部屋を別に作ること、それは浪費であるだけでなく、空間に対する礼儀に反することである。要するに、空間をあれやこれやの物で一杯にすると、その空間の可変性は当然極小化され、その空間で出来る活動も極少化される。新しい活動のためには空間を新しく確保すべきだという安易な発想が登場しがちである。しかし、そうすれば経済的な困難という形で痛い目にあうことになるだろう。

空間の利用において、定着性を極小化すること、空間の可変性を極大化すること、これは日常的な活動の自然発生的な反復がつくる「溝《みぞ》」や「条《すじ》」を除去し、空間を最大限に平滑な空間にするためのものだ。その要諦は、一言でいえば、空間を最大限空けるということである。これによってコミューン的活動の遊牧性と可変性が極大化するだけでなく、外部者たちが容易に接近し、利用できるようになるという点で「外部性」もまた極大化するのだ。

しかし、そのようにしても空間のコミューン的使用が領土性を避けることができない限り、外部者には足を踏み入れにくい閾《しきい》を持つことになる。これを過度に消すことは、空間の特異性を消すことになるため、可能かどうかは別にして、さほどよいことでもない。にもかかわらず、その閾を低くして、外部性を強化するためには、空間全般の「外部性係数」を高くすることとは別途に、外部者が容易に入ってきて、おしゃべりをし、利用することのできる独立的な空間を設けるほうがよいだろう。これには、外部性係数が最も低い「勉強部屋」から可能な限り距離を置いた場所がよいだろう。「私たち」の「カフェ」のように、内部者も外部者も同じように利用できる場というかたちもよいが、それが難しければ、内部者の痕跡が小さく、誰かが片側に座っていても、負担無く座ることができるように分離したテーブルがあるのも良いだろう。内部者と外部者が出会う空間、どちらにしてもこのような空間が必要であるが、このような空間であるほど、外部者が接近しやすいように作られなければならない。

8．空間の分割と連結

物理的な形態を持つ「空間」は、それ自体で特定の機械状の効果を持つという点で、〈空間－機械〉だといえるだろう(18)。コミューンの空間について今まで叙述したことは、コミューンの〈空間－機械〉についてのことであり、コミューン的な〈空間－機械〉を作り作動させる方法についてのことだと言っても差し支えない。しかし、機械状効果とは、ボタンを押せばお湯が出てくるというような、機械の作動が自動的に生産する同一の結果を意味するのではない。そのような場合は十九世紀的な機械論でいうところの機械の概念を展開するという点で、「機械的（mechanistic）効果」というべきである。それとは異なり、機械状の作動は、遺伝の機械状プロセスがよく示してくれるように、それが作動する条件ないし環境あるいは作動させる者によって違った効果を産出する。だからこそ、ある遺伝子があっても、それが表現型として表れない場合が多く、さらに転移因子（transposon）のように、環境によって〈遺伝子－機械〉自体が変形されることもよくあることである。

コミューン的な〈空間－機械〉の機械状効果は、コミューンを構成するのに必要な条件であったが、それだけでコミューンの構成に十分な条件だとは決していえない。コミューンの空間を構成しようとする試みが「始めることの難しさ」に相まって寒々としたものになることで、失敗に帰着するケースがあることは、このことをよく示している。コミューンの〈空間－機械〉は、それを作動させる人々やそれが作動する環境と結合して作動し、その結合様相の差異によって別の効果を産出する。

しかし反対に、そのような〈空間－機械〉が、コミューンの「必要条件」であるということは、そのような〈空間－機械〉が無い場合はもちろんのこと、その形態や配置《アレンジメント》がいかなるものなのかによってコミューン的活動を阻み、分散させ、解体する効果を発揮することもある、ということも含んでいる。例えば、細かく分割された小さな部屋からなる空間は、勉強部屋としては適切かもしれないが、コミューンの空間となるには不適切であり、既存の共同性までも壊してしまう効果をうむ。共同性がないだけでなく、それに対する関心がない人々にとって、あちらこちらで動線が不可避的に出会う共同の空間は、プライバシーを侵害する居心地の悪い空間に過ぎないだろうが、コミューンを構成しようとする人々には必須の効果を提供する。このような点で「私的な」性格が強い空間と、共同の空間をどう配置するのかは、特に空間の規模が大きければ、少なくない差異を作りだす。空間の分割と統合もまた同様である。

これに関連して「私たち」はいろいろなケースを経験した。まず、空間全体が一つのフロアからなる場合と、いくつかのフロアに分かれている場合とでは、違った効果を産出する。一つのフロアでは、その空間で起きることのほとんどが共有され、共同性の強度と幅がさらに大きくなる。そのかわり、一つの活動が別の活動によって容易に影響を受けることになる。たとえば、多くの人が聴いている講義がある場合、研究や他の活動に大きく支障を与えることになる。性格の異なる活動は、可能な限り分離するか距離を置くほうがよいのだが、それにはフロアが分離されているほうが有利である。カフェや外部の人たちが多く出入りする空間もまた、研究室やセミナー室と距離を維持できなければ、互いに迷惑になる。近接性の強まらざるを得ない一つのフロアを簡素なパーテーションなどで隔てた空間の場合、講義のように多くの人々が出入りする活動が多すぎると、全体活動の安定性を弱化させる恐れが大きい。このような場合には、他の活動に影響を与える活動の規模や頻度を適切に規制する必要がある。ややもすれば、共同活動は、その場に常駐しあらゆることに気を使わざるをえない構成員個々人に疲労感を与える可能性がある。そうしたことによってうんざりさせてしまうことになれば、コミューン的関係が内部からほころび、亀裂が生じる恐れがあるからだ。

このような要因を考慮すれば、複数のフロアに分かれた空間には長所がある。カフェや講義など、「影響」が大きい活動からの分離度を相対的に高めて距離をもたせることで、それらの活動を自由にできるようになるからだ。しかし、この場合でも、カフェや講義に出入りする「外部人」たちに対する、あるいは講義自体に対する成員たちの共同性が低下する傾向があることを留意しておくべきである。ともすれば、講義やカフェの活動は、それを受け持った担当者だけの仕事になる恐れがある。コミューンで行われることは、常に皆の関心事でなければならず、詳細にまでとはいかなくとも、何か聞かれれば答えられるぐらいには、全てのことについて知っていなければならないし、したがって特別な場合でなければ、担当者が誰であろうと、自らがいつでも関与しなければならない。あることを担当者や特定人物の仕事だと見なし、それに関することはすべてその人のところに行けばよい、と済ましてしまうようなことが始まるとき、そうして各人が自らの担当した活動は一生懸命するけれども、それ以外のことは他人事だと考え始めたとき、コミューンは官僚的な機械へとその姿を変え始める。

活動が活発になり、活動の種類や規模が広がれば、空間を広げることもまた不可避になる。「私たち」の場合、初めは上の階や、下の階を借りて拡大する方式で対処したが、これは先ほど述べた長所と短所を同時に持つことであった。しかし、一つの建物の中で、フロアに分けることとは別の強さで分割の弱点が際立ってくるのは、物理的に離れた空間を設ける場合である。苑南洞《ウォンナムドン》(19)時代、既に小さなビル一棟をまるごと借りて使っていたため、同じ建物のなかでさらに広げることは不可能であった。そのため距離がそれほど遠くない一〇メートルほど離れた近くの建物の一部屋を借りて使ったことがあった。しかし、これによって、空間的な分離は活動や関係までも分離する力を持っていることを確認することになってしまった。分離した空間に常駐していた人々と、もとの空間に常駐していた人々の間の共同性が弱まり、他の建物で行われる活動については、お互いに関心が顕著に低くなるという現象が現れた。自分に関係する活動がなければ、一日中、他の建物には寄りもしないということが普通のこととなった。これを克服するため、食事を一緒にすることだけでは不足だと考え、わざと会議やセミナーを別の建物でしたりするという方式で、分離の傾向を乗り越えようとした。これには相当な効果があったし、これは避けられない分離を乗り越える重要なひとつの方法であろう。空間の分離を越えて共同性を維持するために、できるだけ活動を混ぜて、人々が最大限行き来するようにすることが重要である。

9・コミューンの成長と権力の問題

反対に、空間的分離が積極的に必要とされる場合もある。コミューンが「成功」し、規模が大きく拡張し、活動が急速に増加する場合がそうである。コミューンの成長は、それがうまくいっている場合、指数函数的な様相で進行するために、拡張の程度や活動の増加が逓増的に増加することで、非常に急速になり得る。「私たち」の場合がそうであったが、特に二年ほど前〔二〇〇八年ごろ〕からそうだったと思われる。このように成長や拡張速度が速くなれば、それを受けとめるために成員数をそれに合わせて拡大でもしなければ(これもまた容易ではない問題を抱えているが)、成員個々人が受け持つ仕事の量が過多な状態になる。このようになると、コミューンは特定の活動を生産する「団体」になり、コミューンの成員は団体の「活動家」になる危険がある。誤解を避けるために、これについてはもう少し詳しく述べる必要があるだろう。

コミューンは自由な個人たちの自発的な連合であり、何よりも参加した個人各自がその関係の中で自らがしたいことをし、得たいものを得るためのものである。言い換えれば、コミューンはある目的のために構成された手段的な団体ではなく、コミューン的な関係そのもの、あるいはコミューン的な生そのものを目的とする。それは奉仕活動のための団体でもなく、教育や研究のために組織された団体でもない。「奉仕」や教育、研究のようなものは、それを構成する成員自身の生の一部である限りで行うものであり、成員たち自身の「成熟」や訓練のためにするものである。食事を作ったり、いろんな「雑用」をしたりすることもまた、多くの場合、個人的に避けたいものであるかもしれないが、それが仲間のためのものであるのみならず、各自が一人で生活しても、どのみちしなければいけないことであるという点で、自分のためにするものだ。他人に対する配慮を通じて、自らを配慮すること、それが自らを配慮する最も良い方法であることを私たちは知っている。このような相互配慮は困難で面倒なことにもやる気を出させるのだ。このように、コミューンの活動は、どの活動も個人の欲望を抑圧し、それを犠牲にしながらするのではなく、その欲望に基づいて、すなわち欲望を発動させ触発させるものでなければならない。

反面、コミューンの活動のために、個人の欲望や「欲」を捨てることが要求され始める時、それはコミューンではなく、いつの間にか犠牲や献身を要求する有機的性格の「統合体」になっているのではないかと問いかけなければならない。個々人の困難や未熟さを、乗り越えることができるよう触発し、共に努力しなければならない問題として配慮するのではなく、それらを「無能さ」や弱点として非難し始める時、そして「無能さ」を根拠に、ある人の発言権や意思、欲望を無視する「資格剥奪」の言葉が使われ始めるとき、それは移行を実行するコミューンの「政治」ではなく、特定の分割の体制を維持する「治安」が始まっているのではないかと疑ってみなければならない。さらに、ある個人に、これまでコミューンで得てきたもの、配慮をしてもらったことを想起させることで、ある活動を要求し始める時、贈り物の原理で作動するコミューンではなく、債権・債務関係（あるいは交換関係）によって個人の活動を利用（exploitation、搾取）する「団体」になってしまったのではないかと疑うべきである。この全てにおいて、私たちは欲望に基づいた自発的な参加によって構成されるコミューン的関係ではなく、義務と強制によって作動する権力関係が出現したのだと考えるべきである。

このようなことは事実、コミューンの規模が拡大され、活動の幅と規模が増加すれば、どこでも容易に出てくる可能性のあることである。それは、さまざまな要因による規模ないし活動の拡張にしたがった、いわゆる「成功」とともに現れる。このようなことが頻繁に起こり、日常的な現象として定着するならば、最初にどう始めようと、明示的に何を目標に立てようと、コミューン的関係は内部から瓦解し始めるのだと私は確信する。この場合、全ての活動や関係を根本から再検討し、それを変えようとする新しい試みが無ければ、コミューンは権力構成体と化してしまうだろう。

「私たち」の場合にも、これと類似した出来事がいつからか起き始めた。それは、明らかに「私たち」の「成功」にともなって来た。失敗は「成功」をなした要因から始まる場合が多いということを、今一度強調する必要がある。まして、三年前（二〇〇七年ごろ）からは、複数のフロアではなく、一つのフロアで全ての活動が行われ、そのため全ての人が、全ての活動に影響を受けるようになった。先に述べたような「疲労感」もまた大きく増加したことが、事態をさらに悪化させたように見受けられる。しかし、行われてきた活動や培われてきた習慣によって、こういった症候は不可視化されがちである。葛藤や対立が頻繁に起きていたことは明らかだったが、それが何を意味するのかは明確に捉えられなかった。

にもかかわらず、規模の拡大が持つ問題は、ある程度認識されていたようだ。よって、二〇〇九年初めには、もうこれ以上規模を拡大してはだめだという判断を下し、ゆえに今度は逆にコミューンを別個の独立した複数のコミューンに分離・独立させることにした。そして、そのような複数のコミューンのネットワークに転換することにした。冗談のように、あるいは空想のように名付けた「コミュネット（communet）」の時が来たのだと思っていた。待っていたかのように、独自の空間を借りて、独自のコミューンを作ろうという動きが急激に進められ、その結果、今では〔二〇一〇年〕六個ほどの独立したコミューンに分離され、それらのネットワークを形成しようとしている(20)。

これはコミューンの構成と運営においても、共同活動の拡大や共同の空間を拡張することだけが絶対視されるべきではないということを意味する。共同活動の過剰な拡大は、疲労感や衝突を引き起こしがちであるし、個人的な欲望と共同体にとって必要なことの間の葛藤や疎外といった現象が拡大しやすい。のみならず、コミューンは不可避にメンバー達の間の強い連帯と結束、信頼と愛情を要求する。規模の拡大は、それだけで、この部分に少なからず障害になる。確実にこのような点で、コミューンの規模には、制約と限界があるのではないかと思う。小国寡民というべきか。もちろん、だからといって、コミューンの「成功」と成長を有害な危険物と見なし、自ら遠ざけることはできない。ややもすると、メンバーたちを萎縮させ、メンバーだけの小さなゲットーになる危険もある。このような場合、成長を、分離と独立を通じて、ネットワークとして繋げる新しいコミューン的形態が、ひとつの出口として実験され得るのだ。もちろん、まだこのネットワークがどのように作動するのか、どのような難点があるのか、それは本当にコミューンという言葉に見合うものになりうるのか、等々、かくも多くの根本的問いが、たった今、ようやく端緒についた実験の前で答えを待っているに過ぎないのだが。

註

（1）ジャン＝リュック・ナンシー、西谷修他訳、『無為の共同体』、以文社、二〇〇一年；モーリス・ブランショ、『明かしえぬ共同体』、パク・チュンサン訳、文学と知性社、二〇〇五年；アルフォンソ・リンギス、『何も共有していない者たちの共同体』、野谷啓二訳、洛北出版、二〇〇六年。

（2）これは、彼らが共同体を構成させた始動者であったという点、すなわち潜在的な共同体を具体的な形態で存在せしめた点で正しいが、共同体を作るのは、始動者ではなく、それに参加した「大衆」自身であるという点で、正しくない。始動させなければ自動車は動かないが、だからと言って、始動が自動車を動かす原動力ではないように。しかし、この言葉が、始動者の重要性を過小評価するものになってはならないだろう。潜在的に存在する大衆を現勢的な形態で呼び起こすことのできる条件を創出することは、実際にそのような大衆を創出することである。

（3）同じ家に住むという事実だけで、二人の女性の生理周期が一致するという傾向があるということは、このような共同の情動が持つ身体的性格の良い例を提供している。これは、共同性のもうひとつの次元である時間の概念と結び付いている。〔訳注：欧米圏の女性に広く共有されている認識であり、一九七一年に発表された米国での研究がその根拠として挙げられてきたが、近年ではその科学的な根拠が疑問視される傾向にある。〕

（4）これについては、李珍景、『近代的住居空間の誕生』、グリンビー、二〇〇八年を参照。しかし、コミューンを構成することは、コミューン的活動のみで生を塗り込めることを意味しないため、コミューン的空間を構成することが私的空間の除去やプライバシーの除去を意味しないことは当然のことである。コミューンの空間で全ての時間を過ごすということは決して易しいことではなく、決して望ましいことでもないだろう。コミューンに住居までが含まれている場合、住居空間は私的性格を持つよう構成しなければならない。十九世紀の代表的なコミューン的実験であったゴダンのファミリステルは、共同の空間と私的空間を適切に分割し配置することで成功しえた（同書、三七四頁）。

（5）Jacques Derrida, *Given Time: I. Counterfeit Money*, tr., by P. Kamuf, The University of Chicago Press, 1992.
（6）以下で、「私たち」は研究空間スユ＋ノモを指す。
（7）ジン・ウニョン、「コミューン主義とユーモア――情動と構成の政治学」、高秉権他『コミューン主義宣言』、教養人、二〇〇七年、二八九頁。
（8）エミール・デュルケーム、『宗教生活の基本形態――オーストラリアにおけるトーテム体系（下）』、山崎亮訳、ちくま学芸文庫、二〇一四年、二一五頁。
（9）ジャン＝リュック・ナンシー、『無為の共同体』、西谷修他訳、以文社、二〇〇一年、二〇頁。
（10）ジャック・ランシエール、『정치적인 것의 가장자리에서（政治的なものの縁で）』、양창렬（ヤン・チャンリョル）訳、図書出版ギル、二〇〇八年、一五七頁。（Jacques Rancière, *Aux bords du politique*, Paris, Gallimard, 2004［1998］, p. 135.）から再引用。
（11）同書、一五七―五八頁（*Ibid.*, p. 135-136）。
（12）このように全く違う方向に向いて逓増的に進んでいくことは、カオス理論では「分岐」（bifurcation）と呼ぶ。逓増的な進行はポジティブ・フィードバック（positive feedback）によるものだ。
（13）もちろん、ここで終わっては酒を飲む人だけが集まり、飲まない人々は離れていってしまう悪循環が発生し、単なる酒飲みの共同体になってしまうだろう。しかし、初期の時点では、共同体の生産には「打ち上げ」ないし一緒に集まって遊んだり、酒を飲むことも重要な役割をする。

(14) ゲオルク・ヴィルヘルム・フリードリヒ・ヘーゲル、『大論理学』I、寺沢恒信訳、以文社、一九七七年、四一―四二頁。

(15) もちろん、ここで人々にもらったものを想起させ、もらっただけ差し出すことを要求するようになる場合、隠喩的な「義務」という言葉は道徳的な形を借りた強制となり、贈り物を授受する関係は、債権・債務関係に転換される。これはコミューン的な関係が道徳的関係に変わり、自発的活動が権力の強制に編入される閾である。

(16) しかし、毎日のように必要な本を全て持ち歩くことができない限り、机を主人なしに使用できるようにするためには、本棚などの保管する場所が必要になる。しかし、これもまたそのような場所を拡大すれば解決できるという問題ではない。放置するなら、いつの間にか本があふれ、場所不足が起きるからだ。逆に、場所に制限をつけて置くならば、見ない本は除けて、場を空けるようになる。

(17) 〔訳注:ここでのハングリー精神とは、お金がなくても気にせず好きに生きるという意味でのハングリーであり、日本で一般に考えられているような、社会的または経済的な成功のために耐え忍ぶというイメージではない。また、「清貧」とも違って、若干自虐的なユーモアを伴った言葉である。サブテキストには、韓国映画『ナンバー・スリー』(一九九七年)で、ソン・ガンホ演ずる殺し屋がハングリー精神について子分に説教する場面がある。〕

(18) このような〈空間―機械〉の概念については、李珍景、『근대적 시·공간의 탄생(近代的時空間の誕生)』、プルンスプ、二〇〇二年を参照。また機械状(machinique)については、六章の註10参照。

(19) 〔訳注:二〇〇三年から二〇〇六年まで研究室があった場所。詳しくは、金友子編、『歩きながら問う』、インパクト出版会、二〇〇八年を参照。〕

(20) 〔訳注:二〇一六年現在、スユ+ノモの名を残しているのはノマディスト・スユノモNのみである。そのほかにもネットワーク化に伴い発生した分裂以降にうまれた三つのグループが場所を設けて活動を続けている。〕

エピローグ――無謀なるものたちの共同体

1

共同体を形成しようという思考や実践に対する一般的なイメージには非常に相反する二つの極のようなものがあるのではないだろうか。一つはそれが純粋であるが無力であるというものであり、もう一つはそれが無謀であり「恐ろしい」というものである。

前者の場合、共同体を実践しようとするものたちの考えや意図、問題意識の純粋さに対する好感と同時に、すでに資本と権力、個人主義的な態度と計算が支配するこの世界で、そんなもので何がどれだけ出来るというのか、ましてや世界を変革するには余りに無力な空想に過ぎないのではないかという疑問が宿っている。後者の場合、個人の欲望や意思を超えた集団の意思を形成し、それに従って生きるという試み自体が、巨大な失敗を充分に経た過去の無謀で恐ろしい実験を反復しようとするものだという非難を意味するのであろう。いずれにせよ、今や共同体あるいはコミューンは、無力に過ぎないものか、忌避すべき否定的な未来をもたらす時代錯誤的な試みに見られるようである。

そう、私もやはり共同体という名で呼ばれるコミューン主義の試みが純粋かつ無力であると信ずる。しかし、その「純粋さ」とは、共同体を構成しようと試みる者たちの意思や意図の清廉さのようなものではないだろうか。むしろ、それは様々な具体的な条件から共同体が抽象化され構成される、その潜在性の「純粋さ」のようなものを意味するのではないか。それを試みる者たち各々が置かれた条件の中で構成するがゆえに、あらゆる共同体は互いに異なるやり方で——時には非常に異なる方式で——作られ実験されるのだ。いずれにせよ、自らがすでに対面している世界から離脱した或る世界を、自らが置かれた条件から「抽象」する方式で想像される或る不在の世界を構成しようとするものであるという点で、すべての現勢的な構成の行為の中でも〈つねにすでに〉何がしかの潜在的な世界を構成しようとしているのだ。純粋性とは、具体的な諸条件の中に存在するにもかかわらず、いつの間にか、それらの条件とは異なった条件のもとに、異なったやり方で展開されうる、つまり与えられたものの規定性から離脱できる能力のことである。これは、しばしば想像される「マルクス主義的」な意味での「理念」ではなく、『差異と反復』でドゥルーズが述べた意味での「理念」の純粋性に近いものである。あまたのコミューン的実験がそれぞれの条件にしたがって互いに異なるにもかかわらず、別世界、別の生への夢を諦めることができないものたちを、するりと引き込むのは、その「理念」がその潜在性を通じて、何かが繰り広げられるような或る出来事的な力を予感させるからだろう。

共同体ないしコミューン的な実験はみな無力である。しかし、その無力さは外部世界に影響力を及ぼす力の不在のせいではない。それは、そうした実験が、これ以上なく強大に見える支配的な価値の力によって無力であると規定されたものの力によって始まるからである。カネや権力などの支配的な価値の華麗な輝きに遮られて見えない、あってもあるとは分からない、そうした諸力が集まって稼働するものであるからだ。それはカネや権力のようなものがさほど集まらない場所で作られ始める。カネや権力が衝突しその強大さを誇示する場ではなく、そのような場をそれとなく迂回できる場で、カネや権力を保持する者たちが到底考えることの出来ない場で、あるいは、そうした力が通用しない場で始まるのだ。そのために、その試みはカネや権力やいかなる支配的な価値とも異なる種類の力が作動する世界を作ろうとするものなのだ。だとしても、必ずしもそのような場が、目につかない隠れた場所や、貧困や犯罪によって表象されるような、日の当たらない場所であると考える理由はない。多くの場合、そのような場所は、逆に権力やカネがどこよりも強力な力を行使する場になりがちなのである。むしろ、それはパゾリーニを手掛かりにディディ＝ユベルマンが着目したように、蛍のように弱く無力な光がいくつも集まって、予想外の力が作られる場であり(1)、そのような大衆が集まる路上や広場のような場なのかもしれない。

共同体やコミューン主義的な試みが何らかの「恐ろしい」力を持つのだとすれば、それはこうした理由のためではないだろうか。それが人々を不安にさせるのだとすれば、それは個人の自由を抑圧し、個人の意思が命令にとって代わられる集団主義をそれが再び呼び寄せようとするからではなく、それが共産主義でも資本主義でもない、それでいて共産主義以上に集団主義でありながら資本主義以上に「個人主義」である、どこに行くのか分からないものに向かって進んでいこうとするからだろう。また、「共産主義」の恐ろしさよりも資本主義の方がマシだという安易な「否定の否定」に安着することなく、左右から投げかけられる「革命の放棄だ」だとか「再び現れた全体主義だ」などという誤解や批判のはざまに敢えて不在の世界を呼び寄せようとする、そんな無謀さが恐ろしいのだ。あるいは、いかなる共同体をも追従すべきモデルとして考えないのにもかかわらず、何か別の世界に向かって目を向けさせる潜在性の力が、特定の共同体的実験をただ支持するわけではないにも拘らず、カネや権力のような支配的な価値に対して、軽く笑って過ごせるような余白の存在を探し出すようにさせる微弱な磁力が、そのようなものが発散する何かしか吸い込まれるような予感が「恐ろしい」と言わせるのであろう。いかにカネと権力によって強力に支配された世界であっても、微弱で無力なそうした力をいつの間にか見いだす者たちがいるのである。その異なる価値、異なる生の磁力に感染して、既製の生を持続し続けることが出来なくなる者たちがいるのだ。

2

共同体に魅入られるのは、「理念」や「概念」によってそれを追求しようとする者たちだけではないようだ。以前、ソウル駅の向かい側、東子洞《ドンジャドン》の쪽방촌（ドヤ街）で共同体運動のための場所作りをしている人から聞いた話である。東子洞は、かつて陽洞《ヤンドン》とも呼ばれ、有名な集娼村があった地域でもある。「쪽방《チョクバン》」（ドヤ）とは一・五坪ほどの小さな部屋のことであるが、쪽방촌（ドヤ街）とは、言葉からもわかるように、糊口を凌ぐ人々が、押し流されるようにしてやってくる場所である。住民の六〇パーセントほどが基礎生活保障制度の受給者であり、労働能力の欠如が認定された者たちであるという。ところで、そうした人々の中でも何とか事情が好転し、街を去って行くことがしばしばあるという。ところが、そのうちの少なくない者達がまた戻って来るというのだ。再び困窮して戻って来るのではなく、ドヤ街に「遊びに」来るのだ。

通念的に考えれば、そこは貧しさや窮乏の記憶がある場所であり、みすぼらしい姿を脳裏から消し去ることのできない場所であり、ひとたび去れば再び思い出したくもない場所ではないかと思われるのだが、彼らは実際にそうした社会通念に反してそこに「遊びに」来るのだ。なぜだろうか。また、このドヤ街の住民の中には、もともとはソウル駅周辺で野宿生活をしているうちに稼ぎが出来て、移り住んできた者たちもかなりの数になるという。しかし、彼らの一部は反対に仕事のない日の昼間ともなればいつものように東子洞からソウル駅周辺へと戻るのだという。彼らもそこに「遊びに」行くのだという。ドヤ街から野宿の場へと「遊びに」行くのだ。

何が彼らを現在の居住地よりもより貧しく鄙びた場所へと「遊びに」行かせるのだろうか。おそらく共に生きる生が形成した「共同性」が呼び寄せるのであり、その共同性が作動するある種の「共同体」に呼び寄せられるのだろう。その共同体に〈呼び－寄せ〉られてくるのだ。特に東子洞のドヤ街は他の場所とは違って「共同体」と呼ぶだけの関係が確実にあるという。そのため、他のドヤ街に比べてもはるかに多くの人々が戻って来るのだという。

このようなものが共同体の力であろう。去っていった者たちまでを呼び寄せる力。困窮し貧しくとも、再び戻って来させる力。このような点で、共同体は、どれもが魅惑する力を持っている。ドヤ街にある共同体的な関係は、それを呼び寄せる力が最も貧しく困難な条件の中でも作動するということを示している。おそらく、貧困のような障壁がない場であれば、その力はより強く人々を呼び寄せることだろう。

よくよく見れば、私たちは皆、共同体を欲している。経済的な利害関係の計算が全てのものを支配するこの資本主義社会で、皆が熱心にお金を稼ぐことに生につぎ込んでいるが、隙さえあればそれに反する何らかの関係、つまり利害関係を離れて何かを共に分かつことの出来る関係の方に抜けでようとする。なけなしの金をはたいて、友人たちと一杯飲んだり、恋愛のような計算や利害関係を離れた何らかの関係を常に望むのだ。単に愉しいというだけで会うことの出来る関係。そばにいるという事実が歓びを与える関係。そのために存在そのものが贈り物のように到来する関係へと。

　大地的な性格を持った共同体から人々が離れられないのも、これと同一の力の働きによるものだろう。すでに述べたように、土を耕す農民にとって共同体とは、共に生きる人間たちだけではなく、共に「働く」牛や、共に「暮らす」その他の家畜たち、そして稲や麦、野菜や果物を「育ててくれる」土地と、そのようにひとつになった生を取り巻き、日々の日常とその身体の中に染み込んでいる山河、大気、水などの全てを含んでいるのだ。ハイデガーの言うように四方の合一した世界ではなく、資本の力に包摂され、売るために農業を営み、生産の能率のために機械や農薬、化学肥料の力を借りる場所であっても同様である。彼らは通常「自然」という言葉で呼ばれる、この大地的な世界と共に、住まうのだ。それらのものと共に形成された共同体の中で住まうのだ。

　土地に対する農民の愛着は、小ブルジョア的な所有欲ではなく、まさにこのような共同性に起因するものである。土地や家を単にカネで計算する財産としてのみ認識する都市住民や、住む場所を移すためには「補償金」で充分だと信じる資本家や官僚たちにとって、補償金などいらないからここで住みたいという主張などは理解できないのだ。そのために、十数年以上も軍事基地建設を推進する政府と希望のない闘争を続けてきた済州《ジェジュ》の江汀村《カンジョンマウル》の住民たちや、死をも辞さず原発からの高圧送電塔に反対した蜜陽《ミルヤン》の老人たちの行動は、単に補償金をつり上げるためにゴネているとしか彼らには理解できないのだ。それまで生きてきた場所で、農業を営み生き続けようと、長期にわたって激烈に戦ってきた三里塚の住民たちも同様であろう。闘争が長期化する中で不憫にも自殺を選択した若い農民も、空港が建設された後にも土地を売らずに数分ごとに離着陸する飛行機の騒音に耐えつつ住み続ける農民も、彼らには理解できないだろう。放射能に汚染された絶望的な土地ではあっても、「もう結婚できないね」という胸の痛くなるような冗談を口にする娘や息子たちと一緒に、それまで生きてきた場所を去ることが出来ずにいる福島近隣の住民たちのことを、どうして彼らが理解できるだろうか。

確実にこのような点で、共同体の力にとらわれた者たちは無謀であり恐ろしい。放射能という解決できない汚染さえも甘受して生きてゆくという彼らほど無謀で理解のできない者たちがいるだろうか。巨大な国家暴力に抗い、筆舌に尽くしがたい闘争を繰り広げた、無謀な者たち。どう見ても勝算のなさそうに見える闘争を執拗に十年以上も続ける、そんな無謀な者たちほど、恐ろしい者たちがどこにいるだろうか。希望のないように見える、時代錯誤的に見える古臭い試みを、繰り返される失敗にもかかわらず、もう一度始めようとするコミューン主義者ほど、恐ろしいものがどこにあるだろうか。

このような点で、コミューン的な試みは時代錯誤性（anachronism）を帯びている。それは、しばしば「時代精神」と表現される支配的なものの時間を前にして「時ならぬ(unzeitlich)もの」、「反時代的な(contre-temps)もの」を実行するのだ。それはまた、時宜をわきまえたものの支配を意味する時間的な秩序の中に別の時間を挟み込もうとする、時間のアナキズムとでも言うべきものである。そのような時間のアナキズムには、時間の神クロノスという神話的な語源に符合したアナクロニズムという単語ではなく、そのクロノスの身体に不在の数である虚数 i を挟み込んで作った造語 アナキロニズム（anachironism）という言語学的にも無謀な単語がふさわしいのではないだろうか。

3

コミューン主義者たちは無謀な者たちである。「無謀さ」とは計算をしないことであり、成否にこだわらないことであり、この社会でとやかく言われる「損益」を分別しないことである。やるのだと決めれば、やらなければならないと信じるのならば、計算なしに取り掛かるのだ。そこにあるのは、計算的な認識の前に存在する何らかの行動であり、そのように行動する心なのだ。

計算の支配する近代世界で、利害関係によって生きる資本主義世界で、あらゆる能動的に構成される共同体・コミューンは、そのような無謀さに起因するのである。共同体とは計算よりも「先に」存在し、計算を超えた行動を作り出し、損益の分別を越えた心が持続させるのだ。私たちが作ろうとしている新しい共同体は、損益の計算や予測を超えた生を作ろうという無謀さの中に、資本によって搾取されるのだとしても「今・ここ」で作ろうと取り掛かっていく、その無謀な勇気の中にある。その勇気を糧に花咲く想像力の中にある。金と権力、計算と利害が支配する世界の中で、必ずや直面することになるであろう「失敗」などは、再び新しく始める機会のことであるという愚直さの中にある。それは、別の世界を、今だに不在の世界を、作ろうと繰り返し試みる無謀なものたちの創造の行為の中にあるのだ。

計算のない無謀さによってつくられる共同体、それは目的なしに、あるいは目的に無頓着に存在する。もちろん、ほとんどの共同体は明示的であれ黙示的にであれ、何らかの目的を持っている。ともに生産し、ともに生きていくこと、それが近代以前に存在した共同体の「目的」であった。ともに学び、利害関係を離れて知識を分かち合うこと、そのような分かち合いの場の中で共に生きていくこと、それが知識共同体の「目的」であった。しかし、共に生きゆくことを「目的」とする共同体は、何らかの結果を得るために合目的性に基づいて構成されたものとは根本的に異なる。それは生きていくことを、共同体の存続そのものを目的とするのだ。しかし、生きていく過程そのものを目的にするという言葉ほど、「目的」という言葉と距離のあるものもないだろう。

こうしたことを、私たちはカントの言葉をひねって「目的なき合目的性」という言葉で表現できるだろう。よく知られているように、カントは「目的なき合目的性」という言葉を、美的判断を定義するために提案した。今や、美的判断さえもが、利害関係による合目的性や投資価値を云々する経済的な計算に包摂された時代に私たちは生きている。にもかかわらず、私たちは知っている。カネを稼ぐために作られた作品と、そのような目的なしに作られたにもかかわらず成功した作品が、結果は同じように見えても、実はその本性を異にしているということを。芸術家は成功を目的にする場合ですら、目的なき合目的性を追求せずには、不可能であるという逆説を生きるのだ。

これは共同体と美的判断、共同体と芸術の隣接性ないし類似性を示唆している。共同体は、この目的なき合目的性を通じて、カネという「普遍的」目的や利得の計算、功利的な効率性とは全く別の生を作り出すのだ。芸術家は、目的なき合目的性を通じて、支配的なスタイルや支配的な感覚、そして支配的な利害関係から抜け出した、何かを創り出す。支配的な価値に反して生きようとし、「成功」という結果に執着しない無謀さ、直接的な利得を計算することを知らない無謀さを、私たちはその目的なき合目的性の傍らに発見するのだ。それが共同体を作ろうとする者たちと、芸術を創造しようとする者たちをひとつに結びつけるのだ。彼らがひとつに括られる地帯は、支配的な者から脱した生の可能性が出現する場所である。デュシャンやナムジュン・パイク（白南準）のような芸術家たちが絶えず、友情の連帯を通じて作品活動を営み、共同体の近くを徘徊したのは、このためであろう。共産主義やファシズムに失望しても、共同体を最後まで放棄することのなかったバタイユのような者が、さらに類《たぐい》の異なる共同体に希望を発見しようとしたのもやはりこのような理由からだろう。

　しかし、真に無謀な者たちの共同体であれば、この第一の無謀さで満足してはいけない。ほとんどの共同体は何らかの形でひとつの境界の中に閉じこもろうとする傾向、すなわち「内部化」する傾向を持っている。理念や理想を通じて構想された組織や集団が自らの慣れ親しんだ理念や理想の中に閉じこもることはよく知られている事実である。共同体もまた明示的にであれ暗黙的にであれ「理想」のようなものがあれば、その理想を維持しようとしながら、その理想の中に閉じこもる。共同の理想が別になくとも、いつの間にか形成された共同体の「良識」（bon sens）がその「理想」の座を占めるのだ。理想だけではない。共同体は、その持続の時間が長ければ長いほど、ある感覚を強く共有する。いや、そのような共通の感覚なしに共同体は存続し難いのだ。この共有された感覚が異なる構成員たちをひとつに結びつけるのだ。その感覚は、その共同体の「共通感覚」（sens commun）である。共同体の構成員は、その共有された感覚の中で居心地よくなるのだ。すべての共同体は実のところ感覚の共同体である。

　そのために、いつの間にかそうした心地よい感覚の中に自らを閉じこめがちになる。共通感覚は、同一化する力を稼働させる。異なる感覚、異なるスタイルに対していつの間にか外に押し出す力を発動させる。

共同体の良識が異なる類《たぐい》の考えや行動をはじき出す力を発動させるように。良識の共同体は、自らの良識の中に閉じこもり、感覚の共同体は共通の感覚の中に閉じこもるのだ。良識の内側で私たちは思考しない。良識が支配する場所では、良識は思考以前に作動し、判断以前に判断するのだ。共通の感覚もやはり同様である。共通の感覚は言葉を必要としない。言葉なしに引きつけ、言葉なしに押しのけるのだ。そのために、感覚の共通性は良識や「理想」よりもはるかに認識されないままに作動するのだ。閉じていても、閉じていることを知らないままに閉じこもるのだ。

もう一つの無謀さが必要なのは、このためである。共同体の良識の中に閉じこもる閉鎖性と対決するためには、良識を撹乱させる新しい思考が必要である。言葉を欠いた感覚的な閉鎖性と対決するためには、共同体の共通感覚を撹乱し変形させる新しい感覚が必要である。良識の中に新しい思惟をはさみ込むことを可能にすべきであり、共通の感覚の中に別の種類の感覚を呼び寄せることを可能にすべきである。共有された良識の中に別の思考を挟みこむこと、共有された感覚の中に新たに隙間を作り感覚的な覚醒を引き起こすこと。それが「無謀」であるのは、それによって引き起こされる結果を予測しないからであり、それによって得られる得失を計算しないからであり、それを通じて到達する目標がどこにあるのか知らないままに、そうするからである。共同性を撹乱するがために、共同体を解体する可能性、つまり、そのような失敗の危険を抱え込むがゆえにである。結果を知らずに、計算をしないままに、触発の力を持続、拡大、深化させる根気と一貫性、それが共同体に必要な二つ目の無謀さである。それはある意味で共同体を崩壊へと導くかも知れず、実験を失敗に終わらせるかも知れない。それでも、始めることが出来ること。それが、第二の無謀さである。

共同体に哲学者が必要だとするならば、このためである。「哲学者」とは哲学を専攻した者ではなく、良識の内側で異邦人となる者であり、良識の内側で思惟されないことを引き入れることで、それを通じて異なる思惟のベクトルを稼働させる者であるがために。また、共同体に芸術家たちが重要なのもやはり、このためである。芸術家とは、芸術を専攻した者ではなく、現存する世界の中で不在の感覚を呼び寄せる者であり、それを通じて現存する感覚を変える者であるがために。

概念的な説得力があれば充分である思惟とは異なり、感覚には言葉がないために、より根強いのである。不在の感覚を呼び寄せるためには、思考以前に作動する、異質で落ち着かない不安な感覚の壁を越えなければならない。その不安な感覚へと人々を引き入れることができるためには、その不安さのレベルを乗り越える魅惑の力を発動させなければならない。新たな思惟の馴染みのなさから来る不安を乗り越える魅力を吹き込むこと。新たな感覚の異質さと似合わなさを乗り越える魅惑の力を付与すること、それが共同体の中での、哲学者と芸術家の能力であり役割であろう。それが第二の無謀さにもかかわらず共同体が持続できるようにする力であろう。

良識は、知識や命題の形式では作動しない。共通感覚の作動は、感覚の形式では現れない。そのために自らが良識の中に閉じこもっていることも、共通感覚に安住していることも、察知しがたいのだ。おそらく、新たなことを始めるにあたって、ためらいがちになるならば、過去の経験や過去の決定に現在を服属させがちであるならば、あるいは「すべきでないこと」に対して敏感になりがちで、いつの間にか始めたことに対して後から「すべきでない理由」を発見することが当たり前になっているならば、そして、誰かが進んでやりたいからするのではなく「みんな」が同意することを活動の基準にするようになっているのならば、内部者と外部者あるいはメンバーと非メンバーを区別する境界線に過敏になるならば、その地点で私たちは良識や共通感覚によって築かれた壁を発見しなければならない。内部化する共同体の壁の中にいつの間にか自分たちが閉じこもり始めたのだと言うことを察知しなければならない。無謀さとは、共同体の存続と常に共にあるべきものだが、このような知覚が発生するためには、私たちは共同体の中で哲学者となることを「思い切って」引き受けなければならないし、芸術家となることを「思い切って」試みなければならない。無謀さに対する二度の肯定。

註

（1）ジョルジュ・ディディ=ユベルマン、『반딧불의 잔존（蛍の残存）』、キム・ホンギ（김홍기）訳、図書出版ギル、二〇一二年。（Georges Didi-Huberman, *Survivance des lucioles*, Les Éditions de Minuit , 2009）

訳者あとがき

本書は二〇一〇年に韓国で出版された『코뮨주의: 공동성과 평등성의 존재론』の翻訳である。タイトルの直訳は『コミューン主義――共同性と平等性の存在論』となるが、著者の意向もあって、日本語版のタイトルは、新たに書き下ろされたエピローグ「無謀なるものたちの共同体」から取られた。また、翻訳を仕上げる中で、著者と共にあらためて重複部分など文章の流れを検討整理するとともに、書誌情報などの誤記については訂正を加えたため、論旨においては原著と相違はないものの、細部においては異なる箇所がある。当然のことながら翻訳に関する責任はすべて訳者のものである。

本書をいかに読むか。むろん各人の自由である。しかし、序章で著者が述べているように、各章がそれぞれ完結した論文の形で書かれてあるため、起承転結というようなひとつの筋に沿って全体を読もうとすると迷ってしまう。また、無数の網状の流れ――たとえば遺伝子配列から生態系、田んぼから地球に至るまで――が入れ替わり立ち替わりあらわれ、慣れない人は取っ付きにくいのではないかと思う。

しかし、誰しもが持っている日々の平凡な（あるいは無謀な？）共同性の営み、あるいはその行き詰まりの中での気づき。その平面で読み進める限り、現代哲学やマルクスに通暁していることは本書の読解において必要条件でも十分条件でもないのではないか。それぞれが惹かれる語句やテーマに沿って自由に読んでも良いのではないか。このような趣旨のもとに、以下に本書の流れを節にして連ねてみた。そこに著者や論旨の背景についての紹介を折り入れ、講釈もつけたという、索引的な案内である。実を言えば原文には声の振動《ヴァイブ》というかリズム感があるのだが、日本語訳の本文では残念ながらそんな音楽性を削がざるをえなかったという事情もある。ともかく、読みを触発する限りで適宜に使っていただければと思う。

本書は四部構成である。それぞれの部に二章が配されており、全部で八章からなる。

I部「存在論とコミューン主義」

既存の共同体の存在論に対する理論的な批判や対案が打ち出されている。張りめぐらせるコミューン主義のパースペクティブ。

第一章「コミューン主義的存在論と存在論的コミューン主義」

「ない」や「無」や「死」によらない、生の共同体、その政治への宣言（pp.23～27）。DividualからIn-dividualへ。共同体は個体化の結実であり、あらゆる存在は衆–生であり、機械である（pp.27～38）。Dependent co-arising ——縁起、相互依存的共生、縁《よ》りかかることで共に存在する（pp.39～44）。特別な人間の死によらない。むしろ、平凡なものたちの生による共同体（pp.49～52）。異質性を刻むリズム、コミューンの時間（pp.52～59）。膜と免疫、共生の能力にも限界がある、コミューンの空間（pp.60～66）。

第二章「コミューンにおける共同性と特異性」

李珍景《イジンギョン》の見た二〇〇八年の日本《ニッポン》。年越し派遣村からファイル共有サイトまで。現実から遡求し見出せる潜在的共同体（pp.80～82）、その現実化を捕獲・搾取する資本主義（pp.83～85）。個体化のプロセスとしての共同体。自然学的な認識にとどまらない。存在論であり実践の問題。生命は共同性の実践的な作用（pp.86～89）。単独固有でない集合性、それが特異性。結果から遡求される原因の潜在、特異性による特異点（pp.90～94）。「共同体」にくくられない共同性（p.97～）。情動、共–調、共に動くリズム（～p.102）。マルチプルな共同性たちのコミュニケーション（p.103）。エスポジト、免疫系、それは能力じゃない境界（註24）。持続し、変化し、分裂する共同体。外部性を排除する内部性の共同体、回帰するその問題（pp.95～99、105～107）。繰り返し呼び寄せられる現実、不可能性の共同体（pp.108～111）。

Ⅱ部「生命と生産の抽象機械」

〈ハズレタ ジカンノ チョウツガイ〉一九八六年、革命を志向する無名の若きレーニン主義者이진경（筆名、李珍景はのちの当て字）は、『社会構成体論と社会科学方法論――韓国社会の性格をめぐる論争によせて』で精緻なマルクス・ヘーゲル哲学読解を駆使、既存の韓国の社会構成体論を日本の講壇マルクス主義研究とともに根こそぎ《ラジカルに》論破した。しかし数年後、社会主義圏は崩壊。これは、その瓦礫あるいはすでに廃墟と化していた社会主義の下に生き埋めになっていた、関係としての生産の概念、そのマルクスの遺産を発掘する試みである。

第三章「マルクス主義における生産の概念――生産の一般理論のために」

経済学、生態学、マルクス主義を貫通する生産性の功利主義（p.117～）。生産性と区別される生産力とは何か（p.119～）。効率と無関係。ドイツ・イデオロギー、生産は「人間と自然の関係」。人間中心主義が自然を対象化し利用搾取する問題。それは乗り越えるべき関係（p.121～）。バイオ・IT技術による生産の拡大。ヒューマニズムの生産概念では理解できない（p.125）。労働よりも上位概念である生産（p.128）。人間だけでない自然全般に見られる協働すなわち生産（p.129）。「自然」、「機械」とつながる能力、関係としての生産力（p.134）。強度的《インテンシブ》＝内包的な能力と外延的《エクステンシブ》な能力（p.137）。非生産者に搾取される「循環の利得」（p.143）。強度的能力と生産活動の幅の拡張、別のやり方で《オルターナティブに》発展させる生産力（p.146～）

第四章「生産の抽象機械と具体性のコミューン主義」

差異を排除する本質や同一性による「普遍的抽象化」ではなく、差異の間を往来する「横断的抽象化」（pp.161

〜167）。目の前の現状（ヨーロッパの・ブルジョアの）に基づくのではない生産の概念の抽象を試みたマルクス（pp.168〜171）。バリバール、テーケイがかつて試みた生産様式論の限界（pp.171〜175）。歴史以前に遡る「生の生産」という抽象機械へ（pp.175〜180）。哲学理論《けいじじょうがく》ではなく生命科学理論《ゆいぶつろんてきに》から組み立てる生命の抽象機械へ（pp.181〜186）。さまざまな生産様式のダイアグラムをめぐる試論（p.187〜）。超越や共通の要素・単位を前提としない。それは点ではない線、流れによる抽象（p.192）。ひたすら具体へと「上向」するのではない。抽象の平面と具体の凹凸のはざまを往来（pp.192〜194）

III部「生産の社会学、生命の政治学」

社会運動のパースペクティブ、資本主義の生命破壊に対抗する抽象機械としてのコミューン主義の展開。

第五章「歴史のなかのコミューン主義——歴史の外部としてのコミューン主義」

　国家を単位とした線の歴史（p.201〜）。二重の外部性（p.205）。ベタベタの善意じゃない自然の相互依存（p.206）。贈り物の経済（p.207〜）。価値の公正な分配のための活動と価値法則に反する活動の生産、いずれも闘争（p.212）。保存と排外の「ふるさと」共同体ではない、外部性の共同体が必要。でも共同体はつねにすでに機械状（p.213）。資本主義公理系とコミューン、スポンジと穴の関係（pp.215〜222）。自然にはできない、ゆえになさねばならないコミューン主義（p.218）。社会主義とコミューン主義、〈反-階級〉と〈非-階級〉（pp.223〜230）。新自由主義下の日本の状況（pp.230〜234）。

第六章「現代資本主義と〈生命-政治学〉」

　再び語られる生命の搾取とその窮状。新しい政治経済学批判へ（pp.239〜242）。循環系としての〈衆-生《しゅじょう》〉（pp.242〜247）。循環の利得を貨幣に変換、共同体をつねにすでに解体（pp.247〜251）。生命産業によって搾取される生命（p.251～）。植民地化される生命（pp.255～258）。ホモ・サケルの限界（p.258～）。経済的な搾取と政治的な統制の対象に変換される動物的な能力としての生命。生命権力に対する生命権の闘い（～p.264）

Ⅳ部「〈コミューン―機械〉をどのように構成するのか」

なにをなすべきか。なにから始めるべきか。コミューンの能力と限界そして境界を見極めつつ、どう作動させるのか。〈コミューン―機械〉の倫理学。私たちの内なる権力への傾向を常に警戒するべし（いかに脱構成するのか）。

第七章「存在論的平等性とコミューン主義――〈コミューン―機械〉の稼働に関する諸原則について」

コミューン機械の倫理と政治（pp.271～272）。谷川雁、連帯の快感（pp.273～274）。「好きですること」、「無理矢理しようとしないこと」、「しようという考えもなく、いつの間にかするようになること」（p.276）。禁欲と崇高の政治学の危険性について（p.278）。友情の政治学について（p.279～）。友と敵の横断について（pp.283～285）。絶対的贈与、贈り物の一般性へ（pp.286～293）。コミューンにおける民主主義について（p.294～）。「できない」、「経験なし」、「資格なし」の参加、すなわち政治（p.296）。能力主義と民主主義（p.299～）。隣のものたちと共になる能力、外延的《エクステンシブ》な能力と内包的《インテンシブ》・強度的な能力は不可分（p.301）。「うまくやってきた」ということは無能さ（p.304）。人間と物の機械、コミューン（pp.305～311）。存在論的平面化、みな平等（pp.313～317）。

第八章「コミューンの構成における〈空間―機械〉の問題」

空間はつねに何かによって満ちている（p.325）。空間を満たすことの重要性、共に作る雰囲気としての〈共―

間〉（p.326）。アトラクター、喜びの情動（p.328）。コミュニオン、共に食べることのデモクラシー（pp.330～332）。始めることは困難さ（pp.333～335）。会計の祝祭性と経済。空間自体が「循環の利得」を形成する循環性を持つ（pp.336～339）。空間はまた空《から》にすることも重要である（p.340～）。〈空間―機械〉――外部・環境と結合、配置によって作動の仕方が変化（pp.345～349）。コミューンの権力化への警戒と分裂（pp.349～352）。

以上が、訳者による拙い案内である。

さて、最後になるが翻訳にあたってお世話になった方々を記したいと思う。本書でいう「一般化された贈与」、あるいはグレーバーのいう「基盤的コミュニズム」（『負債論』）のありがたみを逐一記録することは不可能であるだけでなく野暮ではないかということをご了承いただいた上で、にもかかわらず改めて感謝の気持ちを記そうと思う。

まず、本書の翻訳は韓国文学翻訳院の助成支援により可能になった。支援の進行を円滑に進めてくださった担当の이선행さんをはじめとするスタッフの方々、そして助成を申請していただいたグリーンビー出版社の朴舜基氏に感謝の言葉を贈りたいと思う。

また、インパクト出版会が手を差し伸べてくれなければ、ただでさえ滞りがちだった作業はさらに遅れていたと思う。早い段階から関心を寄せていただき出版にこぎつけるよう一貫してご支援下さった深田卓さん、翻訳文の校正に忍耐強く取り組んでいただいた須藤久美子さん。ありがとうございました。

そして、やはりどうしても記載しきれない、お世話になった友人の皆様。

韓国在住の私が容易に求めることのできない書籍の必要箇所をデジタルファイルで送って欲しいという唐突なお願いに応じてくださった申知瑛《しんぢよん》さん、金友子《きむうぢゃ》さん。翌日、日本を発つという私のために、コピーし忘れていた本をわざわざ尼崎から府立図書館まで行って届けてくれたドキュメンタリスト金稔万《きむいんまん》さん。遠くバンクーバーからすんなりと日本語の文章になってくれない複雑な構文の解釈に示唆をくれた元「国語」教師の都市地理学者Didi K. Hanさん。仕上げの一歩手前で宿泊と食事と本をお世話になった釜ヶ崎NDSの皆様。二つ返事で文章の検討を引き受け、驚くべき綿密さで原著と対照しつつ多岐にわたる指摘をしてくれた影本剛さん……。感謝の念にたえません。

何年もお待たせしたうえに、幾度となくオンライン、オフラインで次々と出てくる質問と確認に快く付き合ってくださった原著者李珍景さん。ありがとうございました。

ソウルから山深い寒村に移住したのが五年前。ひょんなことから土地を得て近隣の方々の力を借りながら、想像だにしなかった家の工事を始めたのが二年前。にもかかわらず、そのあいだ延々とコンピューターを前に唸り続けているコミューン主義者に比較的優しく接してくれた同居人の皆様。朴昭良さん、린(りん)さん、련(れん)さん。そして今は隣の郡に引っ越した、はなれの빨간 거북さん。ありがとうございました。

末期的な国体護持の諸様相によって取り込まれ切り刻まれつつも、名もなき無数の共同性に〈つねにすでに〉住まってきた日本語読者の手元に本書が届きますように。

二〇一七年一月

今政　肇

［著者略歴］

李 珍景　이진경　イジンギョン

1987 年、『社会構成体論と社会科学方法論』という本を出した際に使った筆名であるイジンギョンが思わぬ虚名を博したことで、本名朴泰昊《パクテホ》をなくしてしまった。光州市民の幽霊が彷徨っていたころに大学に入り、その幽霊たちに魅いられ講義室ではない路上で大学時代を過ごし、結局「職業的革命家組織」を作ろうとレーニン主義者になった。1990 ～ 91 年に獄中の社会主義者たちに押し迫ってきた社会主義圏の崩壊のおかげで虚無の深淵を見、そこで得た問いにしたがって生き、思惟し、書いている。社会主義と「近代性」に対する質問から始まったその問いは、共同体への探索を経て存在論への思惟へと変身しつつ進んでいる。『マルクス主義と近代性』（1997）や『近代的住居空間の誕生』（2000）などが最初の問いを扱い、本書（2010）が存在論へと進んで行く共同体への探索を含んでいるとすれば、『不穏なるものたちの存在論』（2011、日本語訳がインパクト出版会から 2015 年に既刊）は存在論的思惟への試みであった。このような探索的な思考に重要な資源になってくれたのは、マルクス、フーコー、ドゥルーズ / ガタリであったが、『千のプラトー』への講義録である『ノマディズムⅠ・Ⅱ』（ともに 2002）のドゥルーズ / ガタリや、『資本を越える資本』（2004）、『未－来のマルクス主義』（2006）のマルクスがそうであるように、彼らの思惟も問いのなかで変化してきた。いまその問いは「存在者の存在論」から「存在の存在論」へと向かう路上で再び道を探している。主な活動の場は「スユノモN」であり、職はソウル科学技術大学の教員である。

［訳者］

今政 肇　いままさはじめ

高知で高校を卒業後、ロサンゼルス近郊の大学で文化人類学を学ぶ。2000 年代中頃、韓国と日本にまたがる植民地の記憶についての博士論文の研究の最中にスユノモと出会う。（そのせいではないが）フィールドワークをこじらせる。2012 年までソウルに在住しスユノモ会員として活動。現在では、かつての百済と新羅の国境地帯である山間部で小学校に通う娘二人とあいかたと共に地域および都市の間の地味な関係をつなぎつつ、なんとかしようとしている。

無謀《むぼう》なるものたちの共同体《きょうどうたい》——コミューン主義《しゅぎ》の方《ほう》へ

2017 年 2 月 25 日　第 1 刷発行

著　　者　李 珍 景
訳　　者　今 政 肇
装　　幀　宗利淳一
発 行 人　深 田 卓
発　　行　株式会社 インパクト出版会
東京都文京区本郷 2-5-11　服部ビル 2F
Tel 03-3818-7576　Fax 03-3818-8676
impact@jca.apc.org　http://www.jca.apc.org/~impact/
郵便振替　00110-9-83148

印刷・製本　モリモト印刷